오라토리오
〈메시아〉의 메시지

Oratorio
Messiah's Message

ⓒ Hyok Tschoe 2023

부족한 종의 설교를 매주 경청해 주시는
포도나무 교회 성도님들에게 감사하며

오라토리오

〈메시아〉의 메시지

ORATORIO MESSIAH'S MESSAGE

최혁 지음

예솔

INTRODUCTION
서문

'할렐루야' 합창을 처음 들었을 때 내 동공은 크게 열리고 작은 가슴은 마구 떨렸습니다. 사실 들은 것이 아니라 악보를 들고 성가대원과 함께 노래했습니다. 그 당시 나는 크리스천이 아니었습니다. 교회에 다닌 적도 없었습니다. 내가 중학교 3학년 때 처음 교회에 간 이유는 친구의 부탁을 받고 크리스마스 때 부를 할렐루야 합창의 베이스 파트를 도와주기 위해서였습니다. 조그만 교회에 20여 명의 학생들이 모여서 어려운 합창곡을 열심히 노래했습니다. 나는 할렐루야가 무슨 뜻인지 몰랐습니다. 물론 다른 가사들도 이해하지 못했습니다. '만왕의 왕' 이 누군지, 무엇을 '길이 다스린다' 는 말인지… 나에게는 모두가 생소한 외국어처럼 들렸습니다. 그러나 음악은 황홀했습니다. 할렐루야를 외칠 때마다 가슴이 벅찼습니다. 각 파트를 이리저리 돌아다니며 이어지는 힘찬 선율들, 마치 휘모리장단처럼 숨 가쁘게 달아오르는 코다, 그리고 갑작스러운 쉼표, 그 뒤의 긴 할렐루야! 확실한 종지감! 희열! 나는 이 노래가 좋아서 매년 크리스마스 때면 친구의 교회에 가서 할렐루야를 노래했습니다. 가사? 대학 때 메시아 전곡을 연주해 본 적이 있었는데 그때도 그 가사가 무엇을 뜻하는지 여전히 몰랐습니다. 그저 음악만 좋았을 뿐입니다.

대학을 졸업하고 신학을 공부하게 된 것은 내가 한 번도 상상해 본 적이 없는 일이었습니다. 전적으로 하나님의 은혜요, 기적 같은 하나님의 인도하심이었습니다. 성경 말씀이 좋았습니다. 열심히 공부하고, 열심히 가르쳤습니다. 30년 목회를 하다 보니 메시아에 나오는 성경 구절들을 대부분 설교하게 되었습니다. 헨델이 왜 그 구절을 그렇게 작곡했는지 생각하는 일이 즐겁습니다. 오래 전부터 오라토리오 〈메시아〉에 대한 해설 책을 만들고 싶었습니다. 음악적으로, 역사적으로 〈메시아〉를 설명한 책들은 많이 나와 있는데 그 가사와 메시지를 설명한 책들은 많지 않아 보였기 때문입니다.

오라토리오 〈메시아〉가 이 세상에 나오게 된 배후에는 영어 성경이 있습니다. 지금은 한 집에도 몇 권씩 있는 성경책이지만 16세기만 해도 성경은 라틴어를 아는 성직자들만 접근할 수 있는 책이었습니다. 성경의 번역은 엄격히 금지되었습니다. 틴데일(William Tyndale)은 성경이 영어로 번역되어야 한다는 믿음을 갖고 성경을 번역해서 출판했습니다. 결국 붙들려 화형당했습니다. 1536년 10월 6일! 그때 틴데일은 '하나님, 영국 왕의 눈을 열어주소서' 라고 외치며 죽었습니다. 그의 마지막 절규를 하나님이 들으셨습니다! 1611년 영국에서 처음으로 왕의 이름으로 영어 성경이 출판되었습니다. 킹 제임스 성경이라고 합니다. 킹 제임스 성경은 틴데일 성경을 기초로 해서 번역되었습니다. 킹 제임스 성경은 인쇄술의 발달로 대량 생산이 가능해져서 많은 사람들의 사랑을 받으며 퍼져나갔습니다. 계몽주의 사상이 전 유럽을 휩쓸고 있을 때 평민들도 이 성경을 구입해서 읽으며 하나님에 대한 절대 신앙을 유지할 수 있었습니다. 그중 한 사람이 찰스 제넨스입니다. 그는 진리를 사랑하는 부유한 중산층이었습니다. 얼마든지 이성주의 사상의 추종자가 될 수 있는 환경에 있었지만 신실하게 하나님을 믿었습니다. 열심히 킹 제임스 성경을 읽으며 연구했습니다.

킹 제임스 성경이 없었다면 그리고 제넨스의 확고한 신앙이 없었다면 오라토리오 〈메시아〉는 나오지 않았을 것입니다. 제넨스는 성경의 계시, 예언을 그대로 믿으며 〈메시아〉 대본을 만들었습니다. 구약의 하나님 예언이 어떻게 메시아를 통하여 성취되었는가를 흥미진진하게 찾아내고 있습니다. 이 대본은 대본을 이해할 수 있는 사람만이 작곡할 수 있습니다. 즉 성경의 계시를 충분히 이해할 수 있는 음악가라야 합니다. 헨델은 그 작업을 할 수 있는 신앙과 충분한 성경 지식이 있었습니다. 독실한 루터교 신자였던 헨델은 친구에게 자신은 성경 말씀을 음악으로 옮기는 일이 기쁘다고 말했습니다. 이 책 『오라토리오 〈메시아〉의 메시지』는 성경이 하나님의 말씀이라는 제넨스와 헨델의 입장에서 썼습니다. 배우가 명연기를 하려면 그 대본에 나온 인물을 정확히 이해해야 합니다. 당신이 〈메시아〉를 연주하는 음악가라면 가사의 이해를 통하여 더 깊은 〈메시아〉의 연주자가 될 것입니다. 또한 예수님이 왜 메시아인가를 알고 싶은 사람들에게 이 책이 조금이라도 도움이 되길 기도합니다.

전대미문의 코로나 팬데믹을 지나며,
뉴저지에서 **최혁**

< 미리 읽어두기 A >

* 이 책에서 메시아는 하나님이 보내신 구원자를, <메시아>는 헨델-제넨스의 오라토리오 메시아를 의미한다.

* 제넨스는 청중들의 이해를 돕기 위해서 런던 초연 때 대본을 출판했다. 그 대본에 의하면 <메시아>는 3부 16장 53곡(3 Parts 16 Scenes 53 Movements)으로 구성되었다. 1부는 5장, 2부는 7장, 3부는 4장으로 되어 있다. 이 책은 그 구성에 따랐다. 제넨스가 붙인 소 제목들은 <메시아>를 이해하는 데 도움이 된다.

* 제넨스는 KJV 성경을 <메시아> 대본으로 사용했다. 그러나 본문의 흐름을 위해서 인칭 등을 바꾼 곳이 몇 군데 있는데 성경 본문 내용이 크게 달라진 것은 아니다. 이 책에서는 제넨스의 <메시아> 가사를 그대로 사용했다. 그러나 한글 <메시아> 악보는 여러 가지 번역판들이 있어서 '개역개정'판 성경 본문을 그대로 사용했다. 노래를 하기 위한 것이 아니라 가사의 의미를 이해하려는 것이 이 책의 목적이기 때문이다.

* 각 부에서 중요한 구절을 따로 공부하도록 했다. 먼저 그 구절들을 암기하고 함께 또는 개인적으로 공부하면 <메시아>를 이해하는 데 큰 도움이 될 것이다.

  <부록 4> 1부 요절 성경 공부. 11, 12곡. 이사야 9:6 "한 아기가 우리에게 났고"
  <부록 5> 2부 요절 성경 공부. 24, 25, 26 곡. 이사야 53:5-6 "그가 찔림은 우리의 허물 때문이요"
  <부록 6> 3부 요절 성경 공부. 45, 46곡. 고린도전서 15:20-22 "그리스도 안에서 모든 사람이 삶을 얻으리라"

* 책을 읽기 전 다음 세 구절들을 미리 암기하기를 권한다.

  "이는 한 아기가 우리에게 났고 한 아들을 우리에게 주신 바 되었는데 그의 어깨에는 정사를 메었고 그의 이름은 기묘자라, 모사라, 전능하신 하나님이라, 영존하시는 아버지라, 평강의 왕이라 할 것임이라" – 이사야 9:6

  "그가 찔림은 우리의 허물 때문이요 그가 상함은 우리의 죄악 때문이라 그가 징계를 받으므로 우리는 평화를 누리고 그가 채찍에 맞으므로 우리는 나음을 받았도다 / 우리는 다 양 같아서 그릇 행하여 각기 제 길로 갔거늘 여호와께서는 우리 모두의 죄악을 그에게 담당시키셨도다" – 이

사야 53:5-6

"그러나 이제 그리스도께서 죽은 자 가운데서 다시 살아나사 잠자는 자들의 첫 열매가 되셨도다 / 사망이 한 사람으로 말미암았으니 죽은 자의 부활도 한 사람으로 말미암는도다 / 아담 안에서 모든 사람이 죽은 것같이 그리스도 안에서 모든 사람이 삶을 얻으리라" – 고린도전서 15:20-22

* 성경 약자

창세기 - 창 / 출애굽기 - 출 / 레위기 - 레 / 민수기 - 민 / 신명기 - 신 / 사무엘상 - 삼상

욥기 - 욥 / 시편 - 시 / 이사야 - 사 / 예레미야 - 렘 / 예레미야애가 - 애 / 다니엘 - 단

호세야 – 호 / 요엘 – 욜 / 말라기 - 말 / 마태복음 - 마 / 마가복음 - 막 / 누가복음 - 눅

요한복음 - 요 / 사도행전 - 행 / 로마서 - 롬 / 고린도전서 - 고전 / 에베소서 - 엡

골로새서 – 골 / 디모데후서 – 딤후 / 히브리서 - 히 / 요한계시록 - 계

< 미리 읽어두기 B >

<메시아의 메시지> 각 곡의 앞머리에는 약간의 음악해설이 들어있다. 음악 용어들이 많이 나오는데 음악적 표현에 관심이 없는 사람은 이 파트를 건너뛰고 메시지 파트만 읽어도 된다. 그러나 <메시아>의 음악적 표현에 관심을 갖는 사람이라면 다음 용어들에 익숙해지는 것이 이 책을 이해하는 데 도움이 된다.

1. 바로크 음악(Baroque Music)

1600년부터 1750년대까지의 서양 음악을 바로크 음악이라고 말한다. 르네상스와 고전주의 사이의 음악이다. 이 시기의 특징은 정치적으로는 절대 왕정이 약화되기 시작했고, 사상적으로는 이성주의가, 사회적으로는 중산층이 일어난 시대이다. 사업을 통해 큰돈을 모은 중산층들은 자신들도 왕이나 귀족들처럼 음악을 즐기고 싶었다. 17세기 영국은 유럽 최초로 '공공 연주회 public concert'를 발전시킨 나라였다. 유럽 최초의 음악 공연장이 생긴 도시도 런던이다. 1732년 개관된 코벤트 가든 극장에서 헨델의 오페라들이 공연되었다. 이제 음악은 궁전이나 교회에서뿐만 아니라 일반 시민도 즐길 수 있는 예술이 되었다. 영국 사람들은 이탈리아의 발달된 바로크 음악들에 열광했다. 독일에서 나서, 이탈리아에서 공부하고 활동하던 헨델이 영국에 귀화하게 된 이유도 바로 이 매력 때문이었다.

1675년 동갑내기인 바흐와 헨델은 후기 바로크 음악의 대표적 작곡가다. <메시아>는 바로크 후기의 오라토리오 음악이다. 약간의 바로크 음악 지식은 <메시아>를 더 깊이 이해하게 할 것이다.

2. 정서론(Doctrine of Affections)

바로크 시대 음악가들에게 '음악은 하나의 언어다'라는 생각이 생겼다. 언어로 인간의 감정을 표현하듯 음악으로도 인간의 감정, 즉 슬픔, 기쁨, 사랑 등의 감정을 표현할 수 있다고 생각했다. 지금은 이런 음악적 표현을 당연한 것으로 생각하지만 바로크 이전에는 그렇게 생각하지 못했다. 중세 시대에는 감정 표현을 육적인 것으로 보고 음악 표현은 오직 신앙 전파의 수단으로만 생각했다. 르네상스에서 조심스럽게 시작된 음악의 감정 표현은 바로크 시대에 와서 강조되었다. 이런 사상을 '정서론'이라고 한다.[1] 특히 성악곡의 가사가 의미하는 감정을 어떻게 표현할 것인지를 작곡가들은 고민하기 시작했다. 오페라 작곡가였던 헨델은 가사에 나타난 감정을 음악으로 표현하는 데 거침이 없었다. 감정뿐 아니라 가사에 나타난 모습을 그림 그리듯 음으로 표현한다. <메시아>에서도 '정서론'은 중요한 작곡 방법이다. 인용된 성경 구절들의 감정과 분위기를 음악으로 표현하여 그 말씀을 이해하는 데 큰 도움을 준다. 십자가의 고통, 놀라움, 양들의 제각기 움직이는 모습, 부활의 기쁨... 이런 감정과 상황들을 헨델이 어떻게 음악으로 표현했는지를 이해하면 <메시아>는 훨씬 가깝게 우리에게 다가온다.

3. 콘티누오(Basso Continuo)

바로크 음악의 독특한 건반악기 반주법이다. 반주의 악보를 다 그려 넣지 않고 베이스 한 라인 위에 숫자를 기록해서 화성을 나타내는 방법으로 숫자 저음법(Figured Bass) 이라고도 한다. 연주자는 그 숫자만 보고 오른손으로 화성을 연주한다. 숫자는 베이스 음에서부터의 음정을 나타낸다. 예를 들어 베이스 C음에 3이나 5의 숫자가 적혀 있으면 오른손으로 C, E, G음을 연주하여 C장조 코드가 된다. 베이스 C에 6과 3의 숫자가 있으면 A, C 그리고 E를 연주하여 A단조 코드가 된다. 연주자에 따라서 약간씩 다르게 연주될 수 있지만 코드는 똑같다. 악기는 하프시코드, 오르간, 첼로, 베이스가 사용되었고 바순이 첨가되기도 한다. 이 반주는 음악 처음부터 마지막까지 계속되기 때문에 '계속 저음법' 또는 '통주 저음법'이라고도 부른다. <메시아>에서는 첫 곡 신포니아부터 마지막 53번 합창곡까지 줄기차게 콘티누오가 연주된다. (아카펠라 합창을 위해서 몇 마디 쉴 때도 있다.) 주악기인 하프시코드의 소리는 지금처럼 수백 명이 모여 오라토리오를 연주할 때 거의 들리지 않는다. 아리아 특히 레치타티보의 반주에서는 그 역할을 톡톡히 한다.

4. 콘 립, 센자 립(Con Rip. Senza Rip)

바로크 음악의 독특한 연주법이다. 바로크의 오케스트라는 작은 무리의 연주자와 큰 무리의 연주자가 구분되어 연주했다. 작은 무리의 연주자들을 '콘체르타티*concertati*'라고 부르고 큰 무리의 연주자를 '리피에노*ripieno*'라고 부른다. '콘 립'의 '립 Rip'은 '리피에노*Ripieno*'의 약자로 '채

우다 fill'는 뜻이다. '센자 립senza rip'은 작은 무리, 즉 콘체르타티의 연주다. 반대로 '콘 립con rip'은 모든 악기가 참가하는 리피에노의 연주를 말한다. 첫 아리아 '너희는 내 백성을 위로하라 Comfort ye'의 악보에 헨델은 센자 립으로 부드럽게 시작하도록 지시한다. 그러나 다섯째 마디부터는 콘 립으로 바뀐다. 음량이 커졌다. 일곱째 마디에선 다시 센자 립으로 부드럽게, 아홉째 마디에서는 다시 콘 립으로 연주하도록 지시한다. 메시아 연주에 사용된 오케스트라는 지금처럼 큰 규모의 오케스트라가 아니다. 약 20여 명 정도의 현악 주자들이 연주한다. 그중 2명의 제1 바이올린, 2명의 제2 바이올린, 그리고 비올라, 첼로, 베이스 각 1명씩 모두 일곱 명 정도가 센자 립을 연주하는 작은 그룹이다. 지금은 오케스트라나 합창단이 대형화되어 <메시아>를 연주하기 때문에 센자 립, 콘 립의 연주 방법을 잘 따르지 않는 경향이 있다. 그러나 이 방법으로 연주하면 바로크 시대의 섬세한 음향을 더 느낄 수 있다.

5. 음악 양식(Texture)

옷 만드는 천은 나일론, 모직, 목화 등 그 재료에 따라 짜임새가 다양하다. 음악도 세 가지 또는 네 가지의 다른 짜임새로 구성된다. 이 책에서는 양식이라는 말을 사용했다.

a. 단성적 양식(Monophonic Texture) - 단선율로 된 음악을 말한다. 솔로, 유니슨이 단성적 양식이다. 그레고리안 찬트가 단성적 양식이다. 음악은 단성적 양식으로 시작되었다.

b. 화성적 양식(Homophonic Texture) - 주선율을 다른 파트들이 화성으로 보조하는 양식을 말한다. 찬송가(Hymnody)가 대표적인 화성적 양식의 음악이다. 하이든, 모차르트의 고전주의 음악이 주로 이 짜임새로 되어 있다.

c. 대위적 양식 또는 다성적 양식(Polyphonic Texture) - 각 파트가 돌아가면서 주선율(또는 정선율Cantus firmus)을 노래하는 양식이다. 한 성부가 주선율을 노래할 때 다른 성부는 대선율을 노래한다. 화성적 양식에서 한 파트가 중요하다면 대위적 양식에서는 각 파트가 모두 중요하게 주선율을 노래한다. 쉽게 돌림노래를 생각하면 된다. <메시아>에서는 위의 양식들이 모두 사용되고 있다. 44번 할렐루야 합창의 첫 부분 '할렐루야' 13마디는 화성적 양식, 그다음 소프라노로 시작하는 'For the Lord God omnipotent'은 대위적 양식으로 되어있다.

d. 헤테로포닉 양식(Heterophonic Texture) - 주선율을 각 파트가 변주의 형태로 함께 연주하는 형식인데 서양 음악에는 없는 양식이다. 국악의 합주가 이 양식으로 되어있다.

6. 망치 리듬(Hammerstroke)

헨델의 합창곡에 나오는 호모포닉의 짧고 강한 외침 부분을 말한다. 마치 망치로 '쾅 쾅' 두드리는 소리 같다고 해서 음악학자 그라우트는 '헨델의 강한 망치 두드림mighty Handelian hammerstroke'이라는 이름을 붙였다.[2] 이 책에서는 그냥 망치 리듬이라고 부르겠다. 12번 합창곡의 'Wonderful, Counsellor, The mighty God...기묘라, 모사라, 전능하신 하나님' 이 망치 리듬을 사용하고 있다.

7. 레치타티보와 아리아(Recitative and Aria)

오페라나 오라토리오에서 해설을 담당하는 노래를 레치타티보라고 하고, 선율을 담당하는 부분을 아리아라고 한다. 레치타티보에서는 음악보다도 가사가 중요하다. 가사에 집중하도록 반주는 간단하게 처리한다. 레치타티보 반주는 2종류로 되어 있는데 콘티누오만 사용한 단순한 반주가 있고, 현악3부(제1, 제2 바이올린과 비올라)가 함께하는 '반주 있는 레치타티보 Accompanied Recitative'가 있다. '반주 있는 레치타티보'는 아리아와 구분이 쉽지 않을 때도 있다. 첫 번째 테너 솔로가 그 경우이다. '위로해Comfort ye'. 앞부분은 분명 아리아 형태로 되어 있다. 가사도 여러 번 반복된다. 그러나 마지막 8마디는 레치타티보다. 그래서 어떤 악보엔 아리아로, 어떤 악보엔 레치타티보로 되어 있다. 레치타티보는 대부분 그다음의 아리아와 연결된다.

아리아는 가사 전달도 중요하지만 그보다 음악적 선율이 더 중요하다. 대부분 짧은 가사를 사용하여 여러 번 반복한다. 레치타티보는 가사 반복이 없다. 아리아 다음에 보통 합창이 나온다. 오페라가 아리아 중심 음악이라면 오라토리오는 합창 중심 음악이다. 대게 '레치타티보 - 아리아 – 합창'의 순서로 음악이 연주된다. <메시아>는 총 53곡 중에 20곡이 합창으로 되어 있다.

8. 다 카포 형식(Da Cappo)

바로크 극음악에서 사용된 세도막 형식의 노래다. A-B-A로 나타낸다. A파트의 노래는 주화음(Tonic)으로 끝나서 그 자체로써 한 노래가 된다. A가 끝나면 그와는 대조적인 B파트가 이어신나. 소성, 막사, 뎀포, 문뷔기가 A파트와 나르다. 그 후 다시 A파트를 그대로 반복하여 끝낸다. 바로크 시대 대부분의 아리아가 다 카포 형식으로 되어 있다. 청중들에게 중요한 멜로디를 반복해서 각인시키는 방법이다. 또 오선지를 절약하는 방법이기도 할 것이다. <메시아> 23번 알토 아리아 'He was despised'와 48번 베이스 아리아 'The trumpet shall sound'가 다 카포 아리아다.

9. 멜리스마(Melisma)

가사의 음절과 음의 관계를 나타내는 방법이 여러 종류 있다.

a. 실라빅 스타일(Syllabic style) - 한 음절에 한 음표가 1:1로 붙어 있는 형태다. 첫 테너 곡 'Comfort ye'는 세 음절이다. 이에 대한 음표도 셋이다.

b. 멜리스마틱 스타일(Melismatic style) - 한 음절에 많은 음표가 붙어 있는 형태다. 1음절:다수 음표. 이 음표들을 멜리스마라고 한다. 어떤 경우는 30개 이상의 음표가 붙어 있다. 이 음표들은 대부분 동형진행(Sequence)으로 되어 있으며 빠르게 노래한다. <메시아>의 독창과 합창에는 많은 멜리스마가 나온다.

c. 뉴마틱 스타일(Neumatic style) - 짧은 멜리스마라고 생각하면 된다. 한 가사에 서 너개의 음표가 붙어 있는 형태다.

10. 선율 진행(Melodic Progression)

선율이 2도로 움직이는 진행을 순차진행, 3도 이상으로 움직이는 진행을 도약진행이라고 한다. 위로 움직이는 진행을 상행진행, 아래로 움직이는 진행을 하행진행이라고 한다. 순차진행은 편안함을, 도약진행은 강함을 느끼게 한다. 13번 전원 교향곡은 주로 순차진행으로 되어 있다. '도레미파솔라 솔파미파미'. 편안함을 느끼게 한다. 그러나 순차진행이 많으면 자칫 지루해질 수 있다. 45번 소프라노 솔로 주선율은 도약이 많이 들어간 선율이다. '솔도미(레)도 라파...' 부활의 확신을 표현한다. 그러나 도약으로만 된 선율이라면 자칫 불안정해지기 쉽다. 대부분의 선율은 순차, 도약, 상향, 하향을 적절히 조합해서 만들어진다.

11. 템포. 다이내믹. 키(Tempo, Dynamics, Key)

음악은 소리로 표현된다. 소리는 물리학적으로 파장이다. 파장은 주기와 진폭으로 되어 있다. 주기가 2배로 길어지면 음은 한 옥타브 낮은 소리가 난다. 짧아질수록 고음이 난다. 진폭이

커지면 큰 소리, 작아지면 작은 소리가 난다. 그 파장이 길면 장음, 짧으면 단음이 된다. 여기에서 음악의 다이내믹, 피치, 템포가 나온다. 바로크 시대부터 다이내믹 기호, 템포의 기호들이 정착하기 시작한다. 다이내믹 기호 *f(forte)*는 큰 소리, *ff(fortissimo)*는 더 큰 소리, *p(piano)*는 작은 소리 등으로 나타낸다. 템포 *Largo, Grave, Adagio*는 느리게, *Allegro*는 빠르게 등으로 나타낸다. 키(Key)는 조성이라고 한다. 크게 장조와 단조로 구분된다. 기본음의 이름을 따서 C장조, D장조, C단조... 등으로 부른다. <메시아>의 첫 곡은 E단조로 시작하며, 마지막 53번 합창은 D장조로 끝난다.

12. 화음(Harmony)

각 키(조성)의 '도미솔'을 주화음(또는 으뜸화음 Tonic)이라고 하고 로마 숫자 I로 나타낸다. 그 5도 위의 삼화음 '솔시레'를 속화음(또는 딸림화음 Dominant)이라고 하며 로마 숫자 V로 나타낸다. 바로크 시대 음악은 음악의 중요한 화성 체계인 I-V-I의 관계가 확립된 시기다.

13. 버전(Versions)

<메시아> 악보는 다양한 판들이 있다. 헨델 자신이 악보를 여러 번 수정했다. 연주자의 상황에 따라 악보를 바꾸고, 더 좋은 소리를 만들기 위해 바꾸기도 했다. 새로 작곡한 노래를 넣기도 했다. 1741년 9월 작곡을 끝냈지만 1742년 더블린의 초연 때부터 알토 가수를 위해 악보의 키를 바꾸었다. 학자들은 <메시아> 정본을 만들기 위해 오랫동안 수고를 했지만 결론적으로 <메시아>에는 정본이 없다는 것이다.[3] 각 버전마다 미세한 차이들이 있다. 모차르트는 1777년 독일 만하임에서 연주하는 <메시아>를 듣고 큰 감명을 받았다. 모차르트는 이 곡을 다시 편곡하여 비엔나에서 연주했는데 그때 목관악기를 첨가하고, 어떤 부분은 새롭게 작곡하여 첨가하고, 몇몇 곡들은 삭제하였다.

CONTENTS
차례

서문 5

미리 읽어두기 A 8

미리 읽어두기 B 10

1부 메시아 오심으로 인류를 구속하기 위한 하나님의 계획과 예언
The prophecy and realisation of God's plan to redeem mankind by the coming of the Messiah

1장 이사야의 구원 예언 Isaiah's prophecy of salvation

1. Sinfonia. 서곡 — 26

2. Tenor Aria. 너희는 내 백성을 위로하라 — 28
   Comfort ye my people(이사야 40:1-3)

3. Tenor Aria. 골짜기마다 돋우어지며 — 36
   Every valley shall be exalted(이사야 40:4)

4. Chorus. 여호와의 영광 — 38
   And the Glory of the Lord(이사야40:5)

2장 메시아 오심의 예언 The prophecy of the coming of Messiah
and the question, despite (1), of what this may portend for the World

5. Bass Recitative. 만군의 여호와가 이르노라   44
Thus saith the Lord(학개 2:6-7 / 말라기 3:1)

6. Bass Aria. 그가 임하시는 날을 누가 능히 당하며   47
But who may abide the day of His coming(말라기 3:2)

7. Chorus. 그가 깨끗하게 하되   50
And He shall purify(말라기 3:3)

3장 동정녀 탄생의 예언 The prophecy of the Virgin Birth

8. Alto Recitative. 보라 처녀가 잉태하여   59
Behold! A virgin shall conceive(이사야 7:14)

9. Alto Aria & Chorus. 아름다운 소식을 전하는 자여   64
O Thou that tellest good tidings to Zion(이사야 40:9)

10. Bass Aria. 보라 어둠이 땅을 덮을 것이며   69
For behold, darkness shall come the earth(이사야 60:2-3)

11. Bass Aria. 흑암에 행하던 백성이   69
The people that walked in darkness(이사야 9:2)

12. Chorus. 이는 한 아기가 우리에게 났고   73
For unto us a child is born(이사야 9:6)

4장 천사들이 목자들에게 나타남
The appearance of the Angels to the Shepherds

13. Pastoral Symphony. 전원 교향곡   80

14. Soprano Recitative. 목자들이 밖에서 양 떼를 지키더니   83
There were shepherds abiding in the field(누가복음 2:8)

Soprano Accompanied Recitative. 주의 사자가 곁에 서서

And Lo! The angel of the Lord came upon them (누가복음 2:9)

15. Soprano Recitative. 천사가 이르되   87

And the Angel said unto them(누가복음 2:10-11)

16. Soprano Recitative. 홀연히 수많은 천군이   92

And suddenly there was with the angel(누가복음 2:13)

17. Chorus. 하나님께 영광 Glory to God(누가복음 2:14)   92

5장 그리스도의 구속적인 이적들

Christ's redemptive miracles on earth

18. Soprano Aria. 시온의 딸아 크게 기뻐할지어다   99

Rejoice greatly. O daughter of Zion(스가랴 9:9-10)

19. Alto Recitative. 그때에 맹인의 눈이 밝을 것이며   106

Then shall the eyes of the blind be opened(이사야 35:5-6)

20. Alto Aria. 그는 목자같이 양 떼를 먹이시며   108

He shall feed his flock like a shepherd(이사야 40:11/ 마태복음 11:28-29)

21. Chorus. 그의 멍에는 쉽고 그의 짐은 가볍다   112

His yoke is easy, and his burthen is light(마태복음 11:30)

2부 그리스도 희생에 의한 구속의 완성, 하나님 제공에 대한 인간의 거부 그리고 전능자의 능력에 반대하려는 인간의 완전한 패배

The accomplishment of redemption by the sacrifice of Christ, mankind's rejection of God's offer, and mankind's utter defeat when trying to oppose the power of the Almighty

1장 구속적 희생, 채찍 그리고 십자가의 고통
The redemptive sacrifice, the scourging and the agony on the cross

22. Chorus. 보라 하나님의 어린 양   120
Behold the lamb of God(요한복음 1:29)

23. Alto Aria. 그는 멸시를 받아   126
He was despised(이사야 53:3, 50:6)

24. Chorus. 그는 실로 우리의 질고를 지고   132
Surely He hath borne our griefs(이사야 53:4-5)

25. Chorus. 그가 채찍에 맞음으로 우리는 나음을 받았도다   134
And with His stripes are we healed(이사야 53:5)

26. Chorus. 우리는 다 양 같아서   136
All we like sheep have gone astray(이사야 53:6)

27. Tenor Aria. 그를 보는 자는 다 그를 비웃으며   140
All they that see Him, laugh Him to scorn(시편 22:7)

28. Chorus. 그가 여호와께 의탁하니   145
He trusted in God that He would deliver Him(시편 22:8)

29. Tenor Recitative. 비방이 그의 마음을 상하게 하여   147
Thy rebuke hath broken His heart(시편 69:20)

30. Tenor Aria. 그의 고통과 같은 고통이 있는가 볼지어다   149
Behold, and see if there be any sorrow(예레미야 애가 1:12)

2장 그의 희생적 죽으심, 스올, 부활
His sacrificial death, His passage through Hell and Resurrection

31. Tenor Recitative. 그가 살아있는 자들의 땅에서 끊어짐은 　　153
　　He was cut off out of the land of the living(이사야 53:8)

32. Tenor Aria. 주께서 그의 영혼을 스올에 버리지 아니하시며 　　156
　　But Thou didst not leave His soul in hell(시편 16:10)

3장 그의 승천 His ascension

33. Chorus. 문들아 너희 머리를 들지어다 　　163
　　Lift up your heads, o ye gates(시편 24:7-10)

4장 하나님이 천국에서 그의 정체를 밝히심
God discloses His identity in Heaven

34. Tenor Recitative. 하나님께서 천사 중 누구에게 　　174
　　Unto which of the angels said He(히브리서 1:5)

35. Chorus. 하나님의 모든 천사들은 그에게 경배하라 　　181
　　Let all the angels of God worship Him(히브리서 1:6)

5장 성령강림절, 방언 은사, 전도 시작
Whitsun, the gift of tongues, the beginning of evangelism

36. Bass Aria. 주께서 높은 곳으로 오르시며 　　185
　　Thou art gone up on high(시편 68:18)

37. Chorus. 주께서 말씀을 주시니 　　191
　　The Lord gave the word(시편 68:11)

38. Soprano Aria. 아름답도다 좋은 소식을 전하는 자들의 발이여 　　195
　　How beautiful are the feet of them(로마서 10:15)

39. Chorus. 그 소리가 온 땅에 퍼졌고   197
    Their sound is gone out into all lands(로마서 10:18)

6장 세상과 그 통치자들이 복음을 거부함
The world and its rulers reject the Gospel

40. Bass Aria. 어찌하여 이방 나라들이 분노하며   200
    Why do the nations so furiously rage together(시편 2:1-2)

41. Chorus. 우리가 그들의 맨 것을 끊고   202
    Let us break their bonds asunder(시편 2:3)

7장 하나님의 승리 God's triumph

42. Tenor Recitative. 하늘에 계신 이가   205
    He that dwelleth in heaven(시편 2:4)

43. Tenor Aria. 네가 그들을 깨뜨림이여   208
    Thou shalt break them(시편 2:9)

44. Chorus. 할렐루야   214
    Hallelujah(요한계시록 19:6 / 11:15 / 19:16)

3부 죽음에 대한 최후 승리를 감사하는 찬송
A Hymn of Thanksgiving for the final overthrow of Death

1장 아담의 타락에서 구속 그리고 육신 부활의 약속
The promise of bodily resurrection and redemption from Adam's fall

45. Soprano Aria. 내가 알기에는 나의 대속자가 살아 계시니 　　　228
　　　I know that my redeemer liveth(욥기 19:25-26 / 고린도전서 15:20)

46. Chorus. 사망이 한 사람으로 말미암았으니 　　　242
　　　Since by man came death(고린도전서 15:21-22)

2장 심판과 일반 부활의 날
The Day of Judgement and general Resurrection

47. Bass Recitative. 보라 내가 너희에게 비밀을 말하노니 　　　248
　　　Behold, I tell you a mystery(고린도전서 15:51-52)

48. Bass Aria. 나팔 소리가 나매 　　　252
　　　The trumpet shall sound(고린도전서 15:52-53)

3장 죽음과 죄에 대한 승리 The victory over death and sin

49. Alto Recitative. 기록된 말씀이 이루어지리라 　　　259
　　　Then shall be brought to pass(고린도전서 15:54)

50. Alto & Tenor. Duet. 사망아 너의 쏘는 것이 어디 있느냐 　　　263
　　　O death, where is thy sting?(고린도전서 15:55-56)

51. Chorus. 하나님께 감사하노니 　　　266
　　　But Thanks be to God(고린도전서 15:57)

52. Soprano Aria. 만일 하나님이 우리를 위하시면 누가 우리를 대적하리요   271
    If God be for us, who can be against us?(로마서 8:31, 33-34)

4장 **메시아 희생의 영광** The glorification of the Messianic victim

53. Chorus. 죽임을 당하신 어린 양   279
    Worthy is the lamb that was slain(요한계시록 5:12-13)

•• 부록 1 •• 제넨스는 어떤 사람인가?   294

•• 부록 2 •• 헨델은 <메시아>를 작곡할 때 영적 체험을 했는가?   299

•• 부록 3 •• 오라토리오 <메시아>는 어떻게 사용되었는가?   305

•• 부록 4 •• 1부 요절 성경 공부. 11, 12곡 /   312
    "한 아기가 우리에게 났고"

•• 부록 5 •• 2부 요절 성경 공부. 24, 25, 26곡 /   314
    "그가 찔림은 우리의 허물 때문이요"

•• 부록 6 •• 3부 요절 성경 공부. 45, 46곡 /   316
    "그리스도 안에서 모든 사람이 삶을 얻으리라"

참고 도서   318

* 미주   320

· 1부 ·

메시아 오심으로 인류를 구속하기 위한 하나님의 계획과 예언

The prophecy and realisation of
God's plan to redeem mankind
by the coming of the Messiah

1장 이사야의 구원 예언
Isaiah's prophecy of salvation

1. Sinfonia. 서곡

오라토리오는 오페라와 함께 이탈리아에서 발전된 극음악입니다. 두 장르 모두 독창, 중창, 합창이 사용되지만 오라토리오는 의상, 분장, 연기가 없이 음악 공연에 더 집중합니다. 그러므로 공연 비용도 훨씬 절감됩니다. 오페라가 주로 세속적인 주제를 다루고 있는 데 반해 오라토리오는 주로 종교적인 주제를 다룹니다. 헨델이 런던에서 작곡한 음악은 주로 세속적 오페라였습니다. 18세기 런던에서 '오라토리오'는 극장에서 연주하는 세속적 음악으로 여겨졌습니다. 그러므로 런던에서 〈메시아〉를 공연할 때 그 위치 설정은 애매했습니다. 종교적인 곡인지, 세속적 곡인지. 제목과 내용은 분명 종교적이었지만 교회에서 연주하는 예배용 음악은 아니었기 때문입니다. 메시아가 초연되었을 때 더블린의 신문은 이 오라토리오를 '여흥음악entertainment'이라고 불렀습니다. 제넨스도 이 음악을 '여흥음악'이라고 불렀습니다.[4] 분명 헨델의 오라토리오는 교회 예배용 음악은 아니었습니다. 극장에서 오페라 연주하듯 연주되었기 때문에 국교도 성직자들은 이런 주제를 극장에서 연주하는 헨델을 비난하기도 했습니다. 그렇다고 〈메시아〉를 세속음악으로 분류할 수는 없습니다. 세속적이냐 종교적이냐는 그 내용을 보고 판단해야

지 연주 장소를 보고 판단하는 것은 맞지 않다고 생각합니다. 존 웨슬리는 교회에서도 설교하고, 탄광에서 광부들 앞에서도 설교했습니다. 교회에서 한 설교는 종교적이고, 탄광에서, 거리에서 한 설교는 세속적이라고 말하는 것과 같습니다. 하나님의 말씀은 언제 어디서나 선포될 수 있습니다. 하나님의 찬양도 언제 어디서나 노래될 수 있습니다! 그렇게 되어야 합니다.

〈메시아〉 서곡, 신포니아는 프랑스풍의 서곡입니다.[5] 찰스 제넨스는 첫 번째 서곡을 좋아하지 않았습니다. 작품에 대해 서로 의논하며 만들어 가던 제넨스는 결국 헨델의 고집에 꺾여 이 서곡에 대해서는 관여하지 않기로 했습니다. 제넨스가 이 서곡의 어떤 부분을 고치기 원했는지는 알려지지 않았지만 신포니아는 다음부터 나오는 곡들의 전조를 알려주는 서곡의 역할을 합니다.

E단조로 천천히 시작하는 도입부는 화성적 양식으로 장엄합니다. *Grave*로 속도기호를 나타내고 있지만 그 연주 속도, 연주 방법은 다양합니다. 똑같은 선율이 두 번 반복되는데 두 번 모두 똑같은 다이내믹으로 연주하기도 하고, 첫 번째 연주할 때는 *forte*로 크게 시작하고 두 번째 연주할 때는 *pianissimo*로 작게 시작해서 *fortissimo*로 아주 크게 끝나도록 연주하기도 합니다. 모든 악기는 겹점4분음표와 16분음표를 연속적으로 연주하면서 처음부터 묘한 분위기를 자아냅니다. 어떤 버전은 날카로운 겹점4분음표 대신 보다 부드러운 점4분음표로 되어있습니다. 점4분음표로 연주하면 왕의 장엄한 행차처럼 보이고, 겹점4분음표로 연주하면 곧 닥칠 무서운 검은 구름의 긴장감을 초래하기도 합니다. 도입부에 이어지는 *allegro moderato*는 대위적 양식으로 되어 있습니다. 네 마

디의 주선율은 제1 바이올린으로 산뜻하게 제시됩니다. 이 선율은 제2 바이올린 그리고 베이스로 충실하게 옮겨집니다. 4마디의 주제는 각 파트에서 발전됩니다. 무언가 끊임없이, 급박하게 일이 벌어지고 있는 느낌입니다. 좀 잦아들 만하면 또 어디에선가 일이 벌어지고, 그 일이 잦아들면 또 어디에선가 새 일이 터집니다. 그러나 제1 바이올린이 다시 첫 번째 4마디 주제를 힘차게 연주하면서 모든 사건들이 정리됩니다. 마지막 *Piu lento*에서는 그동안 긴장했던 모든 시간들이 마무리됩니다. 혼란했던 시간들은 조용히 내려앉습니다. 방향 없이 뛰어다니던 선율은 이제 새로운 시간을 기다립니다. 새로운 시대가 열립니다. 새로운 막이 올라갑니다.

2. Tenor Aria. 너희는 내 백성을 위로하라
Comfort ye my people (이사야 40:1-3)

E단조의 서곡이 끝나면 조성은 E장조로 바뀌며 현악기와 콘티누오는 따뜻한 봄날을 연주합니다. 부드러운 햇살이 만물을 감싸고 그 위에 테너의 선율이 나비처럼 사뿐히 얹힙니다. 이 곡은 테너 레치타티보입니까? 순수한 레치타티보는 콘티누오의 반주만 나옵니다. 반주는 코드만 연주할 뿐 특별한 선율이 나오지 않습니다. 그런데 2번 음악은 전체 오케스트라의 반주로 시작합니다. 이런 음악은 '반주 있는 레치타티보 accompanied recitative' 라고 합니다. 이때 반주는 콘티누오만의 반주가 아니라 오케스트라의 반주를 말합니다.[6] 아리아처럼 전개되던 테너 선율은 '외치는 자의 소리여' 부분에서 갑자기 정말 레치타티보로 바

뛰어 2번 곡은 짧은 아리아와 레치타티보가 합해진 노래가 되었습니다. 〈메시아〉 첫 가사는 이사야 40장이 사용되었습니다.

"너희의 하나님이 이르시되 너희는 위로하라 내 백성을 위로하라 /
너희는 예루살렘의 마음에 닿도록 말하며 그것에게 외치라
그 노역의 때가 끝났고 그 죄악이 사함을 받았느니라 /
외치는 자의 소리여 이르되 너희는 광야에서 여호와의 길을 예비하라
사막에서 우리 하나님의 대로를 평탄하게 하라" (이사야 40:1-3)

미국 질병통제 예방센터 CDC통계에 의하면 코로나 팬데믹 기간에 술과 마약으로 사망한 사람들의 수가 30%나 증가했다고 합니다. 전문가들은 코로나 팬데믹으로 인한 코로나 블루가 원인이라고 말합니다. 백신이 나와도 떨어지지 않는 확진자 수, 새로운 변종의 출현, 여기저기서 들려오는 죽음의 소식들… 특히 거리두기 정책으로 사람들은 고립감, 외로움, 우울을 심하게 겪게 되었습니다. 저들과 함께해 줄 사람이 있었다면, 그냥 옆에서 따뜻한 말 한마디 건네줄 사람이 있었다면 저들에게 큰 힘이 되었을 텐데… 그러나 전대미문의 코로나 팬데믹 기간 중 어쩌면 전 인류가 우울 증후군에 들어가 있었기 때문에 위로할 사람이… 모든 인간은 위로가 필요합니다. 당신은 힘들 때 어떻게 위로를 받습니까?

이사야서는 예언서에 속합니다. 이사야는 BC 8세기 예루살렘에서 예언한 예언자입니다. 예언자는 하나님의 말씀을 받아 전하는 사람을 말합니다. 넓게는 하나님의 말씀을 모두 예언이라고 말할 수 있습니다. 좁게는 미래에 대한 하나님의 말씀을 말합니다. 성경이 하나님의 말씀인

이유는 이 예언이 있기 때문입니다. 율법은 어느 종교의 경전에나 있습니다. 시(詩)도 대부분의 경전에 들어 있습니다. 그러나 예언은 성경에만 있습니다!

〈메시아〉를 이해하기 위해서는 성경의 예언을 알아야 합니다. 〈메시아〉는 많은 구약 예언의 말씀이 어떻게 성취되었는가를 보여주는 음악이기 때문입니다. 2종류의 예언이 있습니다. 역사적 예언과 종말적 예언입니다. 역사적 예언은 그 성취 기간이 수일에서 수백 년이 걸립니다. 역사적 예언이 성취가 되면 그 예언은 역사가 됩니다. 종말적 예언은 세상 끝에 대한 예언입니다. 종말적 예언은 이 세상 종말이 되어야 성취됩니다. 즉 한 번도 인간 역사에서 성취된 적이 없는 예언입니다. 성경에는 역사적 예언과 종말적 예언이 모두 들어 있습니다. 역사적 예언의 정점은 메시아 예언입니다. 창세기 3장 15절에 처음 등장합니다. "내가 너로 여자와 원수가 되게 하고 네 후손도 여자의 후손과 원수가 되게 하리니 여자의 후손은 네 머리를 상하게 할 것이요 너는 그의 발꿈치를 상하게 할 것이니라." 에덴동산에서 죄를 지은 아담 하와를 하나님께서 심판하십니다. 그때 뱀으로 나타난 사탄을 정죄하는 말씀이 3장 15절입니다. 단수로 표시된 '여자의 후손'이 메시아에 대한 말씀입니다. 이 첫 예언을 '초기 복음primitive gospel'이라고 부릅니다. 이 예언을 필두로 구약 성경에는 메시아에 대한 예언이 계속 등장합니다. 구약 시대는 예언이지만 지금 우리 시대에는 성취된 역사입니다. 예수 그리스도(그리스도는 메시아의 헬라어입니다. 모두 기름 부음을 받았다는 뜻입니다)의 등장은 어떤 한 인간이 이 세상에 태어난 것과 다릅니다. 유대 땅에 태어난 한 종교적 천재가 자신을 메시아라고 선언한 것이 아닙니다. 예수 그리스도는 이 세상에 오실 것이 이미 수천 년 전부터 예언된 분이며 그 예언은 정확하게 성취되었습니다. 성경의 수많은 역사적 예언의 성취는 종말적 예언도 반드시 성취될 것이라는 믿음을 갖게 합니다. 성경의 예언은 성경이 하나님 말씀이라는 것을 증명합니다. 하나님은 전지전능하셔서 인간의 과거, 현재뿐 아니라 미래도 분명하게 아십니다.

이사야 40장은 역사적 예언입니다. 40장부터 이사야 2부 또는 제2이사야라고 말합니다. 1부와 2부의 배경이 확연히 다르기 때문에 어떤 학자들은 제2 이사야는 이사야가 아니라 다른 사람이 썼을 것이라고 주장합니다. 1-39장의 배경이 앗수르 제국인 데 반하여 40장 이후는 바벨론 제국 말기 그리고 바사(페르샤) 제국을 배경으로 하고 있기 때문입니다. 시간적으로는 약 150년의 간격이 있습니다. 이사야 선지자는 므낫세 왕 시대에 순교한 것으로 알려져 있습니다. 어떻게 죽은 이사야가 다음 시대의 일들을 말할 수 있습니까? 그것을 불가능하다고 생각하는 학자들은 40장 이후를 다른 저자가 썼다고 말합니다. 그러나 이것은 '예언'의 성격을 무시하고, 인정하지 않기 때문에 생긴 일입니다. 하나님은 하나님의 백성에게 자신이 할 일을 미리 계시하시는 분입니다! 이것이 예언의 말씀입니다.[7]

이사야 2부는 '나하무 나하무 암미 nahamu nahamu ammi' 로 시작합니다. '위로하라. 위로하라. 내 백성을'. 헨델의 메시아는 테너의 '위로하라' 로 시작합니다. '내 백성' '예루살렘' 은 하나님의 백성을 말합니다. '위로하라' 라는 말은 전에 또는 지금 어떤 비극적 사건이 있음을 암시합니다. '복역의 때' 가 있었습니다. 바벨론 제국에 포로로 잡혀간 일을 말합니다. 바벨론의 느부갓네살 왕은[8] 앗수르 제국을 물리치고 중동 지방의 최강자가 되었습니다. 하나님은 예레미야 선지자를 통해 바벨론에 항복해야 살 수 있다고 여러 번 말씀하셨습니다. 이것은 유다 백성들이 죗값을 치르는 일이었기 때문에 피할 수 없었습니다. 그러나 유다는 이집트의 도움으로 바벨론의 공격을 막아보려 했습니다. 느부갓네살은 BC 586년 세 번째 공격으로 예루살렘을 초토화시켰습니다. 왕과 귀족들 그리고 백성들을 바벨론의 포로로 잡아갔습니다. 다윗의 유다 왕국은 500년도 안 가서 이렇게 끝이 났습니다. 포로로 잡혀간 유다 백성들은 하나님의 백성으로 살기 힘들었습니다. 자신들의 신앙도 지키기 어려웠습니다. 금 신상에 절하라는 명령을 받았습니다. 안식일? 유월절? 초막절? 하나님의 날들을 지키는 것이 불가능했습니다.

왜 하나님의 백성들이 이런 고통을 당합니까? 2절에는 '그 죄악이' 라는 말이 나옵니다. 하나님 백성의 죄악 때문에 이런 고생을 하게 되었습니다. 하나님 백성들이 고난당하는 이유는 무언가 부족해서 생기는 일이 아닙니다. 대부분 죄악 때문입니다. 하나님께 불순종했기 때문입니다. 이것은 가장 풍요로웠던 에덴동산에서부터 줄기차게 내려오는 인간의 악한 습관입니다. 북왕국 이스라엘의 여러보암 2세 때는 넓은 땅을 회복하고 풍요로움을 구가하고 있었을 때입니다. 신앙은? 하나님께 순종하는 사람을 찾아보기 힘든 시대였습니다. 그 후 25년 만에 북왕국 이스라엘은 앗수르의 공격으로 멸망했습니다. 남왕국 유다는 난공불락의 예루살렘 성을 자랑했습니다. 앗수르의 산헤립도 공격에 성공하지 못했습니다. 그 단단한 성 안에서 예루살렘 사람들은 죄 짓기에 바빴습니다. 므낫세 왕은 성전 안에까지 다른 나라 신상들을 세웠습니다. 그 후 50년 뒤 유다는 망했습니다. 인간은 높아질수록, 많이 가질수록, 편안해질수록 하나님과 멀어집니다. 예수님은 부자가 하나님 나라 들어가는 것이 낙타가 바늘 귀 들어가는 것보다 힘들다고 말씀하셨습니다. 많아질수록, 높아질수록 조심 또 조심해야 합니다. 사실 조금 부족하게 사는 것, 조금 불편하게 사는 것이 축복입니다!

하나님은 하나님 백성이 똑바로 살길 원하십니다. 이것이 부모의 마음일 것입니다. 죄를 지으면 선지자를 통해 꾸짖기도 하시고, 주변국을 통해 회초리를 치기도 하십니다. 고난의 때입니다. 그러나 하나님의 뜻은 하나님 백성이 고난 가운데서 허우적거리다 인생 끝내기를 바라지 않습니다. "나하무 나하무 암미". 위로하라는 말을 반복하십니다. 하나님은 하나님 백성이 위로받고 살길 원하십니다. 죄를 짓고 포로로 잡혀갔지만 여전히 하나님은 그 백성을 '내 백성'이라고 말씀하십니다.

사람은 위로받을 때 새 힘이 납니다. 넘어졌어도 다시 일어날 기운을 얻습니다. 위로는 부정을 긍정으로 해석하는 힘입니다. 어둠 속을 헤맬 때 빛의 역할을 합니다. 서울 관악산 캠퍼스에는 벚꽃이 많습니다. 어느 날 봄 친구들과 캠퍼스를 걷다가 그 꽃을 보며 말했습니다. '저기 벚꽃 좀 봐. 겹벚꽃이야!' 나는 '겹벚꽃'이라는 말을 하려고 했는데 사실 '겹벅벅' 대다 말았습니다. 난 혀가 짧고 성격이 급해서 어려운 발음을 할 때는 혀가 잘 꼬였습니다. 친구들이 그 모습을 보고 놀리기 시작했습니다. 나만 보면 '겹벚꽃' 해 보라고 말했습니다. 악의가 있어서 그런 건 아닙니다. 그렇지만 나에게는 상처가 되었습니다. 친구들에게 '난 말재주도 없고, 발음도 좋지 못하니 리더가 되긴 틀린 것 같아'라고 말했습니다. 그때 홍득윤이라는 친구가 말했습니다. '혁아 그렇지 않아. 네가 말할 때는 열정이 느껴져. 네 말에는 사람들의 관심을 끄는 힘이 있어.'

수십 년 전의 일이지만 나는 이때의 일을 분명히 기억합니다. 그 친구 이름을 아직까지 기억합니다. 나에게 큰 위로가 되었기 때문입니다.

인간은 누구나 위로가 필요합니다. 왜냐면 우리는 이 세상에서 이런 저런 공격을 받으며 살아가기 때문입니다. 억울한 일을 당하고 상처를 받습니다. 어떤 때는 나의 실수, 잘못으로 넘어집니다. 어떤 때는 삶이 막막하고 절망적입니다. 특히 어린 자녀들은 마음이 열려 있어서 더 상처를 잘 받습니다. 위로가 필요합니다. 어린 자녀들만 아닙니다. 부모님들도 위로가 필요합니다. 남편도, 아내도, 목사도, 지도자들도…. 모든 인간은 위로자가 필요합니다. 그러나 위로자가 없습니다. 왜냐하면 모두가 위로를 필요로 하기 때문입니다. 위로받을 사람은 많은데 위로해 주는 사람은 없습니다. 사실 인간은 위로할 줄 모릅니다. 이기적이기 때문입니다. 에릭 프롬은 죄인이라는 말을 이기주의자로 이해합니다. 인간은 나에게만 관심을 갖습니다. 내 성공, 내 아픔, 내 고통… 위로자는 귀합니다.

그러면 우리는 어디서, 어떻게 위로를 받아야 합니까? 하나님이 우리를 위로하십니다! 하나님은 위로자십니다! '위로하다*naham*' 이라는 단어는 창세기 5:29에서 처음 사용되었습니다. "이름을 노아라 하여 이르되 '여호와께서 땅을 저주하시므로 수고롭게 일하는 우리를 이 아들이 안위하리라' 하였더라." '노아' 는 '나함' 의 명사입니다. 노아는 '위로' 라는 뜻입니다. 하나님은 노아을 통하여 수고롭게 일하는 하나님 백성을 위로(안위)하시려 했습니다. 하나님의 위로를 받은 자는 살고, 세상을 통해 위로를 받으려는 자들은 모두 죽었습니다. 인간은 하나님의 위로를 받아야 살 수 있습니다. 하나님의 위로를 가장 많이 받은 민족이 어느 민족입니까? 이스라엘입니다. 중동의 약소국입니다. 언제 어디서 공격을 당할지 모르는 항상 불안한 나라였습니다. 그러나 하나님께서 저들을 줄기차게 위로하셨습니다. "내가 너를 지명하여 불렀나니 너는 내 것이라." 얼마나 위로가 되는 말씀입니까? 두려워하는 이스라엘 백성에게 말씀하십니다. "두려워 말라 내가 너와 함께함이라. 놀라지 말라 나는 네 하나님이 됨이라. 내가 너를 굳세게 하리라 참으로 너를 도와주리라." 이스라엘은 작은 나라여서 항상 고래 싸움에 새우 등 터지듯 불안과 두려움 속에서 살았습니다. 그런데 그 큰 고래들은 다 어디 있습니까? 앗수르 제국? 바벨론 제국? 고래들은 모두 사라졌지만 이스라엘은 아직까지 존속하고 있습니다. 인간은 하나님의 위로를 받아야 생존할 수 있습니다!

하나님은 어떻게 하나님 백성을 위로하십니까? 본문을 통해서 살펴봅시다.

"너희는 예루살렘의 마음에 닿도록 말하며 그것에게 외치라. 그 노역의 때가 끝났고 그 죄악이 사함을 받았느니라. 그의 모든 죄로 말미암아 여호와의 손에서 벌을 배나 받았느니라 할지니라"(40:2). 하나님은 '노역의 때가 끝' 났음을 선포하십니다. 하나님은 고난의 원인인 이스라엘의 죄악을 용서하시며 노역의 끝을 선포하십니다. 이것이 죄인들에게 큰 위로가 됩니다. 법정에서 판사 앞에 서 있다고 생각합시다. 피고가 집으로 가느냐, 감옥으로 가느냐는 판사의 판결에 달려 있습니다. 판사가 무죄를 선고하면 피고에게는 큰 위로, 큰 기쁨이 될 것입니다. 대재판관이신 하나님께서 나의 모든 죄를 용서하시고 무죄를 선포하신다면, 그리고 그것을 내가 믿는다면 나에게는 큰 위로가 될 것입니다. 그런데 하나님께서는 정말 그렇게 하셨습니다! 우리의 죄를 용서하시고 무죄를 선고하셨습니다! 이 일을 위해서 메시아를 이 세상에 보내셨습니다!

하나님의 백성에게 고난은 영원하지 않습니다. 그 고난의 끝이 있습니다. 요셉은 어린 나이에 이집트의 노예로 팔려 갔지만 죽을 때까지 노예로 살지 않았습니다. 하나님께서 정한 기한 13년간만 고난을 당했습니다. 유다 사람들은 바벨론에 포로로 끌려갔지만 하나님께서는 이미 그 기한을 70년으로 정하셨습니다. 예레미야를 통하여 그 기간을 두 번이나 말씀하셨습니다. 어떻게 고난이 끝납니까? 우리의 고난은 하나님이 끝내십니다! 하나님은 시작하시는 분입니다. 시작하신 분이 그 일을 끝내십니다. 하나님 백성에게 고난의 끝은 큰 위로입니다!

3. Tenor Aria. 골짜기마다 돋우어지며
Every valley shall be exalted (이사야 40:4)

〈메시아〉첫 아리아가 노래됩니다. 바로크 음악의 특징은 '정서론the Doctrine of Affection' 입니다. 작곡자들은 음악을 통하여 그 가사의 정서를 표현하려고 애썼습니다(미리 읽기 B 참조). 3번 노래에서 헨델이 '하나님의 대로Highway' 만드는 모습을 어떻게 음악적으로 표현했는지를 살펴보면 재미있습니다. 낮은 골짜기가 돋우어지는(exalted) 모습을 긴 멜리스마로 처리했습니다. 48개의 16분음표가 연속으로 올라가면서 땅이 돋우어지는 모습을 표현했습니다. 이때 현악 3부 반주도 베이스와 서로 주고받으며 상승합니다. 마치 공사장의 인부들이 노래로 메기며, 받으며 즐겁게 일하는 모습을 연상케 합니다. '고르지 아니한crooked' 을 표현한 음들은 고르지 않습니다. 불규칙한 도약 음정이 오르락내리락합니다. 그러나 '평탄한plain'에서는 긴 음표를 사용합니다. 41마디의 'plain'은 음악적으로 한 박자면 충분할 것 같은데도 네 박자로 처리합니다. 66마디에서는 7박자를, 70마디에서는 6박자의 긴 음표를 사용해 고르지 않은 땅이 '평탄한' 땅이 되었음을 나타냅니다. 이때 반주도 잔잔하게 고른음들로 연주되어 평지가 되는 모습을 도와줍니다. 오케스트라는 작은 구룹의 센자 립(senza rip) (미리 읽기 B 참조) 으로 시작해서 큰 구룹의 콘 립(con rip)으로 번갈아 가며 연주합니다. '골짜기마다Every valley'는 반드시 콘 립으로 연주해서 낮은 골짜기가 반드시 평지가 될 것이라는 사실을 확인시켜줍니다. 어떻게 하나님의 대로가 만들어집니까?

> "골짜기마다 돋우어지며 산마다 언덕마다 낮아지며 고르지 아니한 곳이 평탄하게 되며 험한 곳이 평지가 될 것이요" (이사야 40:4)

큰 길을 만들려면 평탄한 땅이 필요합니다. 움푹 팬 '골짜기'는 돋우어야 합니다. 높은 산은 낮아져야 합니다. 그 평평한 땅에 대로를 건설할 수 있습니다. 이 땅은 우리의 마음을 말합니다. 골짜기는 낮아진 마음입니다. 우리에게 열등감, 패배감, 좌절감… 이런 낮아진 마음이 있습니다. 돋우어야 합니다. 산은 높아진 마음을 말합니다. 교만한 마음입니다. 이런 마음은 낮추어서 겸손해져야 합니다. 한마디로 평탄한 길을 만들기 위해서는 회개가 필요합니다. 회개는 우리를 위로로 인도합니다.

히브리어는 한 단어에 두 의미가 있는 단어가 많습니다. 위로하다의 '나함'도 다른 의미가 있는데 그것이 '회개하다'는 뜻입니다. 구약에

'나함'은 108회 사용되었습니다. 그중 '위로하다'의 뜻으로 57회, '회개하다'의 뜻으로 41회 사용되었습니다. 위로와 회개는 밀접한 관계가 있습니다. 회개는 잘못된 마음을 돌이키는 일입니다. 이것은 우리의 일입니다. 이때 대로가 생깁니다. 회개하면 하나님과의 교제가 시작됩니다. 이때 하나님의 백성에게 큰 위로가 임합니다.

예수님이 공생애를 시작하시기 직전 세례 요한이 나타났습니다. 요한은 자신이 '광야에서 외치는 자의 소리'라고 말했습니다. 요한이 한 일은 회개를 외치는 일이었습니다. "회개하라 천국이 가까이 왔느니라"(마 3:2). 단지 회개만 설교했을 뿐인데도 많은 사람들이 몰려와 회개하고 세례를 받았습니다. 예수님의 첫 설교도 바로 회개 설교였습니다. "회개하라 천국이 가까이 왔느니라"(마 4:17). 제자들을 부르시고 제자들에게 명하신 설교도 놀랍게 회개 설교였습니다. "제자들이 나가서 회개하라 전파하고"(막 6:12). 회개는 낮아진 골짜기를 돋우고, 높아진 산을 낮추는 일입니다. 이때 하나님을 만나고 교제할 수 있습니다. 회개는 위로의 관문입니다!

4. Chorus. 여호와의 영광

And the Glory of the Lord (이사야 40:5)

〈메시아〉첫 합창곡은 알토로 시작합니다. 4분음표로 되어 있는 멜로디 중 '영광glory'의 첫 음절에는 점4분음표를 사용해서 강조하고 있습니다. 알토의 메기는 소리를 나머지 세 파트가 같은 가사로 힘차게 받습니다. '나타나고revealed'는 뉴마틱 스타일(미리 읽기 B 참조)로 처리해서 주의 영광이 나타나는 모습을 표현합니다. 또 하나 특징적인 음악적 표현은 '이는 여호와의 입이 말씀하셨느니라' 인데 고음을 길게 끌며 한 음절씩 노래하며 하나님 말씀의 위엄을 나타내고 있습니다. 마지막에는 소프라노와 알토가 A음을 길게 노래하며 가사를 강조하다가 adagio로 끝냅니다. 헨델은 빠르고 힘찬 합창을 갑자기 끝낸 후에 잠시 쉬었다가 adagio로 느리게 마무리하는 기법을 자주 사용해서 듣는 사람들의 속을 후련하게 합니다. 확실한 종지입니다. 하나님은 어떻게 하나님의 백성을 위로하십니까?

> "여호와의 영광이 나타나고 모든 육체가 그것을 함께 보리라.
> 이는 여호와의 입이 말씀하셨느니라" (이사야 40:5)

여호와의 영광은 여호와의 아름다움이 나타나는 것을 말합니다. 그것을 하나님의 백성이 볼 수도 있습니다! 이것이 위로의 클라이맥스입니다. 하나님은 이론의 하나님이 아닙니다. 지금도 살아계신 하나님입니다. 하나님은 그 존재를 하나님 백성에게 보이고 싶어 하십니다. 고난 중의 하나님 백성이 하나님의 영광을 보면 큰 위로가 됩니다.

하나님의 영광이 보이는 방법은 사람마다 다릅니다. 출애굽한 이스라엘 백성들은 삼 개월 만에 시내산에 도착했습니다. 하나님은 빽빽한 구름과 나팔 소리와 함께 그들에게 강림하셨습니다. 수백 년간 이집트에서 노예로 고생하고 있던 이스라엘 민족에게 큰 위로가 되었습니다. 야곱은 형을 속이고 집에서 도망쳤습니다. 밧단아람의 외삼촌 집을 가다가 밤을 맞아 베델에서 노숙하게 되었습니다. 그의 처량한 신세가 돌베개에 잘 표현되었습니다. 그날 꿈에서 하늘에 닿은 사닥다리를 하나님의 사자들이 오르락내리락하는 모습을 봅니다. 그리고 하나님의 음성을 듣습니다. 앞날이 불안하고 두려운 야곱은 하나님의 영광을 본 것입니다. 이것이 야곱의 일생에 큰 위로가 되었습니다. 하나님은 자신의 영광을 보이시면서 하나님의 백성들을 위로하십니다. 하나님의 영광은 성경에만 나타나는 사건이 아닙니다. 하나님은 어제나 오늘이나 영원토록 동일하신 분이기 때문에 하나님의 영광은 지금 우리의 삶 가운데서도 나타납니다.

19세기 말 조선은 소망이 없는 나라였습니다. 약한 조선을 주변국들이 호시탐탐 노리고 있었습니다. 특히 섬나라 일본은 대륙 진출의 교두보로 조선 땅을 차지하려 했습니다. 청일 전쟁, 러일 전쟁이 조선 땅에서 일어났습니다. 조선 땅은 저들의 전쟁으로 피폐해졌습니다. 1895년 일본은 명성황후를 살해하고 그 시신을 불태워버렸습니다. 조선의 왕은 있었으나 없었습니다. 조선 사람들은 위로받을 곳이 없었습니다. 놀랍게 1885년 4월 5일 미국 선교사 언더우드, 아펠셀러가 동시에 제물포항에 입항하면서 예수의 복음이 조선 땅에 뿌려지기 시작했습니다. 1907년 1월 평양 장대현 교회에서 전국 성경 사경회가 열렸는데 1500명가량이 모였습니다. 이때 큰 부흥이 일어났습니다. 조선 사람들이 하나님의 영광을 보게 되었습니다. 이 부흥은 전국으로 퍼지면서 조선 사람들에게 큰 위로가 되었습니다. 부흥은 지금 하나님이 하나님 백성에게 나타나는 방법입니다. 부흥의 때 많은 사람들이 하나님의 큰 위로를 받게 됩니다!

"나하무 나하무 암미. 위로하라 위로하라 내 백성을!" 역사적으로 이 예언은 어떻게 성취되었습니까?

1. 본문의 일차 대상자는 죄 때문에 바벨론 포로로 잡혀간 유다 백성들입니다. 그들은 힘이 없는 사람들입니다. 자기들을 보호할 왕도 없고, 군사도 없고, 어떤 조직체도 없었습니다. 그러나 70년 만에 다시 예루살렘으로 귀환했습니다. 귀환할 수 없는 형편이었는데 귀환했습니다. 예레미야에게 미리 말씀하신 예언의 말씀이 문자대로 성취되었습니다. "여호와께서 이와 같이 말씀하시니라. 바벨론에서 칠십 년이 차면 내가 너희를 돌보고 나의 선한 말을 너희에게 성취하여 너희를 이곳으로 돌아오게 하리라"(렘 29:10). 하나님이 바벨론 포로 생활을 끝내셨습니다. 이것이 하나님 백성들에게 큰 위로가 되었습니다. 이것은 장차 올 더 큰 위로의 모형이 됩니다.

2. 700년 후 광야에서 외치는 자의 소리가 있었습니다. 세례 요한! 그는 회개의 세례를 전파했습니다. 많은 사람들이 그를 메시아가 아닌가 생각했습니다. 그러나 그는 자신이 메시아가 아님을 분명히 했습니다. 그리고 곧 오실 예수 그리스도를 전파했습니다. "나는 물로 너희에게 세례를 베풀거니와 나보다 능력이 많으신 이가 오시나니." 예수님이 오셔서 요한의 세례를 받으셨습니다. 무슨 죄가 있어서 세례를 받으신 것이 아니라 공식적인 메시아 사역의 시작을 알리는 세례였습니다. 그러므로 예수님이 세례를 받으실 때 "성령이 비둘기 같은 형체로 그의 위에 강림"하시고 하늘로부터 소리가 났습니다. "너는 내 사랑하는 아들이라. 내가 너를 기뻐하노라"(눅 3:22). 예수 그리스도는 우리의 모든 죄악을 담당하기 위해 이 땅에 오셨습니다. 이 사실을 믿는 사람들에게 예수 그리스도는 큰 위로가 됩니다.

3. 예수님은 짧은 기간 이 세상에서 사역하시고 승천하셨습니다. 예

수님이 하나님 나라에 돌아갈 것이라는 말씀에 모든 것을 버리고 예수님을 따르던 제자들은 두려워졌습니다. 그때 예수님이 말씀하셨습니다. "내가 아버지께 구하겠으니 그가 또 다른 보혜사를 너희에게 주사 영원토록 너희와 함께 있게 하리니 그는 진리의 영이라"(요 14:15-16). 예수님은 자신이 하늘나라에 가면 '보혜사parakletos'를 보내겠다고 말씀하십니다. 보혜사는 예수님과 같은 존재인 성령을 말합니다. 보혜사 성령은 '위로자comforter' 또는 '지지자advocate'로 번역합니다. 예수님 승천 후 제자들은 성령을 받고 큰 위로를 받았습니다. 성령은 지금도 우리를 위로하시는 하나님의 영입니다!

    4. 승천하신 예수님은 다시 이 세상에 오실 것을 약속하셨습니다. 2천년 전 팔레스타인 땅에 오신 예수님을 초림 예수라고 말합니다. 장차 오실 예수님은 재림 예수입니다. "그때에 인자가 구름을 타고 큰 권능과 영광으로 오는 것을 사람들이 보리라"(막 13:26). 70년 만의 포로 귀환, 예수님 초림, 성령의 오심은 모두 성취된 역사적 예언입니다. 이제 마지막으로 예수님 재림의 성취가 남았습니다. 이 종말적 예언도 곧 성취될 것입니다. 그때 하나님은 우리의 모든 눈물을 닦아주십니다. 우리의 모든 슬픔과 고통은 사라집니다. 우리에게 매우 큰 위로가 될 것입니다. 완전한 위로입니다.

    인간은 연약합니다. 불완전한 존재입니다. 내 자신의 잘못 때문에 혹은 다른 사람의 잘못 때문에 고난을 당합니다. 하나님은 그런 인간들을 위로해 주시는 분입니다. 인간은 하나님의 위로를 받아야 생존할 수 있습니다. 당신에게 하나님의 위로가 있길 기도합니다.

    인생을 고해라고 합니다. 고난과 노역이 있습니다. 하루하루의 삶에 큰 의미가 없습니다. 많은 사람들이 술, 마약으로 위로를 삼습니다. 잠깐의 위로를 주지만 더 심각한 고통을 초래합니다. 우리는 어떤 위로를 받고 살아야 합니까? 무엇보다 하나님의 위로를 받아야 합니다.

첫째, 하나님은 우리 죄를 용서하시고 고난의 끝을 선포하시며 위로하십니다. 하나님은 우리의 고난을 끝내시는 분입니다.

둘째, 우리의 회개를 통해 위로하십니다. 회개는 위로의 관문입니다.

셋째, 하나님 자신의 영광을 보이시며 위로하십니다. 위로의 클라이맥스입니다.

하나님의 큰 위로를 받은 사람은 다른 위로를 바라지 않습니다. 오히려 다른 사람들을 위로하며 이 세상을 삽니다. 부잣집의 아들이 있었습니다. 친구들과 노는 것을 좋아하고, 파티를 즐겼습니다. 군인이 되어 전쟁에 출전했지만 전쟁 포로가 되었습니다. 인생의 의미도 없고, 목적도 없었습니다. 방황하며 살던 어느 날 한 음성을 들었습니다. '주인을 섬기겠느냐, 종을 섬기겠느냐.' 그 청년은 이 초자연적인 음성에 '주인을 섬기겠습니다' 라고 대답했습니다. 그 만남이 그의 무의미한 인생에 큰 위로가 되었습니다. 그 후 수도사가 되었습니다. 성 프란체스코! 그의 유명한 기도를 많은 사람들이 좋아합니다.

> 주여, 나를 평화의 도구로 써 주소서
> 위로받기보다는 위로하며
> 이해받기보다는 이해하며
> 사랑받기보다는 사랑하며.

2장

메시아 오심의 예언

The prophecy of the coming of Messiah and the question, despite (1), of what this may portend for the World

5. Bass Recitative. 만군의 여호와가 이르노라

Thus saith the Lord (학개 2:6-7 / 말라기 3:1)

〈메시아〉의 두 번째 장은 반주가 있는 베이스 레치타티보로 시작합니다. 4번 합창의 마지막 A장조 코드를 속화음으로 사용해서 5번 곡은 D단조로 시작합니다. 부드러운 단조가 아니라 강한 단조의 노래입니다. 마치 하나님이 하늘을 가르고 당장 내려오기라도 하듯 *forte*의 번개같이 튀는 리듬으로 시작합니다. 멜리스마가 네 번 나오는데 앞의 세 멜리스마는 땅이 '진동shake' 하는 모습을 나타냅니다. 마지막 긴 멜리스마는 '보배desire'를 노래하는데 오랫동안 기다리고 사모하는 모습을 표현하고 있습니다. 이 보배는 무엇입니까? 가사는 학개와 말라기를 사용했습니다.

"만군의 여호와가 이같이 말하노라 조금 있으면 내가 하늘과 땅과 바다와 육지를 진동시킬 것이요 / 또한 모든 나라를 진동시킬 것이며 모든 나라의 보배가 이르리니 내가 이 성전에 영광이 충만하게 하리라 만군의 여호와의 말이니라" (학개 2:6-7)

> "만군의 여호와가 이르노라 보라 내가 내 사자를 보내리니
> 그가 내 앞에서 길을 준비할 것이요 또 너희가 구하는바 주가 갑자기
> 그의 성전에 임하시리니 곧 너희가 사모하는 바
> 언약의 사자가 임하실 것이라" (말라기 3:1)

인터넷에 많은 글들이 올라옵니다. 어떤 글은 실명으로, 어떤 글은 익명으로 올라옵니다. 실명의 글은 그 내용을 자신 있게, 당당하게 나타내는 글입니다. 익명의 글들은 많은 경우 좀 비겁한 글들입니다. 이런 글들이 음모론으로 발전해서 사회를 어지럽히기도 합니다. 구약의 예언서는 모두 그 기록자가 분명합니다. 선지자들은 숨어서 익명으로 발표하지 않습니다. 자기가 받은 말씀이 하나님 말씀임을 분명히 드러냅니다. 믿음이 있기 때문입니다. 그 말씀을 언제, 어디서 받았는지 밝히기도 합니다. 학개는 두 장으로 된 짧은 예언서이지만 저자가 누구인지, 언제 하나님의 말씀을 받았는지 분명히 말하면서 하나님 말씀을 전합니다. "다리오 왕 제이년 여섯째 달 곧 그달 초하루에 여호와의 말씀이 선지자 학개로 말미암아 스알디엘의 아들 유다 총독 스룹바벨과 여호사닥의 아들 대제사장 여호수아에게 임하니라" (학 1:1).

'다리오 왕 제이년'은 BC 520년입니다. 다리오는 메대, 바사 제국의 왕으로 성전 건축 공사를 재개시킨 왕이었습니다. 여기서 잠깐 이스라엘 역사를 살펴보면 본문을 이해하는 데 도움이 됩니다. BC 586년 예루살렘은 바벨론 느부갓네살에 의해 완전히 파괴되었습니다. 유대 사람들은 바벨론 포로로 잡혀갔습니다. BC 538년 바벨론이 페르시아에 의해 멸망당했을 때 고레스 왕은 유대인들이 다시 예루살렘에 돌아가 성

전을 재건하도록 명합니다. 그러나 성전 재건은 쉽게 이루어지지 않았습니다. 사마리아인들의 방해로 공사는 16년간이나 중단되었습니다. 귀환 백성들은 자포자기, 패배의식에 빠졌습니다. 그때 학개 선지자가 하나님의 말씀을 받고 성전 건축을 독려합니다. 다리오가 왕으로 즉위하자 다시 성전 공사가 진행되었습니다. BC 520년 다시 시작한 성전 재건은 BC 516년 완공되었습니다. 제2성전 또는 스룹바벨 성전이라고 합니다. 학개 선지자가 예루살렘의 성전 재건축만을 위해 글을 썼다면 그의 책은 메시아 예언과는 관계없는 책이 되었을 것입니다. 그런데 그의 성전 건축 독려에는 메시아의 예언이 들어 있었습니다! 이것이 하나님 말씀의 신비입니다.

〈메시아〉 2장(Scene 2)은 이 부분을 베이스로 노래합니다. 성전을 재건하기 위해 큰 결심을 하고 예루살렘으로 돌아온 이스라엘 백성들은 계획대로 진전되지 않는 건축에 낙심했습니다. 솔로몬 성전은 이스라엘 최고 번영기에 세워졌지만 제 이 성전은 유대 왕도 없는 시대에 한정된 물자로, 그것도 방해를 받으며 지어져야 했습니다. 하나님 백성들은 매일 패배감에 사로잡혔습니다. 아직 성전 건축할 때가 아니라고 생각했습니다. 그때 하나님께서 말씀하십니다. "만군의 여호와가 이같이 말하노라 조금 있으면 내가 하늘과 땅과 바다와 육지를 진동시킬 것이요 또한 모든 나라를 진동시킬 것이며…" 하나님은 자신이 온 세상을 흔들 수 있는 만군의 하나님임을 가르쳐 주십니다. 하나님이 이 세상의 주관자라는 사실을 믿는다면 신자는 걱정할 일이 전혀 없습니다. 패배주의? 절망? 자포자기? 어둠입니다. 이런 어둠은 믿음이 없을 때 생깁니다. 어려운 현실만 본다면 이런 마음의 포로가 될 수 있습니다. 그러나 신자는 전능하신 하나님을 바라보며 사는 사람들입니다.

중요한 말씀은 "모든 나라의 보배가 이르리니and the desire of all nations shall come" 라는 말입니다. 헨델이 긴 멜리스마로 처리한 바로 그 단어입니다. '모든 나라의 보배' 는 메시아를 말합니다. 그 메시아가 성전에 나타나실 것입니다! 그때 메시아는 이스라엘의 메시아가 아닙니다. '모든 나라' 의 메시아가 됩니다. 500년 뒤 예수 그리스도는 이 땅에 오셔서 모든 나라, 모든 시대가 바라는 메시아가 되셨습니다! 이방인과 유대인이 하나가 된 교회를 만드셨습니다(엡 2:17-22). 나는 유대인이 아니지만 예수 그리스도 은혜로 메시아를 만나고 교회의 일원이 될 수 있었습니다!

하나님은 현 상태에 대하여 낙심하고 있는 이스라엘 백성들에게 미래를 보도록 방향을 돌리셨습니다. 인간은 과거의 영화에 붙들려 있으면 현재가 불행해집니다. 죽습니다. 그러나 미래의 하나님 영광을 볼 수 있다면 현재가 살아납니다. 어떤 역경도 극복해 나갈 수 있습니다. 내가 미래를 어떻게 보느냐는 내 현재의 삶에 큰 영향을 미칩니다. 하나님은 좋으신 하나님입니다. 자기 자녀에게 최고의 미래를 인도하기 원하는 부모들처럼 좋으신 하나님은 우리에게 미래의 영광을 주시는 분입니다! 하나님 안에만 분명히 있다면 우리는 지금 어떤 환경에 있다 할지라도 영광스런 앞날을 볼 수 있습니다. 신자에게는 미래의 영광이 있습니다!

6. Bass Aria. 그가 임하시는 날을 누가 능히 당하며
But who may abide the day of His coming (말라기 3:2)

학개2장으로 시작한 5번 곡, 베이스 솔로는 F장조로 끝나는 듯하다가 갑자기 D장조 코드로 바뀌며 말라기 3:1b를 레치타티보로 노래합니다. 말라기는 구약 마지막 책입니다. 학개의 저작 연대가 BC 520년으로 비교적 분명한 데 비해 말라기의 연대를 학개처럼 깔끔하게 구분해 내기는 쉽지 않습니다. 그러나 말라기 내용은 제2성전이 이미 완공되었고 제사도 꽤 오랫동안 드려지고 있었다는 사실을 암시하고 있습니다. 그렇다면 학개 이후 100년이 지난 느헤미야 시대로 보는 것이 좋을 것입니다. 느헤미야와 마찬가지로 말라기도 그 시대 느슨해진 신앙생활에 고삐를 조이며, 이교도와의 혼인 문제를 지적하고 있기 때문입니다 (말 2:10-12).

베이스 레치타티보가 끝나면 *attaca*로 계속해서 6번 곡 베이스 아리아가 말 3:2a를 서정적으로 노래합니다. "그가 임하시는 날을 누가 능히 당하며 그가 나타나는 때에 누가 능히 서리요." 그러나 말 3:2b는 전혀 다른 분위기로 노래합니다. "그는 금을 연단하는 자의 불과 표백하는 자의 잿물과 같을 것이라." 이 부분은 갑자기 *prestissimo*로 바뀌며 급하고 강하게 노래합니다. 한바탕 일진광풍이 휩쓸고 가듯 노래하다 다시 말 3:2a의 가사를 처음 템포인 *Larghetto*로 부드럽게 노래합니다. 그러다 갑자기 템포는 다시 *prestissimo*로 바뀌어 말 3:2b의 가사를 휘몰아치듯 노래합니다. 반주는 *forte*와 *piano*를 급하게 오가며 극적으로 연주합니다. 3:1의 '갑자기suddenly'의 음악적 표현입니다. 마지막 베이스는 '연단하는 자의 불refiner's fire'을 멜리스마로 숨 가쁘게 노래하다 갑자기 멈춥니다. 마지막은 *adagio*로 시원하게 마감합니다. 그러나 오케스트라는 다시 *prestissimo*로 바뀌어 단거리 선수 달리듯 여덟 마디를 더 연주하다가 단호하게 끝납니다. 하나님의 사랑은 오래 참는 사랑이지만 일단 심판이 시작되면 단호하게 끝내십시오. 6번 베이스 아리아는 〈메시아〉에서 극적 요소를 가장 강하게 뿜어내는 아리아입니다. 오페라 작곡가인 헨델의 솜씨가 고스란히 드러나 있습니다.

> "**그가 임하시는 날을 누가 능히 당하며**
> **그가 나타나는 때에 누가 능히 서리요**
> **그는 금을 연단하는 자의 불과**
> **표백하는 자의 잿물과 같을 것이라.**" (말라기 3:2)

'그가 임하시는 날'은 심판의 날을 말합니다. 하나님이 직접 오셔서 세상을 심판합니다. 심판 날은 무서운 날입니다. '금을 연단하는 자의 불'과 같은 심판입니다. 이 세상 누구도 이 심판을 견딜 수 없습니다. 헨델은 그 불(refiner's fire)의 모습을 극적으로 묘사하며 강조하고 있습니다. 마치 불꽃이 혀를 낼름낼름 드러내는 것 같습니다. 그러나 가만 살펴보면 하나님 백성에 대한 하나님의 심판은 멸망을 위한 심판이 아닙니다. '금을 연단하는 자의 불과 표백하는 자의 잿물'은 파괴가 아니라 단련, 정결을 의미합니다. 마치 욥이 자신의 고난을 금 단련에 비유한 것과 같습니다. "내가 가는 길을 그가 아시나니 그가 나를 단련하신 후에는 내가 순금같이 되어 나오리라"(욥 23:10). 이 땅에 순금은 거의 없습니다. 금광 원석만 있습니다. 불순물이 많습니다. 그 불순물을 제거하기 위해서 뜨거운 풀무불에 넣고 제련해야 합니다. 원석 제련은 금을 뽑아내는 것이 목적이지 원석 제거가 목적이 아닙니다.

하나님의 백성에게는 영광스러운 미래가 열려 있습니다! 살다 보면 인생에 불순물이 들어옵니다. 알게 모르게 죄와 허물로 얼룩집니다. 더럽습니다. 더러운 곳에 벌레 생기듯 죄 때문에 인생에 고난이 생깁니다. 컴퓨터에 바이러스가 생기면 속도가 느려지고 작동하는 데 문제가 생기듯, 죄는 우리 삶을 느려지게 합니다. 죄는 반드시 제거되어야 합니다.

7. Chorus. 그가 깨끗하게 하되
And He shall purify (말라기 3:3)

〈메시아〉 7번째 곡은 말라기 3:3 중 두 부분만을 발췌하여 가사로 사용합니다. '그가 레위 자손을 깨끗하게 하리라' 라는 가사는 대위적 양식으로 처리되었습니다. '깨끗하게purify'의 마지막 음절에 붙은 긴 멜리스마는 반대되는 두 음형이 반복하며 하강합니다. 마치 세탁기 안에서 세탁물을 이리 엎었다 저리 엎었다 하는 모습처럼 재미있습니다. '공의로운 제물을 바칠 것' 이라는 가사는 화성적 양식으로 처리되어 네 성부가 같은 리듬을 forte로 노래합니다. 한 음씩 상향진행을 해서 함께 예물을 바치는 모습을 표현하고 있습니다. 이 화성적 부분은 반복되는 대위적 양식과 멜리스마를 일단 마무리하며 새로운 분위기를 연출해서 듣는 사람들의 마음을 환기시킵니다. 현악 반주는 센자 립으로 조용히 시작하며 노래를 방해하지 않으려는 듯 가벼운 리듬으로 연주합니다. 그러나 15마디부터는 콘 립으로 전 악기가 반주하며 음량을 키워나갑니다. 자칫 지루하게 들릴 수 있는 합창의 반복을 오케스트라 반주의 변화로 새롭게 만들어갑니다. 하나님이 임하셔서 먼저 깨끗하게 하시는 사람들은 누구입니까?

> "그가 은을 연단하여 깨끗하게 하는 자같이 앉아서
> 레위 자손을 깨끗하게 하되 금, 은같이 그들을 연단하리니
> 그들이 공의로운 제물을 나 여호와께 바칠 것이라" (말라기 3:3)

하나님이 먼저 연단하시는 사람은 '레위 자손들' 입니다. 레위 자손은 이스라엘 열두 지파 중에서 특별한 지파입니다. 하나님은 레위 자손들을 하나님의 종으로 삼으셨습니다. 제사장, 대제사장들이 레위 지파에서 나옵니다. 레위 지파는 이스라엘의 영적 지도자들이었습니다. 하나님께 드리는 예배와 찬양을 책임지고 있었습니다. 찬양대, 악기 연주자들도 모두 레위인들이었습니다. 그런데 그들은 정결하지 않았습니다. 성실하게 예배드리지 않았습니다. 종교 지도자들은 흔히 자신들이 거룩한 자라고 착각하며 살기 쉽습니다. 하나님을 가까이에서 섬기기 때문에 다른 사람들보다 깨끗하다고 생각합니다. 종교적 가면 속에서 자신의 진실을 감추기 쉽습니다. 예수님은 그 당시 종교 지도자들이었던 바리새인, 서기관들에게 '회칠한 무덤' 이라고 꾸짖으셨습니다. 우리는 신약시대의 제사장들입니다. 세상의 불의에 대하여 혀를 차기보다는 우리 자신의 모습이 정말 깨끗한지 돌아보아야 합니다.

하나님이 오셔서 먼저 레위 자손들을 깨끗하게 하시는 이유는 예배를 회복하기 위함입니다! 말라기 시대 예배 부실의 원인은 예배 담당하는 지도자들이 성실하지 못했기 때문입니다. 하나님은 하나님의 백성이 의무적으로 드리는 예배가 아니라 참된 마음으로 예배드리기를 원하십니다. "아버지께 참되게 예배하는 자들은 영과 진리로 예배할 때가 오나니 곧 이때라 아버지께서는 자기에게 이렇게 예배하는 자들을 찾으시느

니라"(요 4:23).

제넨스는 2장(Scene 2)에서 학개와 말라기의 예언을 인용했습니다. 두 책은 다른 예언서지만 같은 메시아 예언이 들어 있다는 점이 놀랍습니다. 시대와 저자가 다릅니다. 그러나 모든 성경은 똑같은 '하나님의 감동'으로 쓰인 책이기 때문에 같은 예언이 들어 있습니다. 다른 점은 학개는 제2성전 건축 직전의 예언이고, 말라기는 제2성전이 지어진 후, 꽤 시간이 지나서의 예언입니다.

우여곡절 끝에 제2성전은 완공되었습니다. 귀환자들은 생각했습니다. '이제 하나님께서 우리를 축복하실 것이다. 다윗 왕국이 재현될 것이다.' 그들은 열심히 예배드리고 신앙생활 했습니다. 10년, 20년… 그러나 삶은 전혀 나아지지 않았습니다. 오히려 점점 팍팍해졌습니다. 실직자들이 많아졌습니다(슥 8:10). 바사(페르샤)에 납부해야 하는 세금은 큰 짐이 되었습니다(느 5:15). 레위인들도 먹고살기 위해 농업에 종사했습니다(느 13:10). 경제적 궁핍이 계속되자 자녀들을 노예로 파는 사람들까지 생겼습니다(느 5:1-5). 100년이 지난 말라기 시대까지 상황은 점점 악화되어 갔습니다. 이런 형편을 만났다면 당신은 무슨 생각을 하겠습니까? 저들의 마음이 말 1:2에 잘 나타나 있습니다. "여호와께서 이르시되 '내가 너희를 사랑하였노라' 하나 너희는 이르기를 '주께서 어떻게 우리를 사랑하셨나이까' 하는도다". 하나님은 여전히 하나님의 백성에게 사랑을 고백하십니다. '내가 너희를 사랑한다'. 그러나 하나님의 백성은 냉소적입니다. '주께서 어떻게 우리를 사랑하셨나이까'. 하나님은 야곱과 에서의 예를 들면서 하나님이 이스라엘을 얼마나 사랑하는지 증거하십니다. "나 여호와가 말하노라 에서는 야곱의 형이 아니냐 그러나 내가 야곱을 사랑하였고 에서는 미워하였으며 그의 산들을 황폐하게 하였고 그의 산업을 광야의 이리들에게 넘겼느니라." 에돔은 한때 이스라엘보다 강하고 부유했습니다. 그러나 죄를 짓고 하나님의 심판을 받았습니다. 에돔은 다시 회복하지 못했습니다. 지금까지 에돔 땅은 들짐승들이 거하는 황폐한 땅이 되었습니다. 야곱(이스라엘)도 죄를 짓고 하나님의 심판을 받았습니다. 그러나 하나님은 야곱을 회복하셨습니다. 성전을 재건하게 하셨습니다. 성전 예배를 다시 회복하셨습니다. 회복은 하나님 사랑의 증거입니다. 그러나 100년 후 이스라엘 사람들의 예배는 어떻게 변했습니까? "만군의 여호와가 이르노라 너희가 눈 먼 희생제물을 바치는 것이 어찌 악하지 아니하며 저는 것, 병든 것을 드리는 것이 어찌 악하지 아니하냐. 이제 그것을 너희 총독에게 드려보라 그가 너를 기뻐하겠으며 너를 받아 주겠느냐"(말 1:8). 이스라엘 백성들은 예배에 마음이 들어있지 않았습니다. 예배는 형식적이 되었습니다. "이 일이 얼마나 번거로운고"라고 말합니다(1:13). 이스라엘 백성에게 예배, 하나님은 귀찮은 존재가 되었습니다.

 이것이 이스라엘 백성들의 모습입니다. 처음에는 열심히 신앙생활 했습니다. 그러나 바라는 하나님의 축복은 보이지 않았습니다. 하나님 역사? 새로운 일? 다윗 왕국? 이스라엘은 실망했습니다. 점점 세속화의 길로 치달았습니다. 이것이 BC 5세기 이스라엘 사람들만의 문제라고 생각하십니까?

 하나님은 이런 사람들에게 어떤 메시지를 주십니까? "만군의 여호와가 이르노라 보라 내가 내 사자를 보내리니 그가 내 앞에서 길을 준비할 것이요 또 너희가 구하는바 주가 갑자기 그의 성전에 임하시리니 곧 너희가 사모하는바 언약의 사자가 임하실 것이라"(3:1). 말라기 예언의 절정입니다. 메시아 예언입니다. 학개 2:7의 '보배the desired'로 묘사된 메시아는 말라기 3:1에서 '언약의 사자the messenger of the covenant'로 묘사되었습니다! 하나님은 구약의 마지막 책에서 자신이 직접 하나님 백성에게 임할 것을 말씀하십니다! "주가 갑자기 그의 성전에 임하시리니". 이제까지는 하나님께서 줄기차게 주의 종들을 보내셨습니다. 그런데 이제는 주님이 직접 오시겠다는 말씀! 하나님이 역사를 찢고 인간 무대에 등장하십니다. 메시아 예수 그리스도의 등장을 말합니다. 예수 그리스도의 탄생은 이렇게 예고되었습니다. 예수님의 탄생은 만군의 여호와가 이 땅에 직접 임하는 사건입니다.

주가 오십니다! 하나님은 우리의 삶에 전혀 무관하신 듯 보입니다. 이신론자(deist)들은 하나님을 시계 제작자에 비유합니다. 시계 제작자가 시계를 만들었지만 그다음부터는 시계에 대해 관계하지 않는 것처럼 하나님도 이 세상을 만드셨지만 그다음부터는 이 세상에 대하여 관계하지 않는다는 이론입니다. 하나님은 이 세상 문제에 관심이 없으십니까? 그렇게 보일 때도 있습니다. 그러나 그렇지 않습니다. 주가 오십니다. '갑자기' 오십니다. 예수님은 초림 때도 갑자기 오셨습니다. 재림 때도 갑자기 오십니다. 우리가 전혀 생각하지 못하고 있던 때에, 하나님의 역사는 이제 끝났다고 생각하는 그때에 갑자기!

하나님의 역사는 항상 갑자기 이루어집니다. 미리 말씀은 하십니다. 그러나 깨어있는 자만이 그 말씀을 믿고 이 역사를 체험할 수 있습니다. "그러므로 깨어 있으라 집주인이 언제 올는지 혹 저물 때일는지, 밤중일는지, 닭 울 때일는지, 새벽일는지 너희가 알지 못함이라 / 그가 홀연히 와서 너희가 자는 것을 보지 않도록 하라 / 깨어 있으라 내가 너희에게 하는 이 말은 모든 사람에게 하는 말이니라"(막 13:35-37). 하나님의 역사는 마치 물 끓는 것 같습니다. 섭씨 100도의 임계점이 되어야 물이 보글보글 끓습니다. 그전까지는 끓는 건지, 안 끓는 건지 알 수 없습니다. 임계점이 되면 갑자기 끓습니다. 하나님이 정하신 영적 임계점이 도달하면 갑자기 하나님의 일이 일어납니다.

주님은 어떤 분으로 오십니까? "곧 너희가 사모하는 언약의 사자가 임하실 것이라". 언약은 하나님의 약속을 말합니다. 죄지은 인간에 대한 하나님의 일방적인 약속입니다. 하나님은 하나님의 백성과 약속하는 분입니다. 이스라엘 백성과 시내산에서 약속하셨습니다. 한 민족 모두에게 하나님께서 임하신 사건은 인류 역사상 처음 있는 일이었습니다. 놀라운 축복입니다. 그러나 이스라엘 민족은 이 약속을 버렸습니다. 이혼을 선언했습니다. 그러므로 하나님의 심판을 받았습니다. 하나님의 회복 후에는 새 언약이 필요했습니다. 이 새 언약은 '언약의 사자'가 와서 체결할 것입니다.

새 언약은 어떤 언약입니까? "여호와의 말씀이니라. 보라 날이 이르리니 내가 이스라엘 집과 유다 집에 새 언약을 맺으리라 / 이 언약은 내가 그들의 조상들의 손을 잡고 애굽 땅에서 인도하여 내던 날에 맺은 것과 같지 아니할 것은 내가 그들의 남편이 되었어도 그들이 내 언약을 깨뜨렸음이라 여호와의 말씀이니라 / 그러나 그날 후에 내가 이스라엘 집과 맺을 언약은 이러하니 곧 내가 나의 법을 그들의 속에 두며 그들의 마음에 기록하여 나는 그들의 하나님이 되고 그들은 내 백성이 될 것이라"(렘 31:31-33). 시내산 언약은 돌비에 새겨졌습니다. 새 언약은 마음에 새겨집니다. 성령으로 마음에 새겨집니다. 새 언약의 주요 내용은 무엇입니까? "내가 그들의 악행을 사하고 다시는 그 죄를 기억하지 아니하리라"(렘 31:34). 새 언약에서 가장 중요한 사항은 죄 사함입니다! 태초부터 있었던 인간의 고질적인 문제가 죄 문제입니다. 죄 때문에 하나님과의 관계가 끊어졌습니다. 하나님의 관심은 우리의 죄 문제입니다. 아기가 똥을 잔뜩 싸놓고 앞에 있는 달콤한 캔디를 달라고 웁니다. 캔디보다 똥 문제를 해결하는 것이 우선입니다. 그런데 우리는 자꾸 캔디만 달라고 하나님께 조르는 아이와 같습니다. 시내산 언약에서는 어떻게 죄 문제를 해결했습니까? 동물을 죽여 희생 제사를 드려서 죄 문제를 해결했습니다. 새 언약에서는 어떻게 해결합니까? 말라기 3:2-3을 통해 '금을 연단하는 자'에 대하여 공부했습니다. 원석에는 많은 불순물이 있습니다. 전문가가 아니면 원석만 봐서 금인지 돌인지 알 수 없습니다. 그러나 불 연단 후에는 금만 나타납니다. 이 금에는 다시 불순물이 들어가지 않습니다. 한번 단련으로 아름답게 빛나는 금이 됩니다. 시내산 언약으로는 매번 희생 제사를 드려야 죄 사함을 받을 수 있습니다. 그러나 새 언약의 죄 사함은 한 번으로 끝납니다. 충분합니다.

어떻게 그렇게 될 수 있습니까? 예수님은 십자가 달리시기 몇 시간 전에 제자들과 마지막 만찬을 드셨습니다. 거기서 떡과 잔을 제자들에게 나누어 주셨습니다. "이 잔은 내 피로 세우는 새 언약이니 곧 너희를 위하여 붓는 것이라"(눅 22:20). 예레미야를 통하여 말씀하신 '새 언약'은 예수님의 피를 통하여 성취됩니다! 우리는 예수님이 내 죄를 위해 돌아가신 것을 믿고 고백할 때 그의 피로 죄 사함을 받습니다. 단 한 번으로 충분합니다. "이로 말미암아 그는(예수 그리스도) 새 언약의 중보자시니

이는 첫 언약 때에 범한 죄에서 속량하려고 죽으사 부르심을 입은 자로 하여금 영원한 기업의 약속을 얻게 하려 하심이라"(히 9:15). "이 뜻을 따라 예수 그리스도의 몸을 단번에 드리심으로 말미암아 우리가 거룩함을 얻었노라"(히 10:10). '그는 새 언약의 중보자' 즉 예수 그리스도는 하나님께서 말라기 선지자를 통해 말씀하시는 '언약의 사자' 입니다. 말라기 예언 400여년 후에, 예레미아에게 '새 언약'에 대하여 말씀하신 지 600년 후에 예수 그리스도를 통해 성취되었습니다!

우리의 일은 무엇입니까? "너희가 구하는 바 주… 너희가 사모하는 바…" 하나님은 하나님의 때에 일하십니다. 우리가 원한다고 임하시지 않습니다. 그러나 하나님 백성이 구할 때 하나님은 모르는 척하지 않습니다. 듣고 계십니다! 사모하는 마음을 아십니다(렘 29:12). 우리의 일은 하나님이 오실 때까지 사모하고 구하는 것입니다! 예수님은 제자들에게 성령을 받으라고 말씀하셨습니다. 성령을 받아? 이제껏 들어보지 못한 소리였습니다. 인류에 성령 강림이 있어 본 예가 없었습니다. 그러나 제자들은 합심하여 전심으로 기도했습니다. 그때 "홀연히" 성령이 강림했습니다. 하나님이 오셨습니다. 그 당시는 오순절 기간이어서 예루살렘에 약 100만 명이 모여 있었습니다. 그러나 그 많은 사람들이 모두 성령 하나님을 체험한 것은 아닙니다. "구하는 자, 사모하는 자"만 체험할 수 있었습니다.

인류 역사에 계속 있어온 부흥은 주님이 '갑자기' 오는 사건입니다. 사도행전 2장 이후 지금까지 수많은 곳에서 수많은 부흥이 있었습니다. 모든 부흥은 항상 '갑자기' 일어났습니다. 1847년 아일랜드의 제임스 맥퀄컨이 회심한 후 부흥을 위해 기도하기 시작했습니다. 간절히 구했습니다. 하나님이 '갑자기' 임하셨습니다. 1849년부터 아일랜드에 놀라운 부흥의 역사가 시작되었습니다.

　당신의 현재 상황은 어떻습니까? 낙심하지 마십시오. 구하고 사모하는 자에게 주님은 갑자기 오십니다! 하나님 오심의 원리는 동일합니다. 하나님은 지금도 구하고 사모하는 자에게 갑자기 오셔서 역사하십니다. 하나님은 당신에게 관심을 갖고 계십니다. 당신은 당신에게 갑자기 오실 주님에 대한 믿음이 있습니까?

아멘, 주 예수여, 오시옵소서.

3장 동정녀 탄생의 예언
The prophecy of the Virgin Birth

8. Alto Recitative. 보라 처녀가 잉태하여
Behold! A virgin shall conceive (이사야 7:14)

이사야에는 풍성한 메시아 예언이 있습니다. 그중에서도 가장 강력한 예언이 7장에 나옵니다. 〈메시아〉에서는 이 예언의 말씀을 알토의 레치타티보로 전합니다. 콘티누오 반주만 있는 여섯 마디의 간단한 노래입니다. 키보드는 D장조 코드를 무심한 듯 연주하고 그 위에 알토의 솔로가 주로 다섯 음으로 이 예언의 말씀을 조심스럽게 노래합니다. 그 가사는 깜짝 놀랄 만한 말씀입니다.

> "보라, 처녀가 잉태하여 아들을 낳을 것이요
> 그의 이름을 임마누엘이라 하리라" (이사야 7:14 / 마태복음 1:23)

어떻게 이런 신비한 예언이 나오게 되었습니까? 어떻게 성취되었습니까? "웃시야의 손자요 요담의 아들인 유다의 아하스 왕 때에 아람의 르신 왕과 르말리야의 아들 이스라엘의 베가 왕이 올라와서 예루살렘을 쳤으나 능히 이기지 못하니라 / 어떤 사람이 다윗의 집에 알려 이르되 '아람이 에브라임과 동맹하였다' 하였으므로 왕의 마음과 그의 백성의 마음이 숲이 바람에 흔들림같이 흔들렸더라"(7:1-2). 이스라엘은 솔로몬 이후 남왕국과 북왕국으로 나뉘어져 있었습니다. 남왕국을 유다라 하고 북왕국을 이스라엘이라 합니다. 다윗의 왕국은 남왕국 유다를 통해 계승됩니다. 이사야 7장은 남왕국의 12대 왕 아하스(BC 735-715)[9] 때의 일을 배경으로 하고 있습니다. 이때는 중동 지방에서 앗수르가 큰 세력을 얻고 있을 때입니다. 유다 왕국의 북쪽에는 이스라엘이 있습니다. (에브라임은 이스라엘 여러 지파 중에서 가장 세력이 컸기 때문에 이스라엘을 에브라임으로 부르기도 합니다.) 이스라엘 위에는 아람이 있습니다. 그 위에는 앗수르가 있습니다. 앗수르가 세력을 뻗치면 제일 먼저 공격 받을 나라가 아람입니다. 아람 왕은 이스라엘과 유다와 동맹을 맺고 앗수르의 세력을 막아보려 했습니다. 본래 아람과 이스라엘은 관계가 좋지 않았습니다. 그러나 이스라엘도 이처럼 위급한 상황에서 아람과 동맹을 맺지 않을 수 없었습니다. 그러나 유다의 아하스 왕은 동맹에 동의하지 않았습니다. 오히려 힘 있는 앗수르와 손을 잡았습니다. 이런 상황은 앞으로 아람과 이스라엘을 더욱 곤경에 빠뜨리게 할 것입니다. 두 동맹군은 먼저 유다를 공격해서 자신들의 입맛에 맞는 정권을 세우려 했습니다(6절). 유다는 저들의 공격을 막을 힘이 없었습니다. "왕의 마음과 그의 백성의 마음이 숲이 바람에 흔들림같이" 흔들렸습니다. BC 734년경의 상황입니다.

하나님은 선지자를 통해 말씀하십니다. "이들은 연기 나는 두 부지깽이 그루터기에 불과하니 두려워하지 말라." 연기만 피우지 불은 내지 못하고 끝날 것이라는 위로의 말씀입니다. 거기에 중요한 말씀을 보태셨습니다. "만일 너희가 굳게 믿지 아니하면 너희는 굳게 서지 못하리라"(7:9b). 이 말씀은 모든 신자들에게 필요한 말씀입니다. 암기해 보세요. 아무리 전능하신 하나님의 말씀이라도 안 믿으면 아무 소용 없습니다. 굳게 서지 못합니다. 코로나 바이러스가 팬데믹으로 전파되기 시작한 2020년 1월부터 미국에서는 그 한 해에 34만 명이 이 전염병으로 사망했습니다. 그때는 백신도 없고, 치료약도 없었습니다. 급하게 백신이 개발되어 2021년 1월부터 접종이 시작되었습니다. 먹는 치료약도 나왔습니다. 그런데 2021년 코로나로 사망한 사람은 50만 명이 넘었습니다. 백신이 나왔는데 왜 사망자의 수는 증가했습니까? 많은 사람들이 백신 접종을 거부했기 때문입니다. 전문가들이 입을 모아 백신을 맞아야 한다고 외쳐도 사람들은 새로 개발된 백신을 믿지 못했습니다. 미국에는 백신이 넘쳐나고, 유효기간이 지나 버리기까지 하는데도 많은 사람들이 외면했습니다. 못 믿으면 백신이 남아돌아도 굳게 서지 못합니다. 하나님의 말씀은 우리가 믿든, 믿지 않든 결국 성취됩니다. 아람과 이스라엘 연합군의 기세가 등등하다 하더라도 그것은 연기만 피우다 말 것입니다. 이 말씀을 굳게 믿어야 굳게 설 수 있습니다.

그러므로 하나님은 아하스에게 '또' 말씀하셨습니다. "여호와께서 또 아하스에게 말씀하여 이르시되 '너는 네 하나님 여호와께 한 징조를 구하되 깊은 데에서든지 높은 데에서든지 구하라' 하시니 / 아하스가 이르되 '나는 구하지 아니하겠나이다. 나는 여호와를 시험하지 아니하겠나이다' 한지라"(7:10-11). '징조'는 하나님의 초자연적인 표적, 기적을 말합니다. '깊은 데에서든지 높은 데에서든지 구하라'는 말씀은 하나님께서 아하스 왕에게 백지 수표를 내놓은 것과 같습니다. 어떤 징조를 구하든 보여주시겠다는 말씀입니다. 그렇게 해서라도 믿어야 굳게 설

수 있기 때문입니다. 그런데 아하스는 하나님의 제안을 거부했습니다. '여호와를 시험' 하지 않겠다는 것입니다. '하나님을 시험하지 말라' (신 6:16)는 율법의 말씀을 지키며 경건한 것처럼 가장합니다. 그러나 아하스의 마음에는 이미 자신의 계획이 있었습니다. 앗수르 왕과 손을 잡을 생각이었습니다. 하나님이 아하스의 속을 모르시겠습니까? 이사야 선지자가 화를 냈습니다. "너희가 사람을 괴롭히고서 그것을 작은 일로 여겨 또 나의 하나님을 괴롭히려 하느냐" (7:13). 하나님의 제안을 거부한 일은 하나님을 괴롭히는 일입니다. 그러므로 하나님께서 직접 '징조' 를 주셨습니다. "그러므로 주께서 친히 징조를 너희에게 주실 것이라. 보라 처녀가 잉태하여 아들을 낳을 것이요 그의 이름을 임마누엘이라 하리라" (7:14). 이것이 유명한 메시아 예언 구절이 나오게 된 배경입니다.

이사야 7:14은 오랫동안 많은 논란이 되어온 구절입니다. 신비한 예언에는 항상 많은 논란이 붙습니다. (사실 성경을 있는 그대로 보면 큰 논란거리는 아닙니다.) 첫 번째 논란은 '처녀alma' 라는 단어입니다. 이 단어는 구약 성경에 일곱 번 등장합니다. 두 가지 뜻으로 사용되었습니다. 첫째는 남자를 알지 못하는 '처녀' 라는 뜻으로 사용되었습니다(창 24:16, 24:43). 두 번째는 '젊은 여자' 의 뜻으로 사용되었습니다. 남자를 모르는 여자일 수도 있고, 남자를 아는 여자일 수도 있습니다(잠 30:19).[10] 이사야 7:14의 '알마' 는 처녀입니까? 젊은 여자입니까?[11]

두 번째 논란점은 '아들' 이 누구냐는 것입니다. 15-16절에는 이 '아들' 이 '악을 버리며 선을 택할 줄 알 때' 아람과 북이스라엘이 멸망할 것을 예언합니다. 그러므로 14절의 예언은 먼 훗날 성취될 일이 아니라 곧 있을 일이라는 사실을 암시합니다. 8장에 이사야의 아내가 아들을 출산하는 장면이 나옵니다. 이때 하나님께서 북이스라엘이 곧 망할 것을 말씀하십니다(8:4). 이 말씀은 언제 성취되었습니까? 역사적으로 BC 732년 아람이 망하고, BC 722년 북왕국 이스라엘이 멸망했습니다. 14절 예언의 말씀이 주어진 지 12년 후에 이스라엘이 무너졌습니다. 그렇다면 7-8장의 문맥으로 볼 때 14절의 '아들'은 이사야의 둘째 아들을 말합니다. 이때 '알마'는 처녀가 아니라 '젊은 여자'가 됩니다. 이 성취는 부분적 성취입니다. 이사야가 자기 아내와 동침하여 아들을 낳은 일은 지극히 정상적인 일입니다. 이 일이 초자연적인 '징조'가 될 수 없습니다.

우리가 예언의 말씀을 공부할 때 알아야 하는 법이 있습니다. '예언의 원근법Prophetic foreshortening'입니다. 그림을 그릴 때 2차원의 화폭에 3차원의 세계를 원근법으로 그립니다. 한 예언 말씀에 곧 성취될 일과 멀리 성취될 일이 함께 그려져 있습니다. 멀리 있는 산을 보는 것과 같습니다. 멀리서 산에 있는 봉우리들을 봅니다. 한 산인 줄 알고 그 산에 올라가 보면 다른 봉우리는 저 멀리 떨어져 있는 다른 산입니다. 그 두 봉우리가 한 산에 있는 것처럼 보인 것입니다. 예언도 마찬가지입니다. 7:14의 예언은 이사야의 아들을 통해서 부분적으로 성취되었습니다. 가까운 봉우리입니다. 그러나 완전한 성취는 740년 뒤에 일어납니다. "예수 그리스도의 나심은 이러하니라 그의 어머니 마리아가 요셉과 약혼하고 동거하기 전에 성령으로 잉태된 것이 나타났더니"(마 1:18). "이 모든 일이 된 것은 주께서 선지자로 하신 말씀을 이루려 하심이니 이르시되 '보라 처녀가 잉태하여 아들을 낳을 것이요 그의 이름은 임마누엘이라 하리라' 하셨으니 이를 번역한즉 하나님이 우리와 함께 계시다 함이라"(마 1:22, 23). 여기서 '알마'는 남자와 잠자리를 같이하지 않은 처녀를 말합니다. 천사가 마리아에게 임신 소식을 알렸을 때 마리아는 '나는 남자를 알지 못하니 어찌 이 일이 있으리이까' 라고 묻습니다(눅 1:34). 처녀가 혼자 아이를 갖는다는 것은 불가능합니다. 마리아의 임신은 초자연적인 임신입니다. 성령은 하나님의 영이기 때문에 하나님의 모든 일을 행할 수 있습니다. 그러므로 마리아의 임신은 '징조' 가 될 수 있습니다. 이사야 7:14의 예언은 예수 그리스도의 탄생을 통해서 완전히 성취되었습니다!

9. Alto Aria & Chorus. 아름다운 소식을 전하는 자여
O Thou that tellest good tidings to Zion (이사야 40:9 / 60:1)

8번의 짧은 알토 레치타티보는 9번의 아리아와 합창으로 연결됩니다. 6/8박자의 *andante* 그리고 150마디에 이르는 긴 곡입니다. 3/4박자로 나누면 300마디에 해당합니다. 알토는 주로 도레미파솔 다섯 음으로 106마디의 선율을 구성합니다. 특징적인 변화가 없이 한 가지 주선율이 계속 반복되기 때문에 지루하게 느껴질 수 있는데 이 부분을 바이올린이 잡아줍니다. 센자 립의 단선율로 우아하게 반주합니다. 그런데 음역이 넓어서 한 옥타브, 어떤 경우에는 두 옥타브 이상을 도약하며 연주해서 마치 두 파트의 바이올린이 연주하는 느낌을 줍니다. 107마디부터는 합창이 같은 선율을 노래하는데 이때 오케스트라는 콘 립으로 현악3부가 모두 참여해서 생동감을 더해줍니다. 가사는 다시 이사야의 말씀입니다. 어떻게 해야 굳게 믿고 굳게 설 수 있을까요?

> "아름다운 소식을 시온에 전하는 자여 너는 높은 산에 오르라
> 아름다운 소식을 예루살렘에 전하는 자여 너는 힘써 소리를 높이라
> 두려워하지 말고 소리를 높여 유다의 성읍들에게 이르기를
> 너희의 하나님을 보라 하라" (이사야 40:9)[12]

> "일어나라 빛을 발하라 이는 네 빛이 이르렀고
> 여호와의 영광이 네 위에 임하였음이니라" (이사야 60:1)

하나님은 예루살렘 성전에 계셨습니다. 그러나 패역한 백성들을 보면서 성전을 떠나셨습니다(겔10-11장). 70년만에 하나님의 영광이 다시 예루살렘으로 돌아왔습니다. 그러므로 전하는 자는 큰 소리로 외쳐야 합니다. "너희의 하나님을 보라!" 원문은 "보라, 너희 하나님을"으로 '보라'가 강조되어 있습니다. 이사야는 중요한 말을 할 때 "보라$_{hinne}$"로 시작합니다. 7:14도 '보라 처녀가…'로 시작합니다. 40:10도 '보라 주 여호와께서… 보라 상급이 그에게 있고…'.

무엇을 보며 사는가는 중요한 문제입니다. 지금 내가 보는 것이 내 믿음이 되기 때문입니다. 그 믿음이 나를 내 미래로 인도합니다. 사탄이 에덴동산에 나타났습니다. 여자를 유혹해서 '선과 악을 알게 하는 나무'를 보게 했습니다. 결국 하나님께서 금하신 그 열매를 따 먹게 되었습니다. 그 결과는 불행의 시작입니다. 하와에게 선과 악을 알게 하는 나무는 하나였지만 현대인에게는 무수히 많은 선악을 알게 하는 나무들이 널려있습니다. 우리는 볼 것이 너무 많은 인터넷 시대에 살고 있습니다. 흥미 있는 볼거리들이 널려있습니다. 다 유익한 것은 아닙니다. 많

은 볼 것들이 선과 악을 알게 하는 나무가 되어 우리의 영혼에 해를 끼칩니다. 신자는 무엇을 봐야 합니까? 이사야 선지자는 "너희의 하나님을 보라"고 말합니다. 이렇게 말하는 것입니다. '하나님은 지금 너희와 함께 계셔. 그 하나님을 봐. 그때 너희는 이 세상에서 승리하며 살 수 있어.' 내가 봐야, 내게 보여야 함께하는 줄 알 수 있습니다. 안 보이면 멀어집니다. 자꾸 보면 믿음이 생기고 굳게 설 수 있습니다.

"너희의 하나님을 보라." 북이스라엘 백성들이 망한 이유는 자신들을 이집트에서 구원하신 '너희의 하나님'을 보지 않고 다른 신 곧 가나안의 바알을 보았기 때문입니다. 지금 남왕국 유다가 고생하는 이유도 '너희의 하나님'을 보지 않았기 때문입니다. 아하스 왕은 자신의 재임 중에 북이스라엘이 멸망하는 것을 보았습니다. 그럼에도 그는 '이스라엘의 여러 왕의 길로 행' 한 악한 왕입니다. 자기 아들을 불에 던져 제물이 되게 했습니다. 그 당시 몰렉 신을 믿던 사람들이 행하던 악습을 그대로 행했습니다. 앗수르의 다메섹을 방문하여 다메섹 제단을 그대로 본떠 예루살렘에 만들었습니다. 아하스는 남의 나라 신들은 보았지만 자신의 하나님은 보지 못했습니다.

그런데 우리는 어떻게 하나님을 볼 수 있습니까? 하나님은 우리의 눈에 보이지 않는데. 힌트가 있습니다. 9절 바로 위에 나옵니다. "풀은 마르고 꽃이 시듦은 여호와의 기운이 그 위에 붊이라. 이 백성은 실로 풀이로다 / 풀은 마르고 꽃은 시드나 우리 하나님의 말씀은 영원히 서리라"(40:7-8). 인생은 풀 같은 존재입니다. 풀은 길어야 몇 달밖에 살지 못합니다. 마찬가지로 인생도 시한부입니다. 잘나가는 인생도 풀입니다. 역사적으로 '이 백성'은 포로 당시의 제국이었던 바벨론을 말합니다.

전 세계를 집어 삼킬 것 같았던 바벨론의 기세는 백 년도 가지 못해 무너졌습니다. 풀입니다. 지금 우리 눈에 보이는 모든 것들은 풀입니다. 언젠가 다 사라질 것입니다. 영원히 서는 것은 하나님 말씀뿐입니다! 우리가 굳게 서려면 영원히 서 있는 것과 함께 있어야 합니다! 곧 쓰러질 앗수르와 함께하면 서지 못합니다. 사람 보며 살지 마세요. 하나님을 보며, 하나님의 말씀을 보며 사세요. 영원히 굳게 설 수 있습니다! 하나님은 말씀입니다. 하나님의 말씀을 보면 삽니다. 성경을 읽고, 묵상하고, 암기하십시오. 하나님의 회복과 승리를 체험하게 될 것입니다.

  헨델은 바로크 시대 최고의 오페라 작곡가였습니다. 그 당시 가장 큰 음악 시장이었던 런던에 거주하면서 많은 오페라를 작곡했습니다. 사업적인 수단도 있고, 정치적인 수완도 있었습니다. 곧 유명해지고 많은 돈을 벌었습니다. 그러나 적도 많이 생겼습니다. 1737년엔 급성 발작으로 쓰러졌습니다. 오른손 손가락 네 개가 마비되었습니다. 음악가로서는 치명적인 일이었습니다. 사람들은 헨델의 음악가 인생은 끝났다고 말했습니다. 그러나 불굴의 의지로 회복하고 또다시 작곡을 합니다. 1941년 1월 야심차게 올렸던 오페라 '데이다미아'의 공연은 실패로 끝났습니다. 많은 빚에 시달렸습니다. 몸도 마음도 지쳤습니다. 이때 제넨스의 대본 '메시아'를 읽었습니다. 이 대본은 성경 구절로만 되어 있는 대본입니다. 예수님의 고난이 자신의 고난과 겹쳐 보이면서 큰 감동이 왔습니다. 헨델은 메시아를 작곡하기 위해서 그 대본 – 성경 말씀을 읽고 또 읽었습니다. 그 말씀이 그의 영혼을 파고들면서 그는 24일 만에 메시아 오라토리오를 완성했습니다. 그 후 헨델은 한 번도 오페라를 작곡하지 않았습니다. 왕들의 눈치를 보며 살지 않았습니다. 헨델에겐 다시 명성과 부가 따라왔습니다. 하나님 말씀은 헨델에게 하나님에 대한 굳은 믿음을 선사했고 헨델은 이 믿음으로 굳게 설 수 있었습니다.

하나님은 우리 눈에 안 보입니다. 그러나 하나님을 볼 수 있는 방법이 또 있습니다. 하나님의 하신 일을 보면 하나님이 보입니다. 이사야 1부 마지막 36-39장은 히스기야 시대의 역사를 기록하고 있습니다. 이 역사는 너무 귀중해서 열왕기하에도, 역대기하에도 길게, 자세하게 기록되어 있습니다. 여기서 하나님을 보는 또 다른 힌트를 얻을 수 있습니다. 하나님을 보는 방법은 하나님이 행하신 일을 보는 것입니다. 그것이 징조, 기적이면 더 좋습니다. 지금 하나님이 잘 안 보입니까? 미래의 하나님이 잘 안 보입니까? 과거의 하나님을 보십시오. 당신의 과거를 인도하신 하나님이 당신의 미래도 인도하실 것입니다.

아하스 왕이 위기 때 본 것은 세상의 힘, 앗수르였습니다. 유다의 가장 악한 왕이 되었습니다. 죽어서는 왕의 묘에 묻히지도 못했습니다. 그러나 히스기야 왕이 본 것은 달랐습니다. 앗수르의 최강 군이 예루살렘을 포위했습니다. 나와서 항복하라는 것입니다. 히스기야는 성문을 꼭 걸어 잠그고 줄기차게 하나님만 바라보았습니다. 하나님이 기적같이 예루살렘을 지키셨습니다. 그때 이야기가 이사야 36-37장에 기록되어 있습니다.[13] 하나님이 하신 일을 꼭 기억하라는 것입니다. 아하스는 세상을 보았고, 히스기야는 하나님을 보았습니다. 신자는 끝까지 하나님을 봐야 승리합니다.

이 세상에서 어설프게 믿어서는 굳게 설 수 없습니다. 굳게 믿어야 굳게 설 수 있습니다. 하나님은 우리가 굳게 믿게 하시려고 한 징조를 주셨습니다. 메시아 예수 그리스도입니다. 예수님은 우리와 똑같이 육신의 모습으로 오셔서 우리와 함께하신 하나님입니다. 이 예수님을 보아야 합니다. "너희의 하나님을 보라!" 여기에 사는 길이 있습니다.

당신은 이제까지 무엇을 보며 살아왔습니까? 지금은 무엇을 보고 있습니까?

10. Bass Aria. 보라 어둠이 땅을 덮을 것이며
For behold, darkness shall come the earth (이사야 60:2-3)
11. Bass Aria. 흑암에 행하던 백성이
The people that walked in darkness (이사야 9:2)

갑자기 끝나버린 듯한 9번 합창은 그 뒤 12마디의 오케스트라 반주로 우아하게 마무리됩니다. 도입부에 나왔던 12마디 전주와 동일한 곡이어서 수미상관의 통일성을 보여줍니다. 이어 10번 베이스의 독창이 관계 단조로 시작합니다. 반주 있는 레치타티보입니다. 센자 립의 현악기들은 모두 16분음표를 조용히 연주하는데 템포가 *andante larghetto*여서 빠르게 느껴지지 않습니다. 무언가 음산한 것이 스멀스멀 기어 들어오는 느낌. 긴장. 불안. 낮은 신음. 별로 기분 좋은 분위기가 아닙니다. 헨델은 지금 무엇을 표현하고 있는 것일까요?

"보라 어둠이 땅을 덮을 것이며 캄캄함이 만민을 가리려니와
오직 여호와께서 네 위에 임하실 것이며 그의 영광이 네 위에 나타나리니
/ 나라들은 네 빛으로, 왕들은 비치는 네 광명으로
나아오리라" (이사야 60:2-3)

"흑암에 행하던 백성이 큰 빛을 보고 사망의 그늘진 땅에
거주하던 자에게 빛이 비치도다" (이사야 9:2)

위의 두 구절에는 모두 '어둠' 과 '빛' 이 강하게 대비되어 있는 것을 발견할 수 있습니다. 16분음표로 스멀스멀 기어들어오는 것은 어둠이었습니다. 베이스 솔로는 B단조 세 음(F#-B-D)으로 첫 구절을 제시한 후 '캄캄함gross darkness'의 가사를 특별하게 처리합니다. 감5도 갑자기 떨어지는 음으로, 감7도 갑자기 떨어지는 음으로 '캄캄함'을 반복해서 강조하고 있습니다. 이 세상은 어둠입니다. 그러나 하나님이 택하신 백성은 다릅니다. 16분음표의 반주는 8분음표로 바뀌어 차분해집니다. 그 위에서 베이스 솔로는 '오직 여호와께서 네 위에 임하실 것이며'를 노래합니다. 하나님이 하나님의 백성에게 '임하시는arise'의 가사는 F#-G-A-B-C#-D의 상승 멜리스마로 앞의 음침한 '어둠' 과 대비됩니다. 조성은 D장조로 바뀌어 '어둠' 의 B단조를 벗어납니다. 하나님의 영광이 하나님의 백성과 함께합니다! 마지막 음은 F#장조로 끝내서 다음 아리아를 준비합니다.

11번 아리아에는 다시 어둠, 빛의 주제가 반복됩니다. 어둠을 표현하기 위해서 조성은 다시 B단조로 시작합니다. 10번 레치타티보의 도입부에서 시작했던 반주 음형과 비슷하게 시작해서 어둠의 주제를 다시 연상하게 합니다. 그러나 아리아의 반주는 유니슨으로 시작합니다. 숫자가 적혀있지 않기 때문에 콘티누오도 바이올린, 비올라와 똑같은 멜로디를 유니슨을 연주하는 특이한 형태입니다. 전주의 아티큘레이션(articulation)도 특이합니다. 10번에서는 두 음씩 규칙적인 레가토가 연주

되지만 11번에서는 레가토와 스타카티시모가 번갈아 가며 연주되어 혼란스럽습니다. 그 나타남도 규칙적이지 않습니다. 두 음이 레가토로 연결됐다, 세 음이 연결됩니다. 두 음이 스타카티시모였다 세 음이 스타카티시모로 연주되기도 합니다. 혼란스럽습니다. 헨델은 이런 아티큘레이션으로 '흑암에 행하던 백성The people that walked in darkness'의 모습을 표현하고 있습니다. 네 마디 전주를 베이스는 그대로 받아서 노래합니다. 흑암에 행하던 백성은 아래로 아래로 떨어져 마지막 '흑암darkness'에는 저음 F#까지 내려갑니다. 그러나 그 백성이 큰 빛을 봅니다. 아래로 떨어졌던 음들은 다시 추슬러져서 상행합니다. '큰 빛great light'의 가사에서는 높은 D음을 길게 끌면서 백성에게 빛이 임했음을 나타냅니다. 불규칙하게 연주되던 오케스트라도 규칙적인 아티큘레이션으로 변합니다. 이때 콘티누오의 반주는 화성이 붙습니다. 다시 흑암 주제가 나올 땐 유니슨으로 아래로 떨어지고, 빛의 주제가 나올 때는 화음이 붙어서 위로 올라갑니다. 포르테의 힘찬 간주 뒤에 9:2 후반 절이 노래됩니다. '사망의 그늘진 땅the land of the shadow of death'의 음악적 표현도 재미있습니다. '그늘진shadow'의 가사는 출렁이는 짧은 멜리스마로 표현되는데 이 멜로디는 바이올린이 받아서 레가토로 연주하면서 그림자 역할을 합니다. 저음으로 여섯 박자를 끌며 노래하는 부분은 '사망death'을 표현합니다. 그러나 사망이 끝이 아니라 하나님 백성에게 '큰 빛'이 비칩니다! 앞의 불규칙한 네 마디 전주는 마지막에 정돈된 모습으로 힘차게 연주하며 아리아를 끝냅니다.

어둠 속에서는 생명이 생존할 수 없습니다. 올바른 방향으로 나아갈 수도 없습니다. 이사야에서 '어둠'은 죄로 인한 고통을 상징합니다. 특히 9장 '흑암에 행하던 백성… 사망의 그늘진 땅에 거주하는 자' 는 스불론, 납달리, 갈릴리 지역에 살던 사람들을 말합니다(9:1). 저들은 이스라엘 북쪽 국경 지방에 살던 사람들입니다. 국경 지역이라 다른 나라의 영향을 많이 받았을 것입니다. 다른 나라의 신들을 섬기기 시작했습니다. 또한 저들은 다른 나라가 침략할 때 가장 먼저 공격을 받는 지역이 되었습니다. 이스라엘은 주로 북쪽에서 공격을 받기 때문에 갈릴리 지역 사람들은 제일 타격이 심했습니다. 앗수르가 공격해 올 때도 가장 먼저 무너진 곳이 이 지역이었습니다. 저들의 땅은 오랫동안 황폐되었고, 주민들은 가난했습니다. 자기들 힘으로 일어설 수도 없고, 도와주는 사람도 없었습니다. 소망 없는 사람들이었습니다.

갈릴리 지역은 이 세상의 축소판입니다. 이 세상은 어둠입니다. 어둠의 세력이 세상을 지배하고 있기 때문입니다. 바울은 우리의 씨름이 "이 어둠의 세상 주관자들" 과 상대하는 것이라고 말합니다(엡 6:12). 하나님의 백성은 이 세상에 가까이 가면 갈수록 그 영혼이 어두워집니다. 하늘나라 갈 때까지는 이 세상에서 살아야 하는데 어둠에 사로잡히면 방황하며 고생하게 됩니다.

그런데 그런 백성에게 빛이 임합니다. "큰 빛" 입니다. 저들 인생에 출구가 생겼습니다. 기드온이 해변의 모래알같이 많은 미디안들을 꺾은 것처럼, 적들을 꺾을 수 있는 방법이 생겼습니다. 어떻게 그럴 수 있습니까? 저들은 힘이 없는 백성들인데. "큰 빛" 은 어떤 모습으로 그 백성에게 왔습니까? 12번 합창곡에 그 답이 있습니다.

12. Chorus. 이는 한 아기가 우리에게 났고
For unto us a child is born (이사야 9:6)

> "이는 한 아기가 우리에게 났고 한 아들을 우리에게 주신 바 되었는데
> 그의 어깨에는 정사를 메었고 그의 이름은 기묘자라,
> 모사라, 전능하신 하나님이라, 영존하시는 아버지라,
> 평강의 왕이라 할 것임이라" (이사야 9:6)

4장(Scene 4)의 마지막은 합창으로 마무리됩니다. 느리지도, 빠르지도 않은 *Andante allegro*의 현악기 가락이 상쾌하게 전주를 연주합니다. G장조의 조성과 오보에의 첨가가 그 상쾌함을 더하여줍니다. 12번 합창곡은 이전 자신이 작곡한 세속 듀엣 노래에서 차용해 왔습니다. 차용 곡으로는 〈메시아〉 가사에서 나오는 의미를 표현하기 쉽지 않았을 것입니다. 본래 음악의 가사와 전혀 다르기 때문입니다. 그래도 헨델은 이 멜로디를 최대한 〈메시아〉 가사에 반영하려고 애썼습니다. 12번 합창곡은 전체적으로 세 가지 음악 요소가 네 번 반복되는 구조입니다. 세 음악 요소를 A, B, C라고 하겠습니다. A는 도입부 전주의 멜로디입니다. 전주의 멜로디를 소프라노 합창이 받아 크지 않게 그러나 즐겁게 노래합니다. 현악3부는 전주의 콘 립과는 달리 센자 립으로 경쾌하게 소프라노와 대화를 주고받습니다. 57개 음표가 주렁주렁 달려 나오는 긴 멜리스마가 '났고born'의 가사를 노래할 때는 단순한 리듬 반주로 노래를 돕습니다. 두 번째 음악적 요소 B는 부점 리듬으로 '그의 어깨에는 정사를 메었고and the government shall be upon His shoulder'를 노래하는 부분입니다.

'어깨shoulder'의 단어를 길게 처리해서 책임지고 확실하게 어깨에 멘 모습을 음악적으로 표현합니다. 곧이어 나오는 세 번째 음악적 요소 C는 이 합창곡의 클라이맥스입니다. '기묘자라, 모사라, 전능하신 하나님이라… Wonderful, Counsellor, the Mighty God…'의 가사가 '망치 리듬'(미리 읽어두기 B 참조)으로 연주됩니다. 망치 리듬으로 노래할 때는 항상 화성적 양식의 콘 립 반주로 연주됩니다. 곧바로 A로 연결되는데 이번에는 알토의 합창과 센자 립의 반주로 다시 경쾌하게 시작합니다. B, C로 이어지면서 합창은 다시 한번 힘찬 절정을 맞습니다. 세 번째로 A가 등장할 때는 테너 합창으로 크지 않게 시작됩니다. B, C를 지나면서 음량은 다시 고조됩니다. 네 번째 A가 등장할 때는 베이스 합창으로 제시되는데 이때는 이제까지와 달리 작게 시작하지 않습니다. 57개의 긴 멜리스마는 소프라노와 알토의 2중창으로 노래하여 마치 두 곡예사가 어려운 곡예를 하듯 노래합니다. 오케스트라도 콘 립으로 연주하며 간단한 반주로 그치지 않고 자기 역할을 합니다. C의 망치 리듬의 절정이 끝나면 이번에는 바이올린이 A를 연주하면서 합창곡을 힘차게 마무리합니다.

'이는 한 아기가 우리에게 났고'. 이유를 설명하는 '이는ki'이라는 접속사로 시작합니다. '한 아기'가 났습니다. 키 크고, 기골이 장대한 장군이 아니라 아기입니다. 왜 '한 아기'부터 큰 빛 이야기를 시작합니까?

사람들은 큰 것을 좋아합니다. 많은 것, 높은 것, 큰 것. 나보다 크면 겁먹습니다. 그러므로 각 종교는 고대로부터 거대한 신상을 만들어 세우기를 좋아합니다. 바벨론의 느부갓네살은 두라 평지에 60규빗의 금신상을 만들고 오케스트라를 배치했습니다(단3장). (악기의 이름이 자세히 나오는 것이 재미있습니다. '나팔, 피리, 수금, 삼현금, 양금 및 모든 악기'.

현악기가 3종류, 관악기가 3종류 그리고 '모든 악기'가 있습니다. 아마 타악기도 있었을 것입니다. 각종 악기로 합주할 실력이라면 고대 바벨론의 음악 수준이 상당했을 것이라고 추측됩니다.) 연주가 시작되면 모든 사람들은 금 신상에 절해야 합니다. 절하지 않으면 '즉시 맹렬히 타는 풀무불에 던져'집니다. 60규빗의 금 신상이면 30m 가까운 큰 신상입니다. 거기에 오케스트라까지 연주하면 절하지 말라고 해도 저절로 몸을 숙이는 사람들이 많을 것 같습니다. 고대 세계만 아닙니다. 나는 중학교 때 속리산에 수학여행 갔다가 30m 되는 큰 불상을 보고 크게 놀란 기억이 있습니다. 뉴욕 자유의 여신상을 가까이 보고서도 섬뜩했던 적이 있습니다. 사람들은 큰 것을 보고 숭배하려는 경향이 있습니다. 스톤헨지, 피라미드, 아부심벨… 그런데 하나님은 '한 아기'를 보내셨습니다.[14]

아기는 작습니다. 인간의 가장 약한 모습입니다. 고대 세계에서는 사람의 숫자에도 끼지 못했습니다. 그러나 하나님의 계획은 '한 아기' '한 아들'에 있었습니다. 700년 뒤에 이 땅에 오신 메시아, 예수 그리스도입니다! 예수님은 한 여인의 몸을 통해 베들레헴 말구유에서 탄생하셨습니다. 예수님은 수퍼맨이나 스파이더맨처럼 오시지 않았습니다. 인간의 가장 연약한 모습으로, 비천하게 이 땅에 오셨습니다. 그러므로 사람들은 예수님을 무시했습니다. 그리고 십자가에 못 박아 죽였습니다. 차라투스트라로 오셨다면, 천사의 날개라도 달고 오셨다면… 사람들은 큰 것, 많은 것, 강한 것에 관심을 쏟습니다. 한 아기? 시시해.

어떻게 이 아기가 '큰 빛'이 됩니까? 어떻게 이 아기로 적과 싸워 이길 수 있습니까? 그 이름에 비밀이 있습니다. 6절에는 이 아기의 이름들이 나옵니다. 첫째 '기묘자'와 둘째 '모사'는 다른 이름으로 볼 수도 있지만 한 이름으로 보는 것이 좋습니다.

1. '기묘자 모사 Wonderful counselor'.

놀라운 지략가, 지혜자라는 뜻입니다. 예수님에게는 하나님의 영이 그 위에 있습니다(사 11:2). 성령은 지혜의 영, 진리의 영입니다. 예수님은 솔로몬과 비교도 할 수 없을 만큼 엄청난 지혜와 지략이 있습니다. 그러므로 "내가 곧 길이요 진리요 생명이라"고 말씀하십니다. 인간이 살 수 있는 길을 오직 예수님만 아십니다. 이 예수님이 우리를 최고의 길로 인도하십니다!

2. '전능하신 하나님 The mighty God'.

이 아기는 전능하신 하나님입니다! 바벨론 왕은 30m 금신상을 만들어 놓고 신이라고 했습니다. 독재 국가에서는 지금도 이런 우상을 만들어 놓고 지도자를 신격화합니다. 지금도 그 형상 앞에 절하도록 하는 나라들도 있습니다. 크리스천은 예수님을 하나님으로 믿는 사람들입니다. 십자가에서 힘없이 돌아가신 예수님, 그분이 바로 하나님입니다! 도마가 부활하신 예수님을 보고 "나의 하나님"이라고 고백했을 때 쓸데없는 소리 하지 말라고 일축하지 않으셨습니다. 사실 예수님이 십자가에서 사형당하신 이유는 "자기를 하나님과 동등으로" 여겼기 때문입니다(요 5:18). 이때 아니라고 대답하셨다면 예수님은 십자가의 고난을 당하지 않았을 것입니다. 예수님은 인류 역사의 4대 성인 중 한 사람이 아닙니다. 예수님은 탄생 700년 전에 이미 이사야를 통해 예언된 "전능하신 하나님"입니다. 그러므로 우리를 구원하실 수 있습니다. 우리가 믿는 하나님은 삼위일체의 하나님, 즉 성부 하나님, 성자 하나님, 성령 하나님입니다.

3. "영존하시는 아버지 The Ever-lasting Father".

아버지는 삶의 울타리며 보호자입니다. 자녀에게 필요한 것을 공급합니다. 이 아기는 모든 믿는 자들의 아버지입니다. 영원한 아버지입니다. 예수님은 우리를 영원히 보호해 주십니다.

4. "평강의 왕The Prince of Peace".

예수님은 앗수르 왕이나 바벨론 왕 같은 폭력적인 왕이 아닙니다. 예수님은 한 번도 폭력을 사용하신 적이 없습니다. 예수님은 평강의 왕입니다. 믿는 자들에게 이 평강을 주십니다. 세상이 줄 수 없는 평안입니다. 예수님은 십자가에서 돌아가시기 전날 밤 제자들에게 말씀하셨습니다. "평안을 너희에게 끼치노니 곧 나의 평안을 너희에게 주노라. 내가 너희에게 주는 것은 세상이 주는 것과 같지 아니하니라. 너희는 마음에 근심하지도 말고 두려워하지도 말라"(요 14:27). 당신에게 이 평안이 함께하길 기도합니다!

예수님은 연약한 한 아기로 나셨습니다. 그러나 이 아기는 기묘자, 모사, 전능하신 하나님, 영존하시는 아버지, 평강의 왕입니다. 예수님은 흑암 세계를 밝히는 큰 빛이셨습니다. 예수님은 스스로 "나는 세상의 빛이니 나를 따르는 자는 어둠에 다니지 아니하고 생명의 빛을 얻으리라"고 말씀하셨습니다(요 8:12). 놀랍게도 예수님은 오랜 시간을 갈릴리 지역에서 보내시며 사역하셨습니다. "예수께서 요한이 잡혔음을 들으시고 갈릴리로 물러가셨다가 / 나사렛을 떠나 스불론과 납달리 지경 해변에 있는 가버나움에 가서 사시니 / 이는 선지자 이사야를 통하여 하신 말씀을 이루려 하심이라"(마 4:12-14). 예수님은 나사렛에서 성장하셨습니다. 스불론 지역입니다. 갈릴리 선교 본부를 가버나움에 두셨습니다. 납달리 지역입니다. 그 당시 가장 힘들게 살던 갈릴리인들. 그들은 주류 사회에 끼지 못하는 변두리 인생들이었습니다. 달동네 사람들이었습니다. 예수님은 그들과 함께하시며 그들에게 복음을 선포하셨습니다. '복 있도다'라고 말씀하시며 축복을 선포하셨습니다. 귀신을 쫓아내고, 많은 병자들을 치료하셨습니다. 이사야 예언이 760년 후에 성취되었습니다! 하나님의 말씀이 놀랍지 않습니까? 이 예수 그리스도가 인류의 소망입니다. 인간은 다른 어떤 것으로도 구원을 받을 수 없습니다.

자, 그러면 우리는 어떻게 해야 합니까? 우리의 일은 무엇입니까? "하나님이 세상을 이처럼 사랑하사 독생자를 주셨으니 이는 그를 믿는 자마다 멸망하지 않고 영생을 얻게 하심이니라"(요 3:16). 우리의 일은 이 아기, 이 아들을 믿는 일입니다. 그때 멸망하지 않고 영생을 얻게 됩니다.

사람들은 큰 것을 믿습니다. 강한 것, 가능한 것을 믿습니다. 성경의 믿음은 그 아기, 그 아들을 믿는 것입니다. 가능해 보이지 않는 것을 믿는 것입니다. 세상적으로는 말이 되지 않는 것을 믿는 것입니다. 장신 골리앗이 어린 다윗과 싸우는 데는 믿음이 필요하지 않습니다. 그러나 어린 다윗이 골리앗과 싸우는 데는 믿음이 필요합니다. 세상에서는 말이 안 됩니다. 어떻게 어린아이가 3m 되는 거인과 싸웁니까? 그러나 믿음의 세계에서는 말이 됩니다. 어떻게 말이 됩니까? "만국의 여호와의 열심이 이를 이루시리라"(사 9:7). 세상에서는 사람이 일하지만, 믿음의 세계에서는 하나님이 열심히 일하기 때문에 가능합니다! 어린 다윗의 뒤에는 하나님의 열심이 있었습니다. 기드온의 300 정병 뒤에는 하나님의 열심이 있었습니다. 하나님이 하십니다!

세상의 방향은 좋아지는 쪽으로 가지 않습니다. 물리학의 열역학 제2법칙이 이것을 증명합니다. 시간이 지나면 엔트로피는 증가합니다. 물건은 오래 쓰면 낡고 못 쓰게 됩니다. 인간은 시간이 지나면 늙고, 약해지고 결국 죽습니다. 지구는 시간이 지날수록 깨끗해지지 않습니다. 오염되고 결국 망합니다. 이 세상에는 소망이 없습니다. 하나님은 우리 인생에 한 아기를 주셨습니다. 한 아들. 우리의 일은 이 아들을 믿는 일입니다. 당신은 지금 무얼 믿으며 삽니까?

4장 천사들이 목자들에게 나타남
The appearance of the Angels to the Shepherds

13. Pastoral Symphony. 전원 교향곡

힘찬 합창이 끝나면 기악으로만 된 전원 교향곡이 시작됩니다. 첫 번째의 신포니아와 함께 〈메시아〉의 유일한 기악곡입니다. 두 버전이 있는데 첫 번째 버전은 C장조로만 된 11마디의 짧은 곡입니다. 처음에 만든 자필 악보가 그렇게 되어 있습니다. 그러나 두 번째 버전은 첫 11마디 다음에 G장조로 조옮김을 하여 비슷한 가락을 한 번 더 연주한 다음, 다시 처음 C장조의 11마디를 그대로 연주하여 총 마디 수는 32마디가 됩니다. A-B-A의 형식이 됩니다. 몇 마디에 이르는 베이스의 긴 페달 톤이 특징입니다. 밤의 고요한 정적이 길게 흐릅니다. 한낮의 흥분과 격정은 가라앉고 무언가 다음의 움직임을 기대하게 만듭니다. 그 위에 12/8 박자의 바이올린 듀엣이 3도의 화음으로 조용히 연주됩니다. 거의 순차진행으로 되어 있어서 자장가와 같은 편안함을 줍니다. 깜짝 놀랄 일은 일어나지 않습니다. 모든 것이 조용하고 고요할 뿐입니다. 아무 움직임도 없는 세상인 듯… 헨델은 13번 전원 교향곡을 통하여 다음에 등장하는 베들레헴의 목자들의 이야기를 준비하고 있습니다.

전원 교향곡은 헨델의 자필 악보에 '피파*pifa*'라는 이름이 붙어 있습니다. 피파는 이탈리아의 목자들이 연주하는 목가를 말합니다. 이탈리아 남부에 있던 목자들은 크리스마스 시즌이 되면 로마로 와서 목가를 연주하는 전통이 있었습니다. 대게 6/8나 12/8의 노래로 백파이프나 겹리드 피리(shawm) 등으로 연주했습니다. 이들을 '피페라리pifferari' 라고 하는데 고대 이탈리아어로는 목자들을 뜻하지만 현대는 '피리 부는 사람pipe blowers' 이라는 뜻이 되었습니다. 헨델은 이탈리아에 있을 때 피페라리의 연주를 들었습니다. 32년 전 로마의 기억을 되살려 〈메시아〉에 그 음악을 사용했습니다.[15] 앤드류 갠트는 이것이 차용(Borrowing)이냐 아니냐를 논의하면서 차용이 아니라 참조(reference)라고 말합니다. 왜냐하면 많은 바로크 작곡가들이 이 음악을 사용했기 때문입니다.[16] 바흐의 '크리스마스 오라토리오' 의 신포니아도 피파를 참조했습니다. 바로크 작곡가들뿐 아니라 베를리오즈의 '이탈리아의 해롤드The Harold in Italy' 도 피파의 영감을 받았고, 찰스 구노의 '피페라리Les Pifferari' 오르간 곡도 피파의 영감으로 작곡되었습니다. 들어 보시면 피파의 분위기를 느낄 수 있을 것입니다.

헨델의 13번 '피파' 는 제1, 제2 바이올린 두 선율이 노래합니다. 콘티누어의 반주가 곁들여도 좀 단순한 음악입니다. 헨델은 여기에 처음으로 제3 바이올린을 도입합니다. 제3 바이올린은 제1 바이올린의 멜로디를 한 옥타브 아래로 연주합니다. 비올라는 제2 바이올린의 멜로디를 한 옥타브 아래로 연주합니다. 자필 악보에 제3 바이올린, 비올라는 한 마디만 그려져 있습니다. 그리고 글씨로 그렇게 계속 연주할 것을 지시합니다. 두 선율이 옥타브로 중복되면서 더 풍성한 느낌을 줍니다.

전원 교향곡 이전의 노래들은 모두 구약의 예언을 가사로 사용하고 있습니다. 11곡 중 8곡이 이사야의 말씀, 그리고 3곡이 말라기와 학개의 말씀입니다. 모두 메시아 탄생에 대한 놀라운 예언들입니다.

  성경이 하나님의 말씀임을 확실하게 증거하는 것이 예언입니다. 예언은 예언자의 말이 아닙니다. 예언자를 통해 하시는 하나님의 말씀입니다. 하나님은 전지하신 분이기 때문에 앞날에 대하여 정확히 말씀하실 수 있습니다. 예언의 성취는 성경이 하나님의 말씀임을 증명합니다!

  성경에 예언의 말씀이 기록되어 있다는 사실은 하나님이 이 세상에 관심을 갖고 있다는 증거입니다. 이신론자들의 주장처럼 하나님은 이 세상을 창조하시고 초월하셔서 방관하시는 분이 아닙니다. 아브라함 헤셀은 하나님은 '감성pathos'의 하나님이라는 표현을 사용했습니다. 감성은 상황에 따라 다양한 표현 방법을 갖습니다. 사랑과 분노, 슬픔과 기쁨… 하나님이 이런 감정을 갖고 있다는 사실을 교회에서는 오랫동안 간과해 왔습니다. 우리는 하나님을 인간과는 전혀 다른 초월적 존재로만 생각해 왔습니다. 그러나 하나님은 우리와 똑같은 감성을 갖고 계십니다. 이 말은 하나님이 인간에 대하여 관심이 있다는 말이며 또한 인간의 역사에 관여하고 계시다는 말입니다.[17] 특히 하나님은 인간의 죄에 '비통pathos'한 마음을 갖고 계십니다. 인간이 스스로 그 문제를 해결하지 못하고 있다는 사실에 대하여 '불쌍한pathos' 마음을 갖고 계십니다. 이 마음에서 인간 구원이 시작되었습니다. 이 문제를 해결하기 위해 하나님은 이 세상에 메시아를 보내기로 결정하셨습니다. 이사야서의 백미는 메시아를 보내기로 결정하신 하나님의 예언입니다!

  예언은 성취되어야 올바른 예언입니다. 예언이 성취됨이 없다면 자기 상상 또는 문학적 표현에 불과합니다. 이사야의 앗수르에 대한 예언은 당대에 성취되었습니다. 그렇다면 메시아에 대한 예언도 성취될 것을 믿을 수 있습니까? 메시아가 아기로 태어날 것이라는 사실을? 이 아기가 전능하신 하나님이라는 사실을? 이 아기가 처녀의 몸에서 태어날 것이라는 사실을? 이 아기가 인류를 구원하실 메시아라는 사실을? 더 나아가 이 세상이 멸망하고 새 하늘과 새 땅이 도래할 것이라는 사실까지도?

〈메시아〉 2-12의 노래들은 메시아 오실 것에 대한 예언을 노래했습니다. 그리고 13번 전원 교향곡이 조용히 연주됩니다. 앞의 예언 말씀들에 대한 놀라움, 흥분, 기대를 가라앉힙니다. 정말 그 예언들이 성취되는지 차분히 기다리게 합니다. 14-21번의 9노래 중 7개 노래 가사가 누가복음과 마태복음에서 사용되었습니다. 이사야 예언 700년 후에 기록된 책들입니다. 자, 하나님의 예언은 어떻게 성취되었는지 살펴봅시다.

14. Soprano Recitative. 목자들이 밖에서 양 떼를 지키더니
There were shepherds abiding in the field (누가복음 2:8)

Soprano Accompanied Recitative. 주의 사자가 곁에 서서
And Lo! The angel of the Lord came upon them (누가복음 2:9)

'전원 교향곡*Pifa*' 이 끝나면 14번 소프라노 레치타티보로 새로운 시작을 알립니다. 14번 노래는 사실 두 레치타티보로 되어 있습니다. 첫 네 마디는 콘티누오 반주의 단순 레치타티보, 두 번째 곡은 반주 있는 일곱 마디 레치타티보입니다. 짧은 두 곡을 14번 곡으로 묶었습니다. 이어지는 15번 곡은 아홉 마디 단순 레치타티보, 16번 곡의 여덟 마디는 반주 있는 레치타티보. 그러므로 14-16번 곡들은 모두 네 개의 소프라노 레치타티보로 되어 있는 셈입니다. 〈메시아〉에서 네 개의 레치타티보가 연속적으로 등장하는 곳은 이 부분이 유일합니다. 예언이 성취되는 그 말씀의 가사가 중요하기 때문일 것입니다. 사용된 가사는 모두 누가복음의 말씀입니다.

바울은 누가를 '사랑받는 의사'라고 소개합니다(골 4:14). 의사는 과학자입니다. 사실을 관찰하고 진단하는 일이 중요합니다. 누가가 그 시대에 중요하게 관찰한 사실은 무엇입니까? 2천 년 전 예수 사건은 팔레스타인 최대의 뉴스였습니다. 30대의 한 청년이 '천국이 가까이 왔다'고 전파하며 다녔습니다. 말로만 전파한 것이 아니라, 귀신을 쫓아내며, 기적과 이사를 행하며, 병든 자들을 고치며 천국이 실재하는 나라임을 증명했습니다. 하나님을 아버지라고, 자신은 하나님의 아들이라고 말했습니다. 그런데 얼마 안 되어 십자가에서 무기력하게 죽었습니다. 그럼에도 불구하고 많은 사람들은 이 사람이 다시 부활했다고 말합니다. 의사 누가에게 이 사실은 큰 관심거리였습니다. 누가의 관심은 단순하게 끝나지 않았습니다. "우리 중에 이루어진 사실에 대하여 / 처음부터 목격자와 말씀의 일꾼 된 자들이 전하여 준 그대로 내력을 저술하려고 붓을 든 사람이 많은지라 / 그 모든 일을 근원부터 자세히 미루어 살핀 나도…"(눅 1:1-3). 누가는 이 이야기를 '근원부터 자세히' 살폈습니다. 그러므로 자신이 쓴 누가복음은 창작품이나 소설이 아니라 신문 기자가 사건의 진상을 기록하듯, 사실을 기록했다는 말입니다. 누가는 두 가지를 주의 깊게 살펴보았습니다. 첫째는 예수의 행적을 살폈습니다. 사도들과 함께하며 그 행적을 추적했을 것입니다. 또한 구약 성경을 자세히 살피며 정말 예수가 오래전부터 예언된 메시아인지를 살폈습니다. 결론은 예수 사건은 역사적 사실이라는 것입니다. 하나님 말씀의 성취라는 것입니다. 누가는 과학자의 자세로, 역사가의 자세로 그 사실들을 살폈습니다. 또한 누가는 자신이 예수 그리스도를 체험했습니다. 사도행전도 누가가 쓴 작품인데 16장부터는 "우리"라는 말이 자주 등장합니다. 누가는 사도 바울의 2차 전도 여행부터 동행하며 사역했습니다. 사도 바울이 마지막으로 로마 감옥에 갇혔을 때에도 함께했습니다. "누가만 나와 함께 있느니라"(딤후 4:11). 누가는 하나님이 하시는 일을 많이 보았습니다. 아마도 누가는 하나님의 성령을 크게 체험한 사람일 것입니다. 누가는 예수의 행적이 하나님의 일임을 확신했습니다. 굳게 믿었습니다. 그리고 그 일들을 문자로 남겼습니다!

크리스천들에게 이런 자세가 필요합니다. "자세히 살필" 줄 알아야 합니다. 이런 자세가 없으면 소문이나 음모론에 휩쓸리기 쉽습니다. 이단에 잘 빠집니다. 얼마 전 알지 못하는 사람이 교회에 메시지를 남겼습니다. 코로나 백신은 666표이기 때문에 절대 맞으면 안 된다고 교인들에게 말하라는 내용이었습니다. 몇몇 교인들이 그 음모론을 믿고 있었습니다. 코로나 백신은 666표가 될 수 없습니다. 계시록 13장에서 666표를 주는 자는 마지막 때의 거짓 선지자인데 이 거짓 선지자는 적그리스도가 나와야 활동할 수 있습니다. 지금은 아직 적그리스도가 나와서 일하고 있지 않습니다. 올바른 신앙생활을 하려면 소문이 아니라 성경을 자세히 살펴보는 자세가 있어야 합니다. 의사 누가가 전하고 싶었던 이야기는 예수 그리스도의 탄생으로부터 시작합니다.

〈메시아〉 1부에서는 소프라노의 레치타티보로 예수 그리스도의 탄생 소식을 알립니다. C장조 코드가 주어지자마자 소프라노는 기다렸다는 듯이 누가복음 2:8의 말씀을 노래합니다. 이어서 누가복음 2:9을 현악 반주가 있는 레치타티보로 노래합니다. 바이올린의 16분음표가 앞의 음악과는 달리 분주하게 움직입니다. 작은 소리. 긴장감. 기대감. 무언가 이제까지 없었던 일이 일어날 것 같은 분위기입니다. 일어날 것입니다. 일어나야 합니다!

"그 지역에 목자들이 밤에 밖에서 자기 양 떼를 지키더니 /
주의 사자가 곁에 서고 주의 영광이 그들을 두루 비추매
크게 무서워하는지라" (누가복음 2:8-9)

'주의 사자' 는 천사를 말합니다. 아마 가브리엘 천사였을 것입니다. 그 천사가 "그 지역의 목자들"에게 소식을 전했습니다. '그 지역' 은 베들레헴 지역을 말합니다. 천 년 전에 다윗도 그 지역에서 양 떼를 지켰습니다. 그곳에서 목자들은 "밤에 밖에서 자기 양 떼를" 지켰습니다. 베들레헴의 밤은 춥습니다. 졸립니다. 외롭습니다. 그러나 그 목자들은 자기 양 떼를 성실히 돌보았습니다.

왜 '주의 사자' 는 예수 탄생 소식을 목자들에게 먼저 알렸을까요? 왕이나 종교 지도자들에게 알리는 것이 예수 탄생을 전하는 데 더 효과적이지 않았을까요? 왕이나 종교 지도자들은 사실 백성의 목자로 세움을 받은 사람들입니다. 저들은 하나님의 백성을 보살펴야 하는 사람들입니다. 그러나 저들은 자기 욕심, 자기 이권을 위해 살았습니다. 그 당시 왕은 헤롯 왕입니다. 그는 자기 왕권을 지키려 아들도 살해했습니다. 사실 동방 박사를 통해 메시아 탄생 소식을 들었지만 결국 베들레헴 지역의

아이들을 모두 죽여버렸습니다. 자기는 아구스도 로마 황제로부터 인정받은 유일한 '유대의 왕'이었습니다. 자기 외에 누구도 유대의 왕이 될 수 없다고 생각했습니다. 백성들? 관심 없었습니다. 사두개인들은 그 당시 제사장들이었습니다. 그 직분은 총독이 임명했기 때문에 저들은 매우 정치적이었습니다. 백성들? 관심 없었습니다. 더욱이 그들은 천사의 존재도 인정하지 않았습니다. 천사가 저런 자들에게 기쁜 소식을 전할 수 없습니다. 백성의 지도자들은 자기 맡은 일에 성실하지 않았습니다. 그러나 베들레헴 지역의 목자들은 밤에 밖에서 성실하게 '자기 양 떼'를 지켰습니다. 천사가 그들에게 제일 먼저 기쁜 소식을 전했습니다. 사람들은 높은 사람, 유명한 사람, 많이 가진 사람에 관심을 갖습니다. 그러나 하나님은 자기 맡은 일에 성실한 사람을 좋아합니다. 그것이 작은 일이든 큰일이든 상관없습니다. 당신에게 맡겨진 일은 무엇입니까?

15. Soprano Recitative. 천사가 이르되

And the Angel said unto them (누가복음 2:10-11)

15번 노래는 콘티누오 반주의 단순한 레치타티보입니다. 그러나 가사의 내용은 단순하지 않습니다. 천사의 중요한 메시지가 들어있기 때문입니다. 가장 중요한 단어가 무엇입니까?

"천사가 이르되 무서워하지 말라 보라 내가 온 백성에게 미칠 큰 기쁨의 좋은 소식을 너희에게 전하노라 / 오늘 다윗의 동네에 너희를 위하여 구주가 나셨으니 곧 그리스도 주시니라" (누가복음 2:10-11)

여덟 마디의 레치타티보는 네 마디씩 둘로 나뉩니다. 두 부분으로 나누어진 가사를 헨델은 둘로 나누어 처리합니다. 중요한 메시지는 끝에 있습니다. '구주' '그리스도' '주'. 헨델은 한 단어마다 쉼표를 넣어 정성스럽게 이 중요한 단어들을 표현합니다. 14번 곡의 단순한 코드 진행에 비해 15번 곡의 코드 진행은 복잡합니다. A장조의 3음 C#을 베이스로 시작해서 긴장감을 줍니다. 첫 네 마디를 일단 E장로로 마무리한 다음 갑자기 C#장조로 두 번째 레치타티보를 시작합니다. 이때도 베이스는 근음 대신 3음으로 조용히 시작하며 긴장감, 기대감을 조성합니다. 가장 중요한 단어, '그리스도'를 헨델은 중4도로 튀어 올려 강조합니다. 이제 다이내믹은 *piano*에 머물 수 없습니다. 말씀을 전하는 천사도 자신의 기쁜 감정을 숨길 수 없습니다. 큰 소리로, 즐겁게, 분명하게 '큰 기쁨의 좋은 소식'을 전합니다. '곧 그리스도 주시니라'! 간단한 레치타티보에 인류 역사의 가장 중요한 메시지가 들어 있습니다.

당신은 천사를 본 적이 있습니까? 천사는 실재하는 영적 존재입니다. 필요에 따라 사람의 눈에 보이기도 합니다. 천사를 부인하는 것도, 숭배하는 것도 성경적이지 않습니다. 만약 천사가 눈앞에 나타난다면 우리는 그 아름다움과 초자연적인 모습에 두려움을 느낄 것입니다. 천사들을 본 베들레헴 지역의 목자들은 '크게 무서워했습니다'. 그러므로 천사는 먼저 '무서워하지 말라'고 말합니다. 이어 방문 목적을 말합니다. "내가 온 백성에게 미칠 큰 기쁨의 좋은 소식을 너희에게 전하노라." '좋은 소식'은 복음을 말합니다. 그 소식은 '큰 기쁨'을 가져다줍니다. 우리 인생에 소소한 기쁨이 있습니다. 친구들과 함께하면 기쁩니다. 내가 원하는 일이 이루어지면 기쁩니다. 그러나 큰 기쁨은 흔치 않습니다. 큰 기쁨은 하나님이 주십니다! 내가 이제껏 체험한 큰 기쁨은 모두 하나님이 주신 초자연적인 기쁨이었습니다. 개인적인 큰 기쁨입니다. 그러나 지금 천사가 주는 큰 기쁨의 소식은 '온 백성에게 미칠' 큰 기쁨의 소식입니다. 이스라엘 사람들만 아니라 전 세계의 모든 사람들을 위한 소식입니다. 하나님은 우리에게 큰 기쁨을 주시는 분입니다!

큰 기쁨의 좋은 소식은 그 내용이 무엇입니까? "오늘 다윗의 동네에 너희를 위하여 구주가 나셨으니 곧 그리스도 주시니라"(눅 2:11). '구주'가 나셨다는 소식입니다. 메시아가 탄생하셨습니다! 오랫동안 기다려 온 메시아입니다. 주의 종들을 통해 약속하신 하나님의 말씀들이 정확하게 성취되었습니다. 이사야의 말씀은 전혀 거짓이 아니었습니다.

메시아는 언제 탄생했습니까? '오늘'은 언제를 말합니까? 예수 사건을 과학자의 눈으로 '자세히 미루어 살핀' 누가는 그 시기를 기록하고 있습니다. "그때에 가이사 아구스도가 영을 내려 천하로 다 호적하라 하였으니 / 이 호적은 구레뇨가 수리아 총독이 되었을 때에 처음 한 것이라"(눅 2:1-2). '그때에'! 누가는 예수 탄생의 시기를 정확히 밝히고 있습니다. '가이사 아구스도'는 옥타비아누스를 말합니다. 시저(가이사)의 양아들입니다. 역사적으로 유명한 안토니우스와의 악티움 해전에서 승리를 한 뒤 원로원으로부터 '아구스도'라는 칭호를 받았습니다(BC 27). '존엄한 자'라는 뜻의 '아구스도'는 옥타비아누스의 이름이 되어 버렸습니다. 아구스도는 BC 27년부터 AD 14년까지 재위하면서 로마 제국의 기틀을 세운 첫 번째 황제입니다. 누가는 아구스도라는 이름을 많이 들으며 성장했을 것입니다. 로마의 첫 황제는 전 제국에 호적 명령을 내렸습니다. 세금 징수가 목적입니다. 국가 상비군을 유지하고, 나라의 살림을 하려면 많은 돈이 필요했습니다. 아구스도는 여러 번 호적 조사를 실시했는데 예수님 탄생 때의 호적 조사는 '구레뇨가 수리아 총독 되었을 때 처음' 한 것입니다.[18] 모든 시간을 종합해 보면 예수님은 BC 5-4년 겨울에 탄생하셨습니다. 누가는 아구스도나 구레뇨 같은 역사적 인물을 언급하면서 예수 그리스도의 탄생이 신화나 소설이 아니라 역사임을 천명하고 있습니다.

메시아는 왜 탄생하셨습니까? 천사가 전한 큰 기쁨의 소식에서 그리스도를 "구주Savior"라고 말합니다. 메시아의 일은 인간을 구원하는 일입니다. 인간은 구주가 필요합니다. 양에게 목자가 필요하듯 인간은 구원주가 필요합니다. 어디서 구원합니까? 죽음에서, 사망 권세에서 구원합니다. 모든 인간은 언젠가 죽습니다. 죽음은 인간이 어쩔 수 없는 한계상황입니다. 왜 인간은 죽어야 합니까? 하나님 말씀을 듣지 않았기 때문입니다. 하나님은 '그쪽으로 가지 마. 가면 죽어.' 그렇게 말씀하셔도 인간은 그쪽으로 갑니다. 넓고, 화려하고, 즐겁게 보이기 때문입니다. 에덴동산에서부터 순종하지 않았습니다. '이 나무 실과 따 먹으면 죽어.' 그래도 그 실과를 따 먹고 말았습니다. 그 배후에는 사탄마귀가 있습니다. 사탄마귀의 목적은 인간을 파멸로, 불행으로 이끄는 것입니다. 그 목적을 위해서 모든 방법을 다 사용합니다. 어떤 때는 부드럽게, 어떤 때는 강하게 인간을 공격합니다. 사도 바울은 "마귀의 간계"를 대적해야 한다고 말합니다(엡 6:11). 마귀는 '간계'를 세울 수 있을 만큼 똑똑합니다. 거기다 부지런하기까지 합니다. 인간은 사탄마귀를 이길 힘이 없습니다. 하나님도 인간이 사탄을 이길 수 없다는 사실을 잘 알고 계십니다. 그러므로 에덴동산에서부터 구주의 필요성을 아셨습니다. 하나님은 수천 년 동안 수많은 종들을 통하여 줄기차게 메시아 보내실 것을 말씀하셨습니다.

'다윗의 동네'는 베들레헴입니다. 미가 선지자를 통하여 메시아 탄생할 장소를 말씀하셨습니다(미가 5:2). 이사야를 통하여 처녀의 몸에서 나올 것을 말씀하셨습니다. 다니엘을 통하여 시간을 말씀하셨습니다(단 9:25). 구약 성경의 주제는 메시아를 보내시겠다는 하나님의 약속입니다. 그 모든 말씀이 예수 그리스도를 통하여 성취되었습니다! "오늘 다윗의 동네에 너희를 위하여 구주가 나셨으니 곧 그리스도 주시니라." 하나님은 수퍼 컴퓨터보다 계산이 정확하신 분입니다!

인간은 완전하지 않습니다. 우린 구주가 필요합니다! 구주는 위기에서 우릴 구해주시는 구조자입니다. 구주는 우릴 바른 길로 인도하시는 인도자입니다. 모르는 것을 가르쳐주시는 교사입니다. 질병을 치료해 주시는 의사입니다. 우리 대신 마귀와 싸워주시는 장군입니다. 우리를 영생으로 인도하시는 하나님입니다! 구주가 있는 사람과 없는 사람은 인생의 여정이 다릅니다. 구주가 없는 사람은 인생이 무겁습니다. 구주가 있는 사람도 고생이 있지만 점점 그 짐이 가벼워집니다. 쉽습니다. 큰 발전이 있습니다.

19세기 말 많은 사람들이 석유 사업에 달려들었습니다. 그러나 20세기 초 석유 산업을 제패한 사람은 존 록펠러였습니다. 90% 이상의 미국 석유회사가 존 록펠러 소유였습니다. 록펠러는 대학교 문턱에도 못 가봤습니다. 그러나 어머니의 영향으로 청교도적인 신앙생활을 했습니다. 일생 담배, 술은 입에 대지도 않았습니다. 예수 그리스도를 구주로 모시며 매일 기도하고, 성경을 읽으며 사업했습니다. (록펠러는 성경 읽기를 매우 좋아했습니다. 90세가 넘어 힘이 없을 때는 성경 읽어주는 사람을 고용해서 매일 성경 말씀을 들었습니다.) 구주가 있는 사람과 없는 사람은 다릅니다. 록펠러는 막대한 수익금으로 4,928개의 교회를 건축해서 하나님께 바쳤습니다. 모든 인간은 구주가 필요합니다. 잘났든, 못났든, 많이 배웠든, 못 배웠든 구주가 필요합니다.

그런데 구주 예수 그리스도의 탄생은 당신에게 '큰 기쁨의 좋은 소식' 입니까? 정말 믿는다면 큰 기쁨이 될 것입니다. 형식적으로 믿는다면 큰 기쁨이 될 수 없습니다.

16. Soprano Recitative. 홀연히 수많은 천군이

And suddenly there was with the angel (누가복음 2:13)

17. Chorus. 하나님께 영광

Glory to God (누가복음 2:14)

14, 15번 곡에 이어 계속된 소프라노 레치타티보가 16번에서도 노래됩니다. 같은 누가복음을 가사로 사용하고 있지만 그 내용은 17번 곡과 연결이 됩니다. 14, 15번 곡은 한 천사에 관한 내용이고, 16, 17번 곡은 수많은 천사에 관한 내용입니다. 각 천사들의 역할이 다릅니다. 16번 곡은 17번 합창을 인도하는 레치타티보입니다.

"홀연히 수많은 천군이 그 천사들과 함께 하나님을 찬송하여 이르되 / 지극히 높은 곳에서는 하나님께 영광이요 땅에서는 하나님이 기뻐하신 사람들 중에 평화로다" (누가복음 2:13).

16번 레치타티보는 한 무리의 천군 천사가 '홀연히' 나타났음을 노래합니다. 갑자기 나타나는 모습을 헨델은 16분음표의 *Allegro*로 표현했습니다. 제1, 제2 바이올린이 심장이 놀라서 팔딱팔딱 뛰듯 센자 립으로 연주합니다. 이제까지 평화롭고 잔잔하던 소프라노의 솔로는 갑자기 바빠집니다. 16분음표의 노래가 놀라움을 표현합니다. 깜짝 놀랄 수밖에 없는 상황이 벌어졌습니다. 목자들의 숨은 멈춰지고, 동공은 크게 열렸습니다. 소프라노의 레치타티보는 곧 바로 전주 없는 합창과 연결됩니다. 트럼펫 2대가 첨가된 콘 립의 오케스트라 반주입니다. 헨델은 이 부분에서 트럼펫 소리와 함께 홀연히 나타나는 천군 천사를 생각했습니다. '하나님께 영광 Glory to God' 은 첫 마디, 10마디, 26마디와 함께 세 번 반복되는데 그때마다 조금씩 다르게 연주됩니다. 첫 번째 연주에는 베이스가 없는 위3파트만 노래합니다. 멀리 천상에서 들리는 천사들의 합창 같습니다. 16분음표의 제1, 제2 바이올린은 마치 천사들이 내려오듯 고음에서 저음으로 천천히 하강합니다. '땅에서는 평화' 는 남성2파트가 길게 노래하면서 지상의 평화를 표현합니다. *Piano* 표시가 되어 있는 현악3부의 반주가 조용히 땅의 평화를 나타냅니다. 다시 '하나님께 영광' 을 노래할 때는 *forte*로 음량이 커졌습니다. 천군 천사가 땅에 가까이 다가오고 있는 모습입니다. 26마디에서 마지막으로 '하나님께 영광' 을 노래할 때는 베이스까지 가세한 4파트 합창이 크고 당당하게 노래합니다. 천사들은 지상에 더 가까이 다가온 모습입니다. 천사들은 '하나님이 기뻐하시는 사람' 을 힘차게 노래하며 합창 파트를 끝냅니다. 오케스트라는 센자 립으로 바뀌어 마지막 여덟 마디를 연주하는데 음량은 점점 작아져서 마지막에는 *pianissimo*로 아주 작게 끝납니다. 헨델은 여기서 천사들이 다시 하늘로 올라가는 모습을 음악으로 재미있게 표현했습니다. 마지막 네 마디 연주를 다음 구절과 연관해서 들어보십시오. "천사들이 떠나 하늘로 올라가니"(눅 2:15).

조지 케임브리지를 아십니까? 영국 윌리엄 왕세자의 첫아들입니다. 2013년 전 세계의 큰 관심을 받으며 탄생했습니다. 많은 사람들의 축하를 받았습니다. 축포가 103발이나 발사되었습니다. 그런데 예수님 탄생 때는 누가 축하했습니까? 이 세상 구세주로 오셨지만 이 세상에서 누구도 축하하는 사람이 없었습니다. 첫 축하자는 '수많은 천군' 이었습니다. '천군*stratias*' 은 군사 용어인데 하나님의 천사들에게 적용되었습니다. 하늘의 군대는 로마 군대처럼 폭력으로 임하지 않습니다. 천군은 예수님 탄생을 축하하고 찬송하려 이 땅에 임했습니다.

천군천사는 어떤 찬송을 했습니까? 〈메시아〉 17번 곡은 천군천사의 합창을 노래합니다. "지극히 높은 곳에서는 하나님께 영광이요 땅에서는 하나님이 기뻐하신 사람들 중에 평화로다". 천군천사는 먼저 "하나님께 영광"을 노래했습니다. 하나님은 오래전부터 인간을 위한 메시아 계획을 하셨습니다. 그 계획이 이제 성취되었습니다. 이때 누구보다 기뻐하신 분은 하나님 자신이었을 것입니다. 천군천사들도 이 사실을 잘 압니다. 그러므로 그들은 먼저 하나님께 영광을 돌렸습니다. "하나님께 영광!"

이 자세는 매우 중요합니다. 하나님 믿는 자는 무엇을 해도, 무슨 일이 생겨도 하나님께 먼저 영광을 돌려야 합니다. 우리는 하나님의 영광을 위해서 창조되었습니다. 인생의 목표는 하나님의 영광을 나타내는 것입니다! 그 외에 인간이 이 세상을 사는 근본 목적은 없습니다. 그러므로 이 목적을 잃어버리면 인생은 허무합니다. 많이 벌어도, 많이 배워도, 높이 올라가도 결국은 의미가 없습니다.

헨델은 〈메시아〉의 마지막에 S.D.G를 적어 놓았습니다. '*Soli Deo Gloria*'의 약자입니다. '오직 하나님께 영광!' 많은 음악가들이 자신의 영광을 위해 노래하고, 연주합니다. 자신의 영광을 위한 곳에는 어디든지 달려갑니다. 하나님을 잘 믿는 크리스천 음악가들도 하나님 영광을 위해 음악 하는 사람은 많지 않습니다. 테너 이용훈은 프랑크푸르트에서 '돈 카를로'로 데뷔했습니다. 많은 사람들의 호평을 받으며 세계적인 오페라 가수가 되었습니다. 마에스트로 로린 마젤이 이용훈을 그의 오페라 주연에 발탁했습니다. 그러나 그는 그 중요한 제안을 받아들일 수 없었습니다. 왜냐하면 캐나다에 단기 선교를 예정했기 때문입니다. 매니저는 이 좋은 기회를 잡지 않는 이용훈을 이해할 수 없었습니다. 이용훈에게는 자신의 영광을 위한 일보다 하나님 영광을 위하는 일이 더 중요했습니다. 그런데 놀라운 일이 벌어졌습니다. 로린 마젤은 이용훈이 선교를 마치는 대로 리허설에 합류하도록 했습니다. 오페라 가수로서의 이용훈의 길은 더욱 탄탄해졌습니다. 얼마 전 맨해튼 메트에서 노래하는 이용훈의 '나부코'를 보면서 큰 감동을 받은 적이 있습니다. 헨델은 자신의 오라토리오를 통해 오직 하나님만 영광 받으시기를 바랐습니다. 당신은 어떻게 하나님께 영광을 돌립니까?

그다음 찬양은 "땅에서는 하나님이 기뻐하신 사람들 중에 평화"입니다. 이 세상은 평화를 원하지만 평화가 없습니다. 인간의 욕심 때문입니다. 로마 제국은 '팍스 로마나'를 외치며 로마 제국의 평화를 외쳤지만 다른 나라를 폭력으로 침략하며, 속국으로 만들면서 평화를 외쳤습니다. 그 평화를 위하여 많은 사람들을 죽였습니다. 세상의 평화가 모두 이런 방식입니다. 나폴레옹도, 히틀러도, 공산주의자들도 이런 짓을 저지르고 평화를 이루는 방법이라고 떠들었습니다. 자신의 평화를 위하여 남의 평화를 깨는 것입니다. 이것은 평화가 될 수 없습니다. 이기적 욕심일 뿐입니다. 모든 사람이 평화를 원합니다. 그러나 근본적인 평화는 하나님과의 적대 관계가 청산되어야 합니다. 죄는 하나님과 적이 되게 합니다. 죄 문제가 해결되지 않는 한 이 땅에는 진정한 평화가 없습니다. 예수님은 이 문제를 해결하셨습니다. 사도 바울은 이렇게 말합니다. "그는 우리의 화평이신지라 둘로 하나를 만드사 원수 된 것 곧 중간에 막힌 담을 자기 육체로 허시고 / 또 오셔서 먼 데 있는 너희에게 평안을 전하시고 가까운 데 있는 자들에게 평안을 전하셨으니"(엡 2:14, 17). 예수 그리스도는 이 땅에 평화를 주시는 분입니다. 폭력을 사용한 평화가 아니라 십자가의 희생을 통한 평화입니다. 이것이 참된 평화입니다. 그러나 누구에게나 이 평화가 주어지는 것은 아닙니다. "하나님이 기뻐하신 사람들 중에" 평화가 있습니다. 하나님의 평화는 하나님의 은혜입니다. 이 은혜는 하나님의 주권입니다.

하나님이 기뻐하시는 사람이 있습니다. 어떤 사람입니까? 다시 8-9절을 보면 그 지역의 목자들이 하나님이 기뻐하시는 사람들입니다. 그들은 가난한 자들이었습니다. 힘도 없고, 가진 것도 없고, 자랑할 것도 없었습니다. 그러나 하나님을 믿고 사는 사람들입니다. 그 목자들은 남보다 덜 가졌다고 하나님을 원망하지 않았습니다. 춥고, 졸리다고 자기 일을 소홀히 하지도 않았습니다. 하나님 믿고 성실하게 자기들의 일을 감당했습니다. 하나님은 이런 사람들을 기뻐하십니다. 이런 사람들에게 하나님의 평화가 임합니다!

사람들은 평화를 원합니다. 전쟁을 좋아하는 사람은 없습니다. 그러나 이 땅에 평화가 없습니다. 근본적으로 하나님과의 평화가 깨졌기 때문입니다. 그래서 인간은 항상 불안합니다. 회사에서 윗사람과 평화가 깨진 사원은 항상 불안합니다. 뭘 해도 불안합니다. 돈을 많이 줘도 불안합니다. 인생에서 하나님과의 평화가 깨지면 뭘 해도 불안합니다. 돈이 많아도 불안합니다. 하나님과 화평하면 뭘 해도 평안합니다. 없어도 평안합니다. 좁은 길을 걸으면서도 기뻐합니다. 하나님이 주시는 평화가 그에게 있기 때문입니다.

스패폴드(Horatio Gates Spafford)는 시카고 무디 교회의 회계 집사였습니다. 시카고에 대 화재가 나서 교회는 물론 자기 집도 다 타버렸습니다. 그 일로 스패폴드의 가족들은 정신적 충격이 컸습니다. 의사의 권고로 아내와 네 딸이 시카고를 잠시 떠나 프랑스에 머물기로 했습니다. 스패폴드 집사는 교회 여러 가지 일을 정리하기 위해 며칠 뒤에 떠나기로 하고 가족만 먼저 보냈습니다. 일주일 후 그 배는 영국 배와 정면충돌하여 대서양에 가라앉았습니다. 30분도 못 되어 226명의 승객이 목숨을 잃었습니다. 그 소식을 듣고 스패폴드는 사건 현장으로 달려갔습니다. 사랑하는 네 딸을 삼켜버린 그 바다가 원망스러웠습니다. 스패폴드는 선실로 들어가 하나님께 따지기 시작했습니다. 왜 내게 자꾸 이런 시련을 주시는지… 내가 무엇을 잘못해서 그러시는지… 밤 자정이 훨씬 넘도록 하나님께 부르짖었습니다. 그런데 어느 순간 갑자기 마음의 폭풍이 멈

추고 잔잔해지는 것을 느꼈습니다. 이제껏 맛보지 못했던 놀라운 평화가 마음에 찾아왔습니다. 속삭이는 듯한 하나님의 음성도 들을 수 있었습니다. 그때 스패폴드는 일어나서 하나님 찬양 시를 썼습니다. 많은 사람들에게 은혜를 끼치는 찬양이 되었습니다. "내 영혼 평안해"

내 평생에 가는 길 순탄하여 늘 잔잔한 강 같든지
큰 풍파로 무섭고 어렵든지 나의 영혼은 늘 편하다.
내 영혼 평안해. 내 영혼, 내 영혼, 평안해.

5장 그리스도의 구속적인 이적들
Christ's redemptive miracles on earth

18. Soprano Aria. 시온의 딸아 크게 기뻐할지어다
Rejoice greatly, O daughter of Zion (스가랴 9:9-10)

    18번 아리아는 *forte*로 힘차고 빠르게 즐거움을 노래합니다. 콘티누오 반주에 오케스트라는 바이올린 한 선율로만 연주하기 때문에 마치 소프라노와 바이올린의 듀엣처럼 느껴집니다. 4도, 5도, 6도의 도약 음정으로 시작하는 주 멜로디 그리고 빠른 멜리스마는 큰 기쁨에 넘쳐있는 모습입니다. 고음 F에서부터 저음 F까지 순차적으로 하강하면서 왕이 임하시는 모습이 음악적으로 표현되었습니다. 44마디부터는 그 왕의 성격을 나타냅니다. '그는 공의로우시며'. 이때 음악은 *Meno mosso*로 표시되어 분위기가 변합니다. 움직임이 둔화되고, 음량도 작아지고, 기쁨의 멜리스마도 사라집니다. 메시아가 어떤 분인지 조용히 생각하게 합니다. 그러나 다시 *a tempo*로 처음의 주제가 반복되어 기쁨이 이어집니다. 얼핏 보면 다 카포 형식이지만 반복되는 부분은 처음과 동일한 반복이 아니라 약간의 변형이 있기 때문에 엄격한 다 카포 형식은 아닙니다. 〈메시아〉에 처음 등장하는 108마디의 긴 소프라노 아리아입니다.

"시온의 딸아 크게 기뻐할지어다 예루살렘의 딸아

즐거이 부를지어다 보라 네 왕이 네게 임하시나니 /
그는 공의로우시며 구원을 베푸시며(겸손하여서 나귀를 타시나니
나귀의 작은 것 곧 나귀 새끼니라)" (스가랴 9:9-10)

스가랴 9:9은 유명한 메시아 예언 구절이지만 헨델은 예언의 말씀으로서가 아니라 예언 성취의 말씀으로 소프라노 가사에 사용하고 있습니다. 그러므로 후반절의 유명한 '나귀'에 대한 가사를 생략했습니다. 헨델은 스가랴 9:9의 말씀 중 사람들의 행동에 초점을 맞췄습니다. '크게 기뻐할지어다 Rejoice greatly'. 17번 합창에서는 천사들이 메시아 탄생을 기뻐했지만 18번 곡에서는 이제 인간들이 그 탄생의 기쁨을 나타내야 할 차례입니다. 일단 성경 본문의 내용대로 이해해 보겠습니다.

'시온의 딸, 예루살렘의 딸'은 예루살렘 거민의 애칭입니다. 눈에 넣어도 아프지 않을 귀여운 딸에 대한 아빠의 사랑이 녹아 있는 표현입니다. 하나님은 자기 백성을 딸처럼 사랑하십니다. 그들에게 기뻐하라고 명령합니다. 그것도 크게 기뻐하라고. 저들의 현재 상황은 어떻습니까? 크게 기뻐할 상황입니까? 그들은 포로생활, 그러나 안정된 바벨론 삶의 터전에서 폐허의 예루살렘으로 돌아온 사람들입니다. 성전재건을 시작했으나 10년 이상 진척이 없습니다. 예루살렘에 돌아왔지만 여전히 페르시아의 지배를 받고 있습니다. 왕도 없고, 성벽도 없습니다. 안전하게 살 곳이 못 됩니다. 앞으로 어떻게 될지 깜깜합니다. 다시 바벨론으로 돌아가자니 그렇고, 머물러 있기도 그렇고… 하루하루 쌓이는 걱정이 태산 같았을 것입니다. 이런 상황에서 크게 기뻐하라고? 하나님은 저들의 상황을 잘 아십니다. 그들에게 크게 기뻐하라고 말씀하시는 까닭은

"네 왕이 네게 임" 할 것이기 때문입니다. 메시아의 도래를 말합니다. 이 스라엘 백성들이 수천 년간 기다려 오던 메시아 말입니다.

메시아가 어떤 방식으로 오시는지까지 구체적으로 말씀하십니다. "나귀를 타시나니 나귀의 작은 것 곧 나귀 새끼". 나귀라는 단어가 여러 번 반복되는 특징적인 표현입니다. 그 당시 왕들, 장군들은 말을 타고 들어왔습니다. 예루살렘 거민들은 백마 타고 성에 들어오는 정복자들을 많이 보았을지 모릅니다. 그러나 메시아는 나귀, 그것도 새끼 나귀를 타고 옵니다. 겸손을 상징합니다. 신약 4 복음서에는 모두 이 사실을 기록하고 있습니다. 예수님은 마지막 예루살렘 입성 때 나귀 새끼를 타고 들어오셨습니다. 많은 사람들이 종려 가지를 들고 '호산나 호산나'를 외쳤기 때문에 이날을 특별히 종려 주일이라고 부릅니다. 스가랴 9:9이 500년 후에 문자적으로 성취되었습니다. 하나님은 그 메시아가 어떤 인물인지 계속 말씀하십니다.

"그는 공의로우시며". 의는 하나님의 대표적 속성입니다. 좌로나 우로나 치우치지 않고 바르다는 뜻입니다. 이 세상의 왕들, 지도자들은 의롭기가 쉽지 않습니다. 왜냐하면 자기를 지지하는 그 그룹의 이익을 대변해야 하기 때문입니다. 그 그룹에서는 의가 될 수 있겠지만 다른 그룹에서는 죄가 될 수도 있습니다. 미국 대통령은 미국의 이익을 대변하고, 중국 주석은 중국의 이익을 대변합니다. 라인홀드 니버는 '도덕적 인간, 비도덕적 사회' 라는 책에서 개인적으로는 도덕적인 인간이라도 한 단체의 리더가 되면 그 단체의 이익을 대변해야 하기 때문에 보편적으로 의롭기는 어렵다는 말을 하고 있습니다. 모든 단체에는 단체 이기주의가 있습니다. 애국심은 한 나라에는 좋은 단어일지 모르지만 다른 나라에서는 이기심이라는 단어로 들리게 됩니다. 그러니 모두에게 의롭게 된다는 것은 무척 힘듭니다. 그런데 메시아는 어떻게 '공의' 로울 수 있습니까? 메시아는 만왕의 왕이기 때문입니다. 한 그룹, 한 나라의 왕이 아니라 그 모든 왕들의 우두머리로 오십니다. 즉 메시아는 온 세상, 온 우주의 왕이 됩니다. 온 세상은 메시아의 국가입니다. 그러므로 메시아는 전 세계의 보편적인 의가 될 수 있습니다. 그 의는 전 세계에 전파됩니다. 어떻게? "내가 에브라임의 병거와 예루살렘의 말을 끊겠고 전쟁하는 활도 끊으리니 그가 이방 사람에게 화평을 전할 것이요 그의 통치는 바다에서 바다까지 이르고 유브라데 강에서 땅끝까지 이르리라" (9:10)

병거, 말, 활 같은 모든 전쟁 무기들이 제거됩니다. 무장해제와 동시에 화평이 전해집니다. 이스라엘 민족뿐만 아니라 '이방 사람에게' 까지 전해집니다. 그 영역은 유브라데 강을 넘습니다. 유브라데 강은 하나님이 이스라엘 백성에게 약속하신 땅의 북방 경계선입니다. 그 영토를 넘어 '땅끝까지' 평화가 전파됩니다. '땅끝까지!' 이 말은 예수님의 마지막 말에 나타나는 표현입니다. "너희에게 성령이 임하시면 너희가 권능을 받고 예루살렘과 유대와 사마리아와 '땅끝까지' 이르러 내 증인이 되리라" (행 1:8).

어떻게 화평이 전파됩니까? 말 타고, 창, 칼 들고 무력으로 전파되는 것이 아니라 십자가의 도로 전파됩니다. 남을 죽이고 내가 사는 약육강식의 도가 아니라 나는 죽고 남을 살리는 자기 희생의 도가 전파됩니다. 이것이 의입니다. 사도 바울이 말합니다. "이제는 율법 외에 하나님의 한 의가 나타났으니 율법과 선지자들에게 증거를 받은 것이라. 곧 예수 그리스도를 믿음으로 말미암아 모든 믿는 자에게 미치는 하나님의 의니 차별이 없느니라. 모든 사람이 죄를 범하였으매 하나님의 영광에 이르지 못하더니 그리스도 예수 안에 있는 속량으로 말미암아 하나님의 은혜로 값없이 의롭다 하심을 얻은 자 되었느니라" (롬 3:21-24)

이것이 화평입니다. 내가 죽어야 평화가 옵니다. 내가 속한 공동체에서 나만 살려고 바둥바둥대면 결국 나도 죽고 이웃도 죽고 공동체도 망합니다. 내가 죽으면 이웃도 살고, 그 단체도 살고, 결국 나도 삽니다. 생즉사사즉생의 원리입니다. 이것은 이제까지 이 세상의 왕, 지도자들이 추구했던 방법과 정반대의 방법입니다. 메시아가 오셔서 이런 공의를 전파합니다. 죄 없는데도 힘 있는 자에게 눌려 사는 세상이 다시는 용납되지 않을 것입니다. 열심히 일해도 가진 자들만 더 풍성하게 되는 부조리한 세상이 이 땅에서 사라질 것입니다. 그러므로 하나님께서 명령하십니다. "크게 기뻐할지어다." 이것이 부모 마음 아니겠습니까? 부모는 자기 자녀들이 슬퍼하고, 눈물짓는 것을 보고 싶지 않을 것입니다. 크게 기뻐하는 자녀는 부모에게 큰 기쁨입니다.

자, 그런데 문제가 있습니다. 스가랴 9:9-10은 500년 후에 성취될 말씀입니다. 500년 뒤에 임할 메시아를 생각하고 어떻게 지금 크게 기뻐할 수 있습니까? 당신은 지금 존폐 위기에서 간당간당하는 당신의 사업이 당신 사후 100년이 지나면 크게 번창할 것이라는 소리를 듣는다면 지금 기뻐하겠습니까? 슬프지는 않겠지만 크게 기뻐하기는 힘들 것입니다. 어떻게 크게 기뻐할 수 있습니까? 하나님이 이 말씀에서 원하시는 것은 무엇입니까? 2종류의 기쁨을 알아야 이 말씀을 이해할 수 있습니다.

1차원의 기쁨이 있습니다. 저차원의 기쁨입니다. 보고 기뻐하는 기쁨입니다. 무언가 성취된 후에 기뻐하는 것입니다. 나의 기도가 응답된 것을 보고 기뻐하는 것입니다. 이때 기뻐하는 것은 당연합니다. 이런 때도 기뻐하지 못한다면 정신적으로 문제가 있는 사람일 것입니다. 그러나 이렇게 기뻐할 수 있는 건 누구나 가질 수 있는 기쁨입니다. 짐승들도 가질 수 있습니다. 개도 자기 좋아하는 뼈다귀를 던져주면 꼬리를 흔들며 기뻐합니다.

2차원의 기쁨이 있습니다. 고차원의 기쁨입니다. 믿고 기뻐하는 기쁨입니다. 무언가 성취되기 전에도 기뻐하는 것입니다. 기도한 것이 아직 응답되지 않았는데도 기뻐하는 것입니다. 이 기쁨의 행위는 아무나 할 수 없습니다. 오직 믿음 있는 사람만 할 수 있습니다.

저차원의 기쁨은 항상 기쁠 수 없습니다. 바라는 것이 이루어지지 않으면 기쁘지 않습니다. 성취되는 그 순간까지는 불안하고 두렵습니다. 고차원의 기쁨은 항상 기쁠 수 있습니다. 지금 안 보여도 기뻐합니다. 지금 어두운 터널 속을 지나는 것 같아도 믿는 구석이 있는 사람은 기쁨이 있습니다. 이게 하나님께서 하나님 백성에게 원하시는 기쁨입니다. 보고 기뻐하는 것이 아니라 믿고 기뻐하는 것!

이게 신앙생활입니다. 보지 못하고 믿는 것! 히브리서 기자는 이렇게 말합니다. "믿음은 바라는 것들의 실상이요 보지 못하는 것들의 증거니"(히 11:1). 믿음은 아직 실상이 되지 않은 것, 보지 못한 것들을 믿는 것입니다. 정말 믿는다면 지금 실상이 아니어도 기쁩니다. 언젠가는 실상이 될 것이 확실하기 때문입니다. 그 기쁨은 보지 못하는 그것이 실상이 될 때 큰 기쁨이 됩니다. 보고 기뻐하는 것이 아니라 믿고 기뻐하는 것. 그것이 복입니다.

그래도 그렇지… 수백 년 뒤의 사건을 믿고 지금 '크게' 기뻐할 수 있는 사람이 몇이나 되겠습니까? 한 가지 방법을 소개해 드리겠습니다. 이전에 체험했던 말씀을 기억하는 것입니다. 바벨론 포로생활에서 예루살렘으로 돌아온 사람들은 예레미야의 70년 예언을 체험했습니다(렘 29:10). 이 체험을 기억해야 합니다. 그렇다면 성전 재건도 결국 이루어질 것을 믿을 수 있습니다. 스가랴 예언 후 4년 만에 성전이 재건되었습니다. 이 사실을 기억한다면 스가랴 9:1-7 주변국 심판에 대한 말씀도 믿을 수 있습니다. 난공불락의 두로가 멸망하게 될 것이라는 사실을 믿기는 참 힘든데… 그래도 믿으면 기쁨이 될 수 있습니다. 역사는 150년 뒤 성취된 것을 알려주고 있습니다. 그렇다면 9:9-10 메시아 예언의 말씀도 믿을 수 있습니다! 믿으면 기쁨이 됩니다. 신앙생활을 오래 했다는 것은 이런 말씀 성취의 경험을 많이 했다는 것입니다. 만일 이런 체험이 없다면 성전 뜰만 밟고 가는 헛 신앙생활을 한 것일지도 모릅니다. 하나님 말씀 체험이 있으면 지금 상황이 힘들어도 그 말씀 때문에 기뻐할 수 있습니다. 신앙 초기엔 무언가 보일 때 기쁩니다. 그러나 성숙한 신앙은 하나님 말씀 자체가 큰 기쁨입니다.

사도 바울은 말년에 로마의 감옥에 갇혔습니다. 무슨 죄가 있어서 그런 것이 아니라 하나님 말씀을 열심히 전파하다가 그렇게 되었습니다. 이런 경우가 생기면 많은 사람들은 하나님을 원망하고 슬퍼할지 모릅니다. 그러나 그의 마음은 달랐습니다. 빌립보 교인들에게 쓴 짧은 편지에는 기뻐하라는 말이 수십 번 등장합니다. "주 안에서 항상 기뻐하라 내가 다시 말하노니 기뻐하라!" 어떻게 감옥 안에서 감옥 밖에 있는 사람들에게 기뻐하라고 말할 수 있을까요? 바울은 하나님의 말씀을 믿었기 때문입니다. 그동안 살아계신 하나님의 말씀을 많이 체험했기 때문입니다. 하나님의 말씀을 믿으면 항상 기뻐할 수 있습니다. 믿음이 크면 클수록 그 기쁨도 커집니다. 신자는 환경이 좋아져서 기쁜 게 아닙니다. 남보다 많이 가졌기 때문에 기쁜 게 아닙니다. 하나님의 말씀을 믿기 때문에 기뻐하는 것입니다. 당신은 지금 큰 기쁨이 있습니까?

19. Alto Recitative. 그때에 맹인의 눈이 밝을 것이며
Then shall the eyes of the blind be opened (이사야 35:5-6)

19번 알토의 노래는 콘티누오만 있는 레치타티보입니다. 담담하게 부르는 간단한 노래이지만 메시아가 하는 중요한 사역을 이사야 35장 말씀을 통하여 설명하고 있습니다.

이사야 34-35장은 이사야 1부의 결론이라고 말할 수 있습니다. 36-39장은 히스기야 때의 역사 기록이기 때문에 예언은 사실 35장으로 끝납니다. 35장은 '광야와 메마른 땅' 으로 시작합니다. 이 땅은 아무것도 없는 땅입니다. 부족한 것 투성이입니다. 이런 땅에 기쁨이 있을 리 없습니다. 이 땅은 우리의 인생을 상징합니다. 처음부터 메마른 땅은 아니었습니다. 하나님을 떠났기 때문에 메마른 땅이 되었습니다. 그러나 하나님이 하나님의 백성을 다시 회복하셨습니다. 4절에는 '하나님이 오사' 가 두 번이나 반복되어 있습니다. 하나님은 고통받는 하나님의 백성에게 꼭 오십니다. 그 백성을 회복하십니다! 하나님의 회복 때에 어떤 일이 일어납니까?

> "그때에 맹인의 눈이 밝을 것이며 못 듣는 사람의 귀가 열릴 것이며 /
> 그때에 저는 자는 사슴같이 뛸 것이며
> 말 못하는 자의 혀는 노래하리니" (이사야 35:5-6)

회복 때 일어날 일 중의 하나가 치유입니다. 여기 나오는 병자들은 보지 못하는 자, 듣지 못하는 자, 걷지 못하는 자, 말 못하는 자들입니다. 이 병들은 불치병입니다. 지금도 의학적으로 고치기 힘든 병들입니다. 그러나 하나님의 회복 때는 치유됩니다! 이런 회복은 언제 일어났습니까? "예수께서 모든 도시와 마을에 두루 다니사 그들의 회당에서 가르치시며, 천국 복음을 전파하시며, 모든 병과 모든 약한 것을 고치시니라"(마 9:35). 가르치심, 전파하심, 고치심은 예수님의 3대 사역입니다. 복음서에는 예수님이 많은 맹인들, 못 듣는 자들, 중풍병자들, 말 못 하는 자들을 고치신 기록으로 가득합니다. 그렇다면 예수님은 사 35:4에서 말하는 '오신 하나님' 입니다! "하나님이 오사 너희를 구하시리라".

예수님은 700년 전 이사야를 통해 예언된 메시아입니다. 그러므로 감옥에 갇힌 세례 요한이 제자들을 보내 질문했을 때에도 이사야의 말씀을 통해 대답하셨습니다. "오실 그 이가 당신이오니이까 우리가 다른 이를 기다리오리이까 / 예수께서 대답하여 이르시되 '너희가 가서 듣고 보는 것을 요한에게 알리되 맹인이 보며 못 걷는 사람이 걸으며 나병환자가 깨끗함을 받으며 못 듣는 자가 들으며 죽은 자가 살아나며 가난한 자에게 복음이 전파된다 하라' "(마 11:3-4). 요한의 제자들이 질문한 '오실 그 이' 는 구약에 예언된 메시아를 말합니다. 예수님은 세례 요한이 잘 아는 이사야의 말씀을 통해 대답하셨습니다. 예수님은 자신이 메시아의 일을 하고 있다는 사실을 세례 요한에게 알려주라고 말씀하셨습니다. "내가 메시아다"라고 말하는 것보다 더 분명하고, 강하게 메시아임을 나타내셨습니다. 이사야 35:5-6은 메시아가 오셨을 때만 하실 수 있는 메시아 고유의 일입니다.

예수님에게 치유는 메시아의 증거입니다. 또한 천국 복음의 증거입니다. 천국은 소설에 나오는 나라가 아니라 실재하는 나라입니다. 엘리스의 원더랜드나 피터팬의 네버랜드는 아름답게 묘사되어 있지만 확증할 방법이 없습니다. 소설 속의 나라이기 때문에 당연히 실재하지 않습니다. 그러나 천국은 실제 존재하는 나라입니다. 천국을 확증하는 방법 중의 하나가 치유 사역입니다. 그러므로 제자들에게도 치유 사역을 하도록 명하셨습니다. "가면서 전파하여 말하되 천국이 가까이 왔다 하고, 병든 자를 고치며 죽은 자를 살리며 나병 환자를 깨끗하게 하며…"(마 10:7-8). 하나님은 하나님의 백성을 회복하시는 하나님입니다. 하나님의 백성에겐 영, 혼, 육의 회복이 있습니다!

20. Alto Aria. 그는 목자같이 양 떼를 먹이시며

He shall feed his flock like a shepherd (이사야 40:11 / 마태복음 11:28-29)

알토의 레치타티보에 이어 아리아가 나옵니다. 12/8박자의 *Larghetto*로 전원 교향곡을 연상케 하는 전주로 시작합니다. 평화로운 풀밭, 목자, 양의 이미지가 재현됩니다. 이런 이미지를 생각하면서 헨델은 다시 이탈리아의 목자들이 연주하는 '피파*Pifa*'를 생각했을 것입니다. 13번 전원 교향곡이 상향 순차진행의 멜로디 '도-레미-파솔-'인 것에 비해 20번 아리아는 하향 순차진행의 반주로 시작합니다(솔-파미-레도-). F장조의 조용한 멜로디는 그다음 마디에서 5도 위 B♭으로 갑자기 도약해 반복됩니다. 이 구조는 20번 아리아가 알토로 시작해서 23마디부터 소프라노로 바뀔 것을 암시하고 있습니다. 하향 순차진행의 멜로디는 알토 아리아에 다섯 번, 소프라노 아리아에 여섯 번 반복되어 20번 아리아는 하나의 음악적 아이디어만 계속 반복되고 있는 느낌입니다. 아이에게 자장가를 불러주며 토닥이는 엄마의 손길처럼 부드럽습니다. 평화롭습니다. 여기에는 그 어떤 혼란도, 어두움도, 두려움도 끼어들 수 없습니다. 절대적인 보호만 있을 뿐입니다.

알토와 소프라노는 동질의 멜로디를 노래하지만 가사는 다릅니다. 알토는 이사야에서, 소프라노는 마태복음에서 가사를 사용했습니다. 소프라노의 가사는 21번 합창과 연결되어 있기 때문에 21번 합창에서 다루기로 하고 여기서는 알토 가사만 살펴보겠습니다.

"그는 목자같이 양 떼를 먹이시며 어린 양을 그 팔로 모아 품에 안으시며 젖먹이는 암컷들을 온순히 인도하시리로다" (이사야 40:11)

이사야 40장은 이사야 2부의 시작입니다. 하나님께서 바벨론 포로들에게 하시는 예언의 말씀입니다. "하나님의 영광이 나타나고"(5절), "여호와께서 임하실 것이요"(10절)는 40장이 메시아 예언임을 말하고 있습니다.

메시아는 이 땅에 오셔서 무슨 일을 합니까? "그는 목자같이 양 떼를 먹이시며". 메시아는 이 땅에 오셔서 '목자같이' 일합니다. 목자는 양치는 사람입니다. 양은 시력이 몹시 나쁜 동물입니다. 시력을 측정하면 마이너스 10디옵터 정도라고 하는데 이는 중증 시각 장애자의 시력입니다. 앞을 잘 못 봅니다. 그래서 앞으로만 가다가 절벽에서 떨어지기도 합니다. 앞에 사자가 웅크리고 있어도 보지 못합니다. 그런데 양에게는 좋은 특징이 있습니다. 귀가 매우 밝습니다. 멀리서도 자기 목자의 소리를 분별할 수 있을 정도로 청력이 발달되어 있습니다. 그러므로 양이 이 세상에서 생존하기 위해서는 반드시 목자가 필요합니다.

예수님은 "나는 선한 목자라"고 말씀하십니다(요 10:11). 예수님은 목수로 일하지 않으셨습니까? 예수님이 "나는 선한 목자라"고 하신 이유는 우리가 양이기 때문입니다. 인간은 양처럼 눈이 어둡습니다. 앞을 잘 못 봅니다. 내일 무슨 일이 생길지 아무도 모릅니다. 경륜이 많은 정치가도, 천재적인 학자도 앞으로 무슨 일이 생길지 모릅니다. 유발 하라리는 '사피엔스'에서 인간이 모든 동물들을 제치고 지구의 승자가 되었지만, 지금 어디로 가고 있는지 아무도 모르고 있다고 말합니다. 인간은 '호모 데우스'가 되었지만 여전히 앞을 보지 못하는 소경 같은 존재입니다. 예수님은 이런 인간을 향해 말씀하셨습니다. "나는 선한 목자라"

목자는 어떻게 양을 인도합니까? 11절의 네 동사를 주의해 봅시다. '먹이시고' '팔로 모아' '안으시며' '온순히 인도' 하십니다. 목자의 양 인도 방법은 다양합니다. 기본적으로 모든 양을 잘 먹입니다. 어린 양은 안아서 인도합니다. 새끼가 딸린 어미 양들은 '온순히' 인도합니다. 청년 양, 성인 양들은 품에 안아서 인도하지 않습니다. 그렇다고 인도하지 않는 것은 아닙니다. 목자는 다양하게 양들을 인도합니다. 그런데 성인 양들은 때때로 제멋대로 행동할 때가 있습니다. 목자가 필요 없다고 생각합니다. 자기 목자의 음성을 듣지 않습니다. 그러다가 사고가 납니다. 이스라엘은 가나안 땅에 정착하자마자 하나님 음성을 안 듣기 시작했습니다. 하나님은 종들을 보내어 8백년간 '그쪽 길로 가면 안 돼' 라고 말씀했지만 듣지 않았습니다. 그러다가 낭떠러지로 떨어졌습니다. 불행입니다. 하나님은 포로로 잡혀간 백성들에게 목자가 자기 양 떼를 인도하는 것처럼 다시 자기 백성들을 인도하실 것이라고 말씀하십니다.

인간은 성인이 되면 목자가 필요 없다고 생각합니다. 자기가 스스로 목자라고 생각합니다. 그렇지 않습니다. 인간은 죽을 때까지 목자가 필요합니다. 왜냐하면 인생은 한 번도 가보지 않은 길을 가는 것이기 때문입니다. 어린아이 가는 길도, 청년의 길도, 노인의 길도 모두 초행길입니다. 박종홍 교수는 많은 사람들이 존경하는 서울대학교 철학 교수였습니다. 몇몇 사람들이 전도를 했지만 철학자가 종교를 갖는 것은 옳지 않다며 거절했습니다. 그런데 임종을 맞고서 생각이 달라졌습니다. 죽음이라는 가보지 않은 길을 가야 했기 때문입니다. 결국 예수 그리스도를 자신의 목자로 받아들이고 죽음을 맞았습니다. 그의 장례는 새문안 교회에서 있었는데 많은 친척, 친구, 제자들이 놀랐습니다. 박 교수가 크리스천이 되었다는 사실이 믿어지지 않았기 때문입니다.[19] 인간은 모두 목자가 필요합니다. 어린아이도, 어른도, 부자도, 박사도… 예수님은 '나는 선한 목자라' 고 말씀하십니다. 예수님은 우리의 목자입니다. 우리를 최고의 길로 인도하십니다.

다윗은 어떻게 최고로 축복받은 왕이 되었습니까? 시편 23편은 다윗이 말년에 쓴 시일 것으로 추측합니다. 성공한 어른입니다. 왕입니다. 대부분 이때 자기가 스스로 목자라고 생각합니다. 그러나 다윗은 죽을 때까지 하나님을 목자로 따랐습니다. 그의 일생에 놀라운 축복이 있었습니다.

> 여호와는 나의 목자시니 내게 부족함이 없으리로다.
> 그가 나를 푸른 풀밭에 누이시며 쉴 만한 물가로 인도하시는도다.
> 내 영혼을 소생시키시고 자기 이름을 위하여 의의 길로
> 인도하시는도다.
> 내가 사망의 음침한 골짜기로 다닐지라도 해를 두려워하지
> 않을 것은 주께서 나와 함께하심이라.
> 주의 지팡이와 막대기가 나를 안위하시나이다.
> 주께서 내 원수의 목전에서 내게 상을 차려주시고 기름을
> 내 머리에 부으셨으니 내 잔이 넘치나이다.
> 내 평생에 선하심과 인자하심이 반드시 나를 따르리니
> 내가 여호와의 집에 영원히 살리로다.

다윗을 최고의 길로 인도하신 주님이 당신 또한 최고의 길로 인도하시길 기도합니다.

21. Chorus. 그의 멍에는 쉽고 그의 짐은 가볍다

His yoke is easy, and his burthen is light (마태복음 11:30)

알토를 받아 소프라노로 이어지는 아리아는 마태복음 11:28-29을 가사로, 그다음 21번 합창은 마태복음 11:30의 유명한 구절을 노래합니다.

제넨스는 오라토리오 1부의 마지막을 예수님 말씀으로 마무리하고 있습니다. 두 곡의 가사를 함께 살펴보겠습니다.

> "수고하고 무거운 짐 진 자들아 다 내게로 오라 내가 너희를 쉬게 하리라 / 나는 마음이 온유하고 겸손하니 나의 멍에를 메고 내게 배우라 그리하면 너희 마음이 쉼을 얻으리니 / 이는 내 멍에는 쉽고 내 짐은 가벼움이라 하시니라" (마태복음 11:28-30)

"다 내게로 오라". 예수 그리스도의 조건 없는 초청입니다. 그러나 제넨스는 마태복음의 일인칭을 삼인칭으로 바꾸었습니다. "그에게 오라 Come unto Him"로 소프라노 아리아를 시작합니다. 앞의 알토 솔로가 하나님을 삼인칭으로 노래했기 때문에 이어지는 소프라노의 아리아도 계속 삼인칭으로 노래해서 자연스런 흐름을 유도하려 했습니다. 21번 합창에서도 마태복음의 '나의 멍에' 는 '그의 멍에' 로 바뀌었습니다. 그러나 내용은 모두 주님을 가르칩니다. 이 책에서는 성경 본문대로 일인칭을 사용하겠습니다. "다 내게로 오라." 주님이 인간을 초청하시는 이유는 무엇입니까?

'도쿠가와 이에야스' 는 야마오카 소하치가 쓴 대하소설입니다. 도쿠가와 이에야스는 에도 막부 시대를 열고 첫 쇼군이 된 일본의 전설적인 인물입니다. 그가 죽기 전에 아들에게 하는 마지막 말이 참 인상적입니다. "인생은 무거운 짐 지고 먼 길을 가는 것이다". 나는 그 문장에 밑줄을 그어놓고 한참을 생각했습니다. 마음에 와닿았기 때문입니다. 나이 들수록 인생살이가 호락호락하지 않다는 사실을 실감합니다. 무거운 짐이 있습니다. 그런데 얼마 후 이런 생각이 들었습니다. 왜 인생이 무거운 짐을 지고 살게 되었나? 이런 인생이라면 살 가치가 있는가? 그 후 마태복음을 묵상하다가 예수님의 말씀을 듣고 놀랐습니다. "수고하고 무거운 짐 진 자들아 다 내게로 오라." 주님도 우리 인생이 무거운 짐 지고 가는 인생이란 걸 아셨습니다. 도쿠가와 이에야스와 다른 점이 있습니다. 예수님은 '그냥 그렇게 알고 참고 살아. 그것이 인간의 운명이야'라고 말씀하지 않았습니다. "내가 너희를 쉬게 하리라!" 이런 말을 하는 종교가 이 세상에 있을까요? 인간이 만든 종교라면 이런 말을 할 수 없을 것입니다. 고대의 왕들은 백성들을 고된 노동으로 내몰았습니다. 태양 신인 바로 왕 밑의 이스라엘 백성들은 쉼없이 일만 해야 했습니다. 그러나 주님은 우리가 쉼이 필요하다는 사실을 아셨습니다. '내가 너희를 쉬게 하리라.' 하나님은 우리에게 쉼을 주시는 분입니다. 안식! 안식일은 400년 동안 애굽에서 노예살이 하던 하나님 백성에게 주신 쉼의 선물입니다. 10계명으로 기록하여 대못을 박으셨습니다. "안식일을 기억하여 거룩하게 지키라." 꼭 쉬라는 명령입니다. 지금 크리스천에게는 주일을 말합니다. 주일은 하나님의 선물입니다. 이 선물을 받는 자에게는 영원한 안식이 있습니다(히 4:9). 하나님 나라에서 장차 누릴 안식을 말합니다. 하나님은 무거운 짐 지고 사는 하나님 백성에게 쉼을 주십니다!

진정한 쉼은 어디에 있습니까? "너희 마음에 쉼을 얻으리라". 진정한 쉼은 마음에 있습니다. 많은 사람들은 물질이 우리를 편안하게 만들어 준다고 생각합니다. 그러나 물질이 우리에게 진정한 쉼을 주지 못합니다. 후진국엔 자살이 많지 않습니다. 한국도 물질적으로 풍족하기 시작한 1980년대 이후 자살율이 높아졌습니다. 먹고사는 데 부족함이 없어도 마음이 편치 않으면 진정 쉬는 것이 아닙니다. 큰 저택에 살아도 불안한 사람이 있고, 초가삼간에 살아도 안식이 있는 사람이 있습니다.

어떻게 마음에 쉼을 가질 수 있습니까? "다 내게로 오라." 이 초청은 교제의 초청입니다. 진정한 쉼은 교제에 있습니다. 관계가 불안하면 쉼이 없습니다. 아들러는 인간 모든 고민이 관계 문제라고 말합니다. 불행은 관계가 나빠져서 생깁니다. 행복은 좋은 관계에 있습니다. 행복한 가정은 부부 관계, 부모 자녀 관계가 좋습니다. 이런 가정에 쉼이 있습니다. 이 세상은 큰 가정입니다. 이 가정엔 하나님 아버지가 계십니다. 우린 그 아버지의 자녀들입니다. 자녀가 아버지와 관계가 나쁘면 불행해집니다. 인생은 하나님과의 교제 안에 진정한 쉼이 있습니다. "내게로 오라." 주님은 고아 같은 우리 인생을 무조건 초청하셨습니다. '나와 깊이 교제하자. 더 오래 만나자' 는 초청입니다. 우리가 잘나서 초청한 것이 아니라 우릴 무조건 사랑하기 때문에 초청하신 것입니다. 주님은 당신과 깊이 교제하길 원하십니다. 당신도 주님과 교제하길 원하십니까?

우린 어떻게 주님과 교제할 수 있습니까? 주님과의 교제는 예배를 통해 이루어집니다. 하나님이 하나님 백성에게 가장 원하시는 것이 예배입니다. 출애굽의 이유는 하나님 백성의 예배를 받기 위해서였습니다. 하나님 나라에 가면 무엇을 합니까? 찬양하고 예배를 드립니다. 하나님 나라는 하나님 모시고 영원히 예배드리는 곳입니다. 거기에 영원한 안식이 있습니다. 예배는 안식입니다! 하나님은 이 안식을 위해서 무거운 짐 지고 가는 인생을 초청하십니다.

1부의 마지막은 21번 합창으로 끝납니다. 이 합창곡은 헨델 자신의 이탈리안 듀엣에서 차용해 왔습니다. 소프라노 파트로 가볍게 시작한 주선율은 테너, 알토, 베이스 파트로 옮겨지지만 네 파트 모두 B♭장조 선율을 계속 유지합니다. 주선율에 나오는 멜리스마는 이전의 기계적인 시퀀스 멜리스마와는 달리 부점 리듬이 한 차례 들어가 있는 것이 특징입니다. 이 표현법으로 '쉽고easy'의 가사를 나타내고 있습니다. 빠른 부점 리듬은 경쾌하고 즐겁습니다. 노래하기는 쉽지 않지만 듣는 사람은 쉽게 들립니다. Piano로 시작한 주선율은 forte까지 발전했다가 다시 piano의 주선율로 돌아가고, 그 선율은 forte까지 다시 발전을 거듭합니다. 그사이에 소프라노 합창 파트는 B♭ 최고음을 두 번씩이나 노래합니다. 〈메시아〉 음악에서 유일하게 나타나는 최고음입니다. 소프라노 솔로나 테너 솔로에서도 나타나지 않았던 음입니다. Piano로 작게 시작한 합창은 결국 fortissimo로 힘차고 강하게 연주하며 1부를 끝냅니다.

가사는 마태복음 11:30 한 절입니다. "이는 내 멍에는 쉽고 내 짐은 가벼움이라 하시니라." 이 구절은 29절과 연결됩니다. "나의 멍에를 메고 내게 배우라 그리하면 너희 마음이 쉼을 얻으리니". 이상하지 않습니까? 무거운 짐 진 자들을 초청하고 다시 멍에를 메라고 말씀하십니다. 멍에는 농사를 지을 때 땅을 갈기 위하여 소에게 씌우는 도구입니다. 이스라엘의 멍에는 두 마리의 소가 함께 쓰는 멍에입니다. 예수님은 '너희 멍에를 벗겨 주겠다' 고 말씀하지 않습니다. 인생에서 멍에는 생존을 위해 피할 수 없는 도구입니다. 멍에가 없는 인생은 없습니다. 문제는 어떤 멍에를 메고 있느냐는 것입니다. 예수님은 '내 멍에' 를 메라고 말씀합니다. '내 멍에를 메라' 는 말은 '내게 배우라' 는 말입니다. 예수님 당시 서기관들, 바리새인들은 율법을 자의로 해석해서 무거운 멍에를 사람들의 등에 얹어 놓았습니다. 예수님이 그것을 지적하셨습니다. "무거운 짐을 묶어 사람의 어깨에 지우되 자기는 이것을 한 손가락으로도 움직이려 하지 아니하며"(마 23:4).[20] 바리새인들은 613가지의 구전 율법(oral laws)을 만들어 구약의 율법과 동등하게 여겼습니다. 모세가 시내산에서 율법을 받을 때 구전 율법도 받아서 전했다고 주장합니다. 그러나 성경은 어디에도 구전 율법을 받았다는 기록이 없습니다. 구전 율법은 사람이 만든 법입니다. 예수님은 구전 율법으로 사람들에게 무거운 짐을 메게 하는 바리새인들을 꾸짖으셨습니다. "너희가 어찌하여 너희의 전통으로 하나님의 계명을 범하느냐"(마 15:3). 예수님은 "내 멍에는 쉽고 내 짐은 가볍다"고 말씀하십니다.[21] 아무것도 안 하는 것이 쉼이 아닙니다. 올바른 멍에를 메는 것이 쉼입니다. 그 멍에는 예수 그리스도의 멍에입니다. 즉 예수님께 배우는 것입니다. 예수님의 제자가 되는 것입니다. 예수님은 한쪽 멍에를 메고 계십니다. 우리는 다른 쪽 멍에를 메고 예수님과 함께 가는 것입니다. 이때 진정한 쉼이 우리 마음에 있습니다. 인간은 이미 죄의 멍에, 죄의 짐을 지고 이 세상을 살아갑니다. 주님의 멍에를 함께 메면 이 죄의 짐이 벗겨집니다. 그러므로 인생이 가볍습니다. 마치 무거운 모래 주머니를 차고 뛰던 사람에게 그 주머니가 벗겨진 것과 같습니다. 인생은 예수 그리스도와 함께 멍에를 메고 배우지 않는 한 마음의 쉼을 얻을 수 없습니다.

당신은 지금 어떤 멍에를 메고 있습니까? 무거운 멍에입니까? 쉼을 주는 멍에입니까?

• 2부 •

그리스도 희생에 의한 구속의 완성, 하나님 제공에 대한 인간의 거부, 전능자의 능력에 반대하려는 인간의 완전한 패배

The accomplishment of redemption by the sacrifice of Christ, mankind's rejection of God's offer, and mankind's utter defeat when trying to oppose the power of the Almighty

1장 구속적 희생, 채찍 그리고 십자가의 고통

The redemptive sacrifice, the scourging and the agony on the cross

22. Chorus. 보라 하나님의 어린 양

Behold the lamb of God (요한복음 1:29)

〈메시아〉 2부는 합창으로 시작합니다. 그 분위기가 1부 서곡 〈신포니아〉의 도입부와 흡사합니다. 단조의 멜로디, 느린 속도, 하강하는 부점 음표의 순차진행 등이 그런 느낌을 갖게 합니다. 그러나 서곡이 기악곡인 데 반하여 22번 곡은 합창곡입니다. 도약 후 서서히 아래로 떨어지는 부점 리듬은 베토벤 3번 교향곡 2악장의 장송 행진곡을 연상케 합니다. 쇼팽 피아노 소나타의 장송 행진곡도 같은 느낌을 줍니다. 모두 느린 단조에 부점 리듬을 사용하고 있습니다. 이런 음악 표현들은 인간의 슬픈 감정을 더욱 후벼 파서 흔들며 비장감을 불러일으킵니다. 헨델은 곳곳에 긴 음표를 사용해서 몇 마디를 같은 음으로 끌게 합니다. 제1 바이올린은 D음을 다섯 마디나 끌고 있습니다. 소프라노는 가사의 후반절을 한 음으로만 길게 노래합니다. 분명 무엇인가를 음악적으로 표현하려는 의도입니다. 그 의도가 무엇일까요? 가사를 묵상하면서 생각해 보세요. 2부의 첫 번째 음악은 앞으로 〈메시아〉 2부가 어떤 내용으로 전개될지를 예감하게 하는 합창 서곡과 같습니다. 사용된 본문은 요한복음 1:29한 절입니다.

"보라 세상 죄를 지고 가는 하나님의 어린 양이로다"
(요한복음 1:29b)

인간은 호모 사피엔스에서 호모 데우스로까지 성장, 발전했다고 말합니다. 이 지구상에서 인간을 능가할 생명체는 없습니다. 겉모습은 놀랍게 발전했습니다. 그런데 인간의 내면도 성장했습니까? 인간은 2천 년 전보다 더 도덕적입니까? 4천 년 전보다 더 정직하고 선합니까? 인간은 정말 보아야 할 것을 못 보고 있는 것 같습니다. 우리가 정말 보아야 할 것은 무엇입니까?

"이튿날 요한이 예수께서 자기에게 나아오심을 보고 이르되 '보라 세상 죄를 지고 가는 하나님의 어린 양이로다.'" 〈메시아〉에서 유일하게 인용된 요한복음의 말씀입니다. 복음서에는 두 명의 요한이 나오는데 사도 요한은 예수님의 제자로 요한복음의 저자입니다. 1:29절의 요한은 사도 요한이 아니라 세례 요한입니다. 예수님과는 친척 관계로 6개월 형님이 됩니다. 아론 직계의 대제사장 가족이지만 요한은 광야에서 생활을 하며 하나님과 깊이 교제했습니다. 그의 메시지는 회개를 촉구하는 강한 메시지였습니다. 그런데도 사람들은 몰려와서 요단강에서 세례를 받았습니다. 많은 사람들이 혹 그가 '메시아가 아닌가' 생각하고 있을 정도로 그 당시 최고로 유명한 사람이었습니다. 이 정도 유명하게 되면 사람들은 자신이 무언가 된 줄 알고 우쭐합니다. 세례 요한은 어떠했습니까?

　예루살렘에서 사람들이 왔습니다. 세례 요한에게 사람들이 몰리는 것을 알고 조사하러 나온 종교 지도자들이었습니다. 마치 형사가 범인에게서 무언가 찾아내려고 취조하는 것처럼 묻습니다. '당신은 누구냐?' 그런데 요한은 자기 인기에 취해 있지 않았습니다. 사람들 관심을 자기에게 끌려고 애쓰지 않았습니다. "보라!" 사람들의 관심을 예수님께 돌렸습니다. '날 볼 필요 없어. 하나님의 어린 양을 봐. 난 메시아가 아니야.' 요한은 철저히 자기 자신을 부인했습니다. 인간은 날 때부터 사람들의 관심을 자기에게 쏠리게 하는 뛰어난 재주가 있습니다. 때론 울며, 때론 웃으며, 때론 침묵하며… 그런데 요한은 하나님의 어린 양을 보라고 말합니다. 요한은 어떻게 자기 인기에 연연하지 않고 분명한 자기 정체감을 가질 수 있었을까요? "나는 선지자 이사야의 말과 같이 주의 길을 곧게 하라고 광야에서 외치는 자의 소리로라". 요한은 하나님의 말씀, 특별히 이사야 40:3의 말씀에 인생의 닻을 내렸습니다. 굳건한 닻입니다. 그러니 누가 어떤 질문으로 흔들어도 그저 예수님만 증거하고 있습니다.

　우리가 정말 보아야 할 것이 있습니다. 그런데 많은 시간과 에너지를 별로 볼 필요 없는 것들 보는 데 사용합니다. 그사이에 정말 보아야 할 것을 놓쳐버립니다. 요한의 권고는 자기에게 오는 자들에게 '어린 양을 보라' 는 것입니다. 어린 양은 구약시대 제사의 제물입니다. 매일 아침저녁 상번제로, 유월절 제사로, 속죄일에 제물로 흠 없고, 순전한 어린 양이 제물로 드려졌습니다. 이 제물을 통해서 이스라엘 백성의 죄가 용서되었습니다. 예수님은 하나님의 어린 양입니다. 이스라엘 백성의 죄만 아니라 '세상 죄'를 해결하기 위해 이 땅에 오셨습니다.

　이 세상의 문제는 빵의 문제도 아니고, 평화의 문제도 아닙니다. 죄가 모든 문제의 뿌리입니다. 죄가 무엇입니까? 헬라어 '하마르티아'는 본래 과녁에서 벗어났다는 뜻입니다. 기준이 미달된 상태입니다. 사람들은 죄인이라는 말을 싫어합니다. 성경에서 말하는 죄는 하나님을 떠난 것을 말합니다. 하나님과의 관계가 단절된 상태가 죄입니다. 그 결과 사람과 사람의 관계도 단절됩니다. 성경은 아담 하와의 죄 지은 이후 금방 가인의 살인 사건을 말합니다. 인간의 살인, 간음, 도둑질, 거짓말… 이 모든 일들은 사람과 사람의 관계가 파괴되었기 때문에 나타나는 현상입니다. 그 뿌리는 하나님과의 관계 단절입니다. 하나님과의 관계 단절은 자기 인격도 파괴시킵니다. 각종 정신병의 원인이 될 수 있습니다. 전문가의 오랜 상담을 받아도 그 완치가 힘들어집니다. 왜냐하면 그 뿌리가 문제이기 때문입니다. 죄는 하나님과의 관계가 단절된 것입니다. 그 결과 인간관계가 파괴되고, 또한 나의 인격도 파괴됩니다. 마치 나무에서 잘려 나온 가지와 같습니다. 처음엔 자기 혼자서도 성성한 듯 보이지만 시간이 지날수록 바짝바짝 말라 죽어갑니다.

　그런데 인간은 이 죄악 문제를 다룰 능력이 없습니다. 박사 학위를 받아도, 수도 정진을 해도 죄 문제는 해결되지 않습니다. 컴퓨터가 고장이 났습니다. 컴퓨터는 스스로 자기 고장을 고칠 수 없습니다. 어떤 땐 기술자도 고치지 못합니다. 제가 구입한 T회사 랩탑은 구입한 지 며칠 안 되어 결국 만든 회사로 보내졌습니다. 인간은 죄 문제를 스스로 해결할 능력이 없습니다. 삶이 무겁습니다.

　하나님이 이 문제를 해결하십니다. 그 방법이 어린 양입니다. 그 어린 양의 피가 우리 죄를 대속합니다. 구약의 어린 양은 모형입니다. 한시적입니다. 이스라엘 백성의 죄만 해결합니다. 그러나 예수님은 십자가에서 단번에 '세상 죄' 의 문제를 해결하셨습니다. 영원한 해결입니다. 세상 모든 사람들을 위한 해결책입니다. 이 방법은 세례 요한의 제안에 의해서 이루어진 것이 아닙니다. 예수님의 발명품도 아닙니다. 오래전부터 하나님께서 계획하신 일입니다!

하나님이 창조하신 인생은 즐겁고, 행복하고, 건강한 인생이었습니다. '에덴' 이라는 단어는 '환희, 기쁨, 행복' 이라는 뜻입니다. 그러나 인간의 죄로 에덴의 행복한 삶은 빼앗겼습니다. 죄는 인간의 근본문제입니다. 육신의 건강이 중요하지만 건강이 인생의 근본문제는 아닙니다. 사업이 중요하지만 사업도 인생 근본문제는 아닙니다. 죄가 근본문제입니다. 이 죄 문제가 어린 양 예수 그리스도를 통해서 해결되었습니다!

어떻게 예수님은 세상 죄를 해결하셨습니까? "세상 죄 지고 가는". 예수님은 십자가에서 인간의 모든 죄를 다 지고 가셨습니다. '지고 가는' 은 현재형 분사입니다. 지금도 계속해서 지고 가신다는 의미입니다. 예수님은 지금도 우리의 모든 무거운 짐을 지고 가십니다. 우리가 이 사실을 안다면, 그리고 믿는다면 더 이상 인생을 무겁게 살 필요가 없습니다. 예수님께서 지고 가지 못하실 죄는 하나도 없습니다. 우리의 일은 예수님을 믿고 따르는 일입니다. 믿고 따르면 인생이 가벼워집니다. 못 믿고 못 따르면 인생은 계속 무겁습니다. 어느 날 가족들과 차를 타고 밖에 나갔는데 천둥 번개가 치며 큰비가 내렸습니다. 어린 자녀들이 두려워했습니다. 그때 한 살이었던 막내를 안고 뛰어가는데 막내는 나를 보면서 미소를 지었습니다. 막내는 아빠의 보호를 100% 믿고 있었습니다. 나는 그 미소를 보며 소름이 끼치는 듯했습니다. 그날 한 살 된 막내를 보면서 실제적인 믿음을 배웠습니다. 정말 믿는다면 어떤 상황에서나 기뻐할 수 있습니다.

혼자 무겁게 끙끙대며 살지 마십시오. 신자는 하나님께 100% 맡길 줄 알아야 합니다. 믿음은 맡기는 것입니다(벧전 5:7). 맡기면 되는데 맡기는 일이 쉽지 않습니다. 아니, 인간은 잘 맡길 줄 모릅니다. 6.25때 한 운전병이 트럭을 몰고 시골 길을 가는데 그 앞에 한 아주머니가 머리에 큰 바구니를 이고 힘겹게 걸어가고 있었습니다. 운전병은 아주머니를 트럭 뒤에 태워드렸습니다. 한참을 가다 뒤 돌아보니까 그 아주머니는 머리의 큰 바구니를 내려놓지 않고 있었습니다. 내려놓아도 된다고 하니까 아주머니는 태워주는 것도 고마운데 이 바구니까지 내려놓는 것은 염치없는 일이라고 말했습니다. 우리가 신앙생활을 이렇게 합니다. 주님을 믿고 사는 것 같은데 계속 무거운 죄 짐을 자기 어깨에 지고 살아갑니다. 믿음이 부족하기 때문입니다. 주님은 당신의 모든 죄를 다 지고 가셨습니다. 하나님의 자녀인 당신은 깃털처럼 가볍게 살 권리가 있습니다!

기도하는 모니카에게 똑똑한 아들이 있었습니다. 그러나 모니카가 기도하면 할수록 아들은 청개구리처럼 반대 길로 나갔습니다. 이단에 빠졌습니다. 여인과 정욕에 빠져 아이까지 낳았습니다. 모니카에게 아들은 큰 짐이었습니다. 그러나 눈물의 기도는 헛되지 않았습니다. 아들이 32세 때입니다. 아들은 밖에서 아이들이 노래하는 소리를 들었습니다. '들어서 읽어라, 들어서 읽어라'. 여러 차례 반복되는 이 노래 소리는 자기에게 하는 소리로 들려왔습니다. 그때 성경을 펴서 나온 구절을 읽었습니다. "낮에와 같이 단정히 행하고 방탕하거나 술 취하지 말며 음란하거나 호색하지 말며 다투거나 시기하지 말고 / 오직 주 예수 그리스도로 옷 입고 정욕을 위하여 육신의 일을 도모하지 말라"(롬 13:13-14). 이 말씀으로 그 아들은 완전히 바뀌었습니다. 성 어거스틴! 〈고백록〉에 있는 그의 말을 직접 들어봅시다. "나는 더 이상 읽으려 하지 않았고 또한 더 읽을 필요도 없었나이다. 이 구절을 읽고 나자 즉시 평안의 빛이라고 할 수 있는 것이 내 마음속에 가득 찼고, 의혹의 그늘은 모두 사라져 없어졌나이다."(고백록. 8권 12장). 그 후 어거스틴은 죄악에서 해방되었습니다. 그는 이제껏 바라보고 있었던 것들에서 눈을 돌려 어린 양 예수 그리스도를 바라보게 되었습니다. 무거웠던 인생이 가벼워졌습니다.

인생이 쉽지 않습니다. 도쿠가와 이에야스는 '무거운 짐 지고 먼 길 가는 것'이라고 말합니다. 왜 우리 인생이 무겁게 되었습니까? 죄 때문입니다. 인간은 겉모습에 관심이 많습니다. 하나님은 인간의 깊은 곳, 그 본질적 문제에 관심이 있습니다. 죄는 인생의 근본문제입니다. 물 밖에 나온 물고기의 삶은 고단합니다. 하나님은 이런 고단한 인생들에게 어린 양 예수 그리스도를 주셨습니다. "보라, 세상 죄를 지고 가는 하나님의 어린 양이로다." 믿고 다 맡기면 인생이 가볍습니다. 당신의 인생은 가볍습니까? 당신은 지금 무엇을 보고 있습니까?

23. Alto Aria. 그는 멸시를 받아

He was despised (이사야 53:3, 50:6)

비장하게 시작한 〈메시아〉 2부 합창은 느린 알토의 아리아가 이어받습니다. 주님의 십자가 고난을 그 현장에서 지켜보는 모친 마리아의 심정이 느껴지는 듯합니다. 찢어지는 가슴. 땅을 치며 통곡하고 싶은 비통한 마음. 그러나 모든 눈물을 속으로 삼키고 또 삼키는, 삼킬 수밖에 없는… 예수님이 탄생하셨을 때 예루살렘의 시므온이 예수님을 안고 예언을 합니다. 그 예언에 덧붙여 마리아에게 지나가듯 한 말을 던집니다. "또 칼이 네 마음을 찌르듯 하리라"(눅 2:35). 아마 지금 십자가 밑에 있는 마리아의 마음이 예리한 칼로 찔리는 듯할 것입니다. 그러나 드러내 놓고 슬픔의 감정을 폭발시키지는 않습니다. 매우 절제된 슬픔의 마음을 한 마디 노래하고, 한 마디 쉬고, 또 한 마디 노래하고, 한 마디 쉬는 형태로 표현합니다. 그러나 채찍 맞으시는 장면에서는 음악이 격해집니다. 아리아는 계속 절제되어 있지만 그 속의 감정을 호모포닉 부점 반주가 나타냅니다. 속에서 폭발하는 감정까지 절제할 수는 없었습니다. 다시 다카포로 처음의 노래가 반복되어 아리아가 끝납니다. 그다음 연속으로 3개의 합창이 각각 다른 음악 스타일로 노래됩니다. 왜 세 합창곡이 연속적으로 쓰였을까요? 23번 아리아와 24-26의 세 합창곡들은 모두 이사야의 말씀으로 되어 있습니다.

이사야서는 크게 2부분으로 나눌 수 있습니다. 1-39장과 40-66장입니다. 전반부에서는 메시아를 '만왕의 왕'으로 예언했습니다. 후반부에서는 '여호와의 종'으로 예언했습니다. 왕과 종은 상반되는 개념입니다. 그 두 개념이 메시아 안에 있다는 사실이 얼마나 신비롭고 놀랍습니까. 〈메시아〉 1부에서는 왕으로 오신 메시아를 찬양합니다. 2부에서는 종으로 오신 메시아를 노래합니다. 이사야 2부에는 소위 말하는 '종의 노래'가 4개 들어 있습니다.[22] 시로 되어 있기 때문에 노래라고 부릅니다. 23번 알토 아리아는 A-B-A 다카포 형식으로 되어 있는데 A파트에는 네 번째 종의 노래에서 그리고 B파트에서는 세 번째 종의 노래에서 가사로 사용하고 있습니다. A파트의 가사를 묵상해 봅시다.

"그는 멸시를 받아 사람들에게 버림받았으며
간고를 많이 겪었으며 질고를 아는 자라" (이사야 53:3a)

이사야 53장은 메시아 십자가 예언의 절정입니다. 델리취는 53장을 '십자가 아래서 그린 그림' 이라고 표현했습니다. 마치 십자가에서 고통받는 예수님을 본 신문 기자가 쓴 것같이 그 묘사가 생생합니다. 로마 황제들은 그들 초상화나 동상으로 그들의 모습을 알 수 있습니다. 그 당시 사용하던 동전에도 옆모습 프로파일이 새겨져 있습니다. 그러나 예수님의 모습은 그 어디서도 찾아볼 수 없습니다. 하나님은 우상 만드는 것을 금하셨기 때문에 히브리 민족에게 미술, 조각은 발달하지 않았습니다. 그러나 문학과 음악은 발달했습니다. 예수님의 모습이 이사야의 세밀한 필치로 그려졌습니다. "그는 주 앞에서 자라나기를 연한 순 같고 마른 땅에서 나온 뿌리 같아서 고운 모양도 없고 풍채도 없은즉 우리가 보기에 흠모할 만한 아름다운 것이 없도다" (사 53:2). '그' 는 하나님의 아들 메시아입니다. 그는 '연한 순' 같이 생겼습니다. 근육이 씰룩대는 마초맨이 아니라 힘없고 연약한 모습. '마른 땅에서 나온 뿌리' 는 위험합니다. 간신히 생존하는 모습입니다. 마른 땅은 그 당시 유대 사회를 표현했다고 볼 수 있습니다. 그곳은 남의 나라에 의하여 주기적으로 짓밟히는 슬픔의 땅이었습니다. 그런 곳에서 나온 주님은 전혀 볼품이 없었습니다. 요한복음에서 한 유대인은 "당신은 50도 안 되었는데…" 라고 예수님에 대하여 말하는 장면이 나옵니다. 30대의 주님이 그렇게 늦게 보일 정도로 주님의 육신 모습엔 매력적인 점이 없었습니다.

사람들은 외모를 중요시합니다. 그래서 많은 돈과 노력을 들여 외모를 꾸밉니다. 여자들만 아니라 남자들도 그렇습니다. 외모가 시원치 않으면 좋은 직장을 얻기도 힘든 실정입니다. 용모가 왜소하고 별 볼일 없는 학생들은 학교에서 왕따를 당하기도 쉽습니다. 예수님도 마찬가지였습니다. "그는 멸시를 받아 사람들에게 버림받았으며 간고를 많이 겪었으며 질고를 아는 자라 마치 사람들이 그에게서 얼굴을 가리는 것같이 멸시를 당하였고…"(개역개정 성경의 단어들이 어렵습니다. 쉬운성경은 이렇게 번역했습니다. "그는 사람들에게 미움과 멸시를 받았으며, 아픔과 고통을 많이 겪었다. 사람들은 그를 바라보려 하지도 않았다. 그는 미움을 받았고…")

여기서 중요한 단어는 '간고. 마크오보트$maqobot$'와 '질고. 홀리$holi$' 입니다. '마크오보트'는 육체적인 연약함에서 오는 고통을 말합니다. '홀리'는 병을 말합니다. '안다'는 단어 '야다'는 체험을 통해 안다는 뜻입니다. 그러므로 '질고를 아는 자'란 병을 체험으로 안다는 뜻입니다. 예수님께서 많은 병자들을 치유해 주셨습니다. 예수님은 그들의 병을 몸소 체험하면서 치유하셨습니다! 예수님은 우리 질병의 고통을 '아십니다'. 그러나 사람들은 예수님을 멸시했습니다. 버렸습니다. 겉모습만 보고 버렸습니다.

인간이 호모 사피엔스 맞습니까? 지혜가 있습니까? 겉으로 보면 인간은 똑똑한 것 같은데 자세히 보면 헛똑똑이입니다. 눈에 보이는 겉모습에만 끌려다닙니다. 밝은 불빛에 모여드는 불나방과 무엇이 다릅니까? 큰 것, 많은 것, 예쁜 것 쫓아다니다가 멸망합니다. 사람들이 땅에 번성하기 시작할 때 하나님의 아들들이 사람의 딸들의 '아름다움을 보고' 쫓아다니다 노아의 홍수 심판을 받았습니다. 아름다운 것은 선도 아니고 악도 아닙니다. 그러나 아름다운 것을 선이라고 추구하며 사는 인생들에게 덜 아름다운 것은 악이라고 생각하는 경향이 있습니다. 무시하고, 멸시하고, 버립니다. 하나님이 사무엘에게 하신 말씀입니다. "사람은 외모를 보거니와 나 여호와는 중심을 보느니라" (삼상 16:7).

다카포 형식의 23번 알토 아리아에서 B파트는 이사야 50:6을 노래합니다. 베이스를 포함한 모든 악기는 시종일관 똑같은 부점 리듬을 연주하며 긴장감을 자아냅니다. 난폭한 군인들은 저벅저벅대는 군홧발 소리와 함께 덮쳐오고, 그 위에 연약한 한 여인의 슬픈 부르짖음이 채찍에 맞고, 뺨 맞고, 침 뱉음 당하는 실제적인 모욕의 현장을 나타냅니다.

사 50:4-9는 세 번째 나오는 '종의 노래' 입니다. 메시아가 장차 당할 일이 생생하게 묘사되어 있습니다. 본문은 일인칭으로 되어 있습니다. 그러나 〈메시아〉에서는 삼인칭으로 바꾸어 노래합니다. 성경 본문은 고난당하는 당사자 입장에서 표현했지만 〈메시아〉에서는 청중의 입장에서 그 고난을 보며, 그 고난에 동참하도록 가사를 변경했습니다. 일단 성경 본문을 따라 일인칭으로 살펴보겠습니다.

"나를 때리는 자들에게 내 등을 맡기며
나의 수염을 뽑는 자들에게 나의 뺨을 맡기며
모욕과 침 뱉음을 당하여도
내 얼굴을 가리지 아니하였느니라" (이사야 50:6)

예수님께서 십자가 달리시기 직전의 고통이 이 본문에 잘 나타납니다. 53:3절의 고난이 50:6에서는 더 구체적으로 드러납니다. 세 번째 고난의 노래는 하나님께서 하나님의 종에게 '학자들의 혀'와 '학자들같이 알아' 들을 수 있는 귀를 주셨다는 말로 시작합니다. 그러므로 하나님의 종은 하나님의 말을 잘 깨닫고 알아들을 수 있었습니다. 하나님의 뜻에 순종했습니다. 그러나 그 길은 꽃길이 아니라 고난의 길이었습니다. '내 등' '나의 수염' '나의 뺨' '내 얼굴'. 악한 자들에 의하여 신체에 치욕적인 피해가 가해졌습니다.

700년 후 마태복음은 예수님이 대제사장 앞에서 재판받는 모습을 이렇게 기록하고 있습니다. "이에 예수의 얼굴에 침 뱉으며 주먹으로 치고 어떤 사람은 손바닥으로 때리며"(마 26:67). 로마 병정들은 예수님을 이렇게 희롱했습니다. "예수는 채찍질하고 십자가에 못 박히게 넘겨 주니라…가시관을 엮어 그 머리에 씌우고 갈대를 그 오른손에 들리고 그 앞에서 무릎을 꿇고 희롱하여 이르되 유대인의 왕이여 평안할지어다 하며 / 그에게 침 뱉고 갈대를 빼앗아 그의 머리를 치더라"(마 27:25, 29-30). 메시아의 고난 받는 장면이 700년 전 이사야의 글에 생생하게 묘사되어 있습니다. 성경은 평범한 책이 아닙니다. 예수님이 그 엄청난 고난을 견딜 수 있었던 이유는 성경에 자신이 받아야 할 고난이 분명하게 그려져 있기 때문일 것입니다. 왜 메시아이신 주님은 이런 고난을 받아야 합니까?

24. Chorus. 그는 실로 우리의 질고를 지고

Surely He hath borne our griefs (이사야 53:4-5)

2부 첫 곡은 G단조, 그다음 아리아는 E♭장조 (장조이지만 G♭음을 빈번하게 사용해서 E♭단조의 느낌을 주는 장조입니다) - C단조, 그리고 24번 합창곡은 F단조로 계속 고난의 침울한 분위기를 이어갑니다. 그러나 합창은 forte의 힘찬 화성적 양식으로 되어 있습니다. 메시아가 고난당하는 이유가 어디 있는지 노래하기 때문입니다. '진실로Surely'의 힘찬 반복은 그 이유가 확실함을 강조하고 있습니다. 센자 립으로 시작하는 오케스트라 반주는 느린 동음 부점 리듬의 연속으로 바위 같은 굳건함을 보여주고 있습니다. 흔들릴 수 없는 진리입니다. 의심의 여지가 없습니다. 24번 합창곡은 다시 이사야 53장 4절과 5절을 가사로 사용하고 있습니다.

"그는 실로 우리의 질고를 지고 우리의 슬픔을 당하였거늘 (우리는 생각하기를 그는 징벌을 받아 하나님께 맞으며 고난을 당한다 하였노라) / 그가 찔림은 우리의 허물 때문이요 그가 상함은 우리의 죄악 때문이라 그가 징계를 받으므로 우리는 평화를 누리고 (그가 채찍에 맞으므로 우리는 나음을 받았도다)" (이사야 53:4-5)

4절 말씀은 알토 아리아에서 노래한 3절의 반복입니다. 3절의 중요 단어인 '홀리'와 '마크오부트'가 다시 등장합니다. 히브리 문학은 같은 말을 반복해서 그 의미를 강조하는 표현법을 많이 사용합니다. 4절에서는 그의 질고와 슬픔이 '우리의 질고' '우리의 슬픔'이라는 점을 새롭게 강조하고 있습니다. 우리가 당해야 하는 질고와 슬픔을 어린 양 예수님이 대신 지셨습니다. 24번 합창은 '실로Surely'의 강조로 시작합니다. '실로aken'은 무언가 큰 깨달음을 얻었을 때 나타내는 놀람의 부사입니다. 벧엘에서 돌베개를 베고 자던 야곱이 꿈에 하나님을 만나고 놀라서 한 표현이 바로 '아켄'입니다. "여호와께서 과연(아켄) 여기 계시거늘". 히브리 원문은 '아켄'이 선두에 나와 그 놀람을 더욱 강조하고 있습니다. 헨델은 이 단어를 합창 네 파트가 화성적 양식으로 노래하게 합니다. 큰 소리의 망치 리듬(미리 읽어두기 B 참조)으로 강조하고 있습니다.

사람들이 얻게 된 큰 깨달음은 무엇입니까? "그가 찔림은 우리의 허물 때문이요 그가 상함은 우리의 죄악 때문이라." 메시아가 고난받는 이유에 대한 해석입니다. 인간은 모두 죄인입니다. 성경은 이 세상에 의인은 한 사람도 없다고 선언합니다(롬 3:10). 하나님은 죄를 싫어하십니다. 죄진 인간은 하나님과 교제할 수가 없습니다. 그 죄 문제를 담당하기 위해서 어린 양 예수 그리스도는 찔리고 상했습니다. "그가 징계를 받음으로 우리가 화평(peace)"을 누리게 되었습니다. 예수 그리스도의 고난으로 인간은 하나님과 완전한 화평을 회복하게 되었습니다. 사도 바울은 이렇게 말합니다. "또 십자가로 이 둘을 한 몸으로 하나님과 화목하게 하려 하심이라. 원수 된 것을 십자가로 소멸하시고 / 또 오셔서 먼 데 있는 너희에게 평안(peace)을 전하시고 가까운 데 있는 자들에게 평안을 전하셨으니"(엡 2:16-17). 우리는 아직 완전하지 않지만 하나님과 교제할 수 있습니다. 우리는 아직 의롭지 않지만 하나님은 우리를 의롭다고 인정하셨습니다. 어린 양 예수 그리스도께서 우리의 모든 죄악을 담당했기 때문입니다. 이 사실을 깨닫는 것이 "진실로aken" 중요합니다!

25. Chorus. 그가 채찍에 맞음으로 우리는 나음을 받았도다
And with His stripes are we healed (이사야 53:5)

    24번의 합창은 *attaca*로 그다음 25번 합창곡과 연결됩니다. 같은 F단조이지만 음악적 내용은 전혀 다릅니다. 24번이 화성적 양식인 데 비해 25번은 처음부터 끝까지 충실한 대위적 양식으로 되어 있습니다. 28번 합창곡과 함께 〈메시아〉에서 대위적 양식으로만 되어 있는 합창곡입니다. 여덟 음절의 가사는 두 부분으로 나뉘어 정선율을 만드는데 처음에는 이분음표로, 그다음에는 4분음표로 반복하여 같은 가사를 노래합니다. 91마디의 합창곡은 모두 이 두 음악적 요소로 구성되어 있습니다.

    이사야 53:5은 매우 중요한 구절입니다. 꼭 암기하시기 바랍니다. 모두 네 부분으로 되어 있는데 24번 합창곡은 그중 첫 세부분만 가사로 사용했습니다. 25번 합창곡은 마지막 부분을 가사로 사용합니다.

    "그가 채찍에 맞음으로 우리가 나음을 받았도다" (이사야 53:5)

    제넨스가 건네준 처음 대본에는 24, 25번 곡의 가사가 따로 되어 있을 것 같지 않습니다. 5절의 마지막 부분을 따로 합창곡으로 만든 것은 헨델의 의도가 아니었을까 생각합니다. 그래서 24, 25, 26번 곡들이 모두 연속 합창으로 되어버린 것이 아닐까…

    헨델은 "그가 채찍에 맞음으로 우리가 나음을 받았도다" 라는 가사에 큰 감동을 받았을 것입니다. 헨델은 그가 만든 오페라단(Royal Academy of Music)이 파산한 후 급성 발작으로 쓰러졌습니다. 1737년의 일입니다. 그 후 오른손가락 4개가 마비되었습니다. 음악가로서 치명적인 상처입니다. 오르간을 연주할 수 없습니다. 함께 일하던 음악가들은 헨델 곁을 떠났습니다. 런던의 호사가들은 음악가로서 헨델의 인생은 이제 끝났다고 말했습니다. 그런데 독일에서 요양하고 치료하는 사이에 그의 병은 놀랍게 회복되었습니다. 오르간도 연주할 수 있었습니다. 기적 같은 일입니다. 그의 오페라 공연은 그 후에도 큰 재미를 보지 못했습니다. 1741년 오라토리오 〈메시아〉를 작곡하면서 자신의 몸을 회복시켜주신 하나님께 대한 감사가 있었을 것입니다. 그러므로 "그가 채찍에 맞음으로 우리가 나음을 받았도다"라는 짧은 구절은 헨델에게 한 합창곡으로 작곡할 만큼 특별한 영감을 준 말씀이 되었을 것입니다.

하나님의 구원은 영혼에만 한정되어 있지 않습니다. 하나님의 회복은 인간의 영, 혼, 육에 모두 영향을 미칩니다. 그렇지 않다면 "그가 상함은 우리의 죄악 때문이라"는 말씀이 우리에게 추상적인 이론으로 느껴질 것입니다. 예수님은 육신의 치유도 구원의 범주에 포함시키셨습니다. 치유받은 사람들에게 "네 믿음이 너를 구원하였다"고 말씀하셨습니다. 제자들을 파송할 때 치유할 수 있는 권능을 주시며 천국복음을 전파하도록 하셨습니다. 또한 치유는 특별한 사람만 할 수 있는 것이 아니라 믿는 자들에게 따르는 표적이라고 말씀하셨습니다. "병든 사람에게 손을 얹은즉 나으리라"(막 16:18). 주님의 상처가 당신을 치유할 수 있다는 사실을 믿는다면 당신에게도 치유할 수 있는 능력이 있습니다. 당신의 능력이 아니라 예수님께서 채찍에 맞으실 때 우리의 질병을 짊어지고 가셨기 때문입니다. 우리는 단지 이 사실을 믿는 것입니다. 병을 당연한 것으로 생각하지 마세요. 믿음을 갖고 예수 그리스도의 이름으로 기도하세요. 적어도 당신의 병을 위해서는 기도할 수 있지 않습니까? 제 아내가 아이를 낳고 허리에 통증이 생겼습니다. 어떤 목사님이 아내의 한쪽 다리가 짧아졌을 것이라고 말했습니다. 그리고 믿음으로 짧은 다리를 빼면 허리가 나을 것이라고 알려주었습니다. 집에 가서 아내의 다리를 재 보니까 한쪽 다리가 1인치 정도 짧았습니다. 나는 그 다리를 붙들고 명령했습니다. "예수 그리스도의 이름으로 명령한다. 짧아진 다리는 나올찌어다." 그런데 다리는 나오지 않았습니다. 눈물이 났습니다. 매일 저녁 아내 다리를 붙들고 명령했습니다. "그가 채찍에 맞음으로 나음을 받았도다"고 외치면서 다리에 명령했습니다. 얼마 후에 다리가 쑥 빠져나오는 것을 보았습니다. 놀랐습니다. 아내도 느꼈습니다. 그 후 몇십 년이 지났지만 아내는 한 번도 허리 아프다는 말을 하지 않습니다. 신유의 은사가 있는 사람이라면 훨씬 수월하게 치유할 수 있을 것입니다. 그러나 특별한 은사가 없더라도 예수 그리스도를 믿는 사람이라면 누구나 치유할 수 있습니다. 예수님께서 우리 치유를 위해 채찍을 맞으셨기 때문입니다. 주님은 우리의 영, 혼, 육이 건강하기를 원하십니다.

26. Chorus. 우리는 다 양 같아서

All we like sheep have gone astray (이사야 53:6)

짧은 가사로 91마디를 노래하는 25번 합창곡은 C장조로 길게 끝나며 다음 합창곡과 *attaca*로 연결됩니다. 24, 25, 26번의 세 합창곡은 서로 다른 음악적 내용을 갖고 있지만 모두 연결되어 한 노래처럼 노래하게 되어 있습니다. 22번 첫 곡을 *Largo*로 시작하여 줄곧 무거운 분위기를 이어간 〈메시아〉 2부는 26번 합창에서 *Allegro moderato*로 바뀌면서 새로운 분위기를 만들어냅니다. 조성은 장조로 바뀝니다. 멜리스마가 다시 등장합니다. 멜리스마는 즐겁게 느껴지기도 하지만 사실 이 멜리스마는 양들이 각기 제 길로 다니며 헤매는 모습을 그리고 있습니다. 대부분의 멜리스마가 동일한 시퀀스로 되어 있는 데 반하여 26번의 멜리스마는 깨진 시퀀스를 노래합니다. 방향이 없습니다. 이리 갔다 저리 갔다, 자기 멋대로 방황하는 양들의 모습을 나타냅니다. 26번 합창곡의 멜리스마는 즐거운 멜리스마가 아니라 그 내용을 알고 보면 슬픈 멜리스마입니다. 양들처럼 방황하는 인간들. '우리는 다 양 같아서 All we like sheep'의 가사는 항상 화성적 양식으로 중간중간에 여덟 번 노래합니다. 네 파트가 큰 소리로 노래하며 그때마다 방황하는 인간들에게 경고합니다. 지금 너는 양같이 방황하고 있지 않니?

합창은 76마디에서 갑자기 *adagio* 로 바뀌고 베이스가 마지막 가사를 노래합니다. 곧 소프라노, 테너, 알토의 순으로 그 가사를 받습니다. 하나님께서 우리 모두의 죄악을 '그Him'에게 담당시키셨습니다. 베이스는 '하나님the Lord'를 한 옥타브 상승 도약으로 강조합니다. 그다음 천천히 순차 하강 진행하며 우리의 죄를 '그'에게 담당시키는 모습을 표현합니다. '그Him'의 가사는 14박의 긴 음으로 처리하고 있습니다. 인간의 모든 죄악을 '그'가 모두, 완전히 담당하는 모습을 음악으로 표현합니다. 시작은 F장조의 *forte*로 당당하게 노래했지만 마지막은 F단조의 *piano*로 조용히 끝을 맺습니다. 〈메시아〉 합창에서 *adagio* 종지는 대부분 힘찬 *forte*였는데 왜 26번 합창은 이렇게 끝맺음을 하는 것일까요? 가사를 묵상하며 생각해 보세요.

"우리는 다 양 같아서 그릇 행하여 각기 제 길로 갔거늘
여호와께서는 우리 모두의 죄악을 그에게 담당시키셨도다" (이사야 53:6)

'우리'와 '그'가 대조됩니다. 모두 양으로 비유됩니다. 그러나 그 성격은 전혀 다릅니다. 인간 양들은 목자의 음성을 따르지 않고 '각기 제 길'로 가는 양들입니다. 인간의 고집입니다. 에덴의 첫 인간들이 그랬습니다. 가나안에 들어간 이스라엘이 그랬습니다. 첫 아담으로부터 시작된 불순종의 DNA는 전 인류의 영혼 속에 들어 있습니다. 근본적인 죄입니다. 그 결과는 죽음입니다. 하나님은 또 하나의 어린 양을 보내셨습니다. 그 어린 양은 순종의 DNA를 갖고 있습니다. 그 양의 모습을 이사야는 이렇게 기록하고 있습니다. "그가 곤욕을 당하여 괴로울 때에도 그의 입을 열지 아니하였음이여 마치 도수장으로 끌려가는 어린 양과 털 깎는 자 앞에서 잠잠한 양같이 그의 입을 열지 아니하였도다" (사 53:7).

〈메시아〉에는 양에 대한 가사가 많이 나옵니다. 양은 구약의 희생 제물입니다. 양을 제물로 바치는 사람은 자기의 양을 끌고 성전에 들어갑니다. 그 양의 머리에 손을 얹고 자기의 죄를 전가합니다. 그 양은 아무 저항도 하지 않습니다. 아무 불평도 하지 않은 채 죽임을 당합니다. 그 양의 피가 죄진 사람의 죄를 속죄합니다. 이와 마찬가지로 어린 양 예수 그리스도는 빌라도 법정에서 자신을 위해 변론하지 않으셨습니다. 십자가를 지고 가시면서 한 번도 저항하지 않으셨습니다. 700년 전 이사야가 묘사한 어린 양이 예수 그리스도의 모습을 그대로 그리고 있다는 사실이 놀랍지 않습니까? 하나님은 이 어린 양에게 "우리 모두의 죄악을 담당" 시키셨습니다! 나의 죄가 이 어린 양에게 그대로 전가되었습니다.

예수님께서 담당하지 못하실 죄악은 하나도 없습니다. 아무리 흉악한 범죄라도 예수님은 담당하실 수 있습니다. 영원히, 모두, 완전하게 담당하십니다. 이것을 '대속적 죽음'이라고 말합니다. 자신의 죄로 죽는 죽음이 아니라 남의 죄를 대신해서 죽는 죽음입니다. 그러므로 이 사실을 믿는 나는 이제 죄가 없습니다! 누구도 내 과거의 죄를 정죄할 수 없습니다. 예수님은 간음하다 현장에서 잡혀온 여인에게 "나도 너를 정죄하지 아니하리니 다시는 죄를 짓지 말라"고 말씀하셨습니다. 사람들은 이 여인을 돌로 쳐서 죽이려 했지만 예수님은 이 여인을 정죄하지 않으셨습니다. 예수님께서 이 여인의 모든 죄를 담당하셨기 때문입니다.

왜 하나님은 나의 죄악을 예수님에게 담당시키셨습니까? 내가 뭔가 잘한 것이 있습니까? 남보다 신앙적 열심이 특별합니까? 하나님이 나의 죄를 메시아에게 담당시키신 이유는 단 하나입니다. 나를 사랑하시기 때문입니다. "우리가 아직 죄인 되었을 때에 그리스도께서 우리를 위하여 죽으심으로 하나님께서 우리에 대한 자기의 사랑을 확증하셨느니라"(롬 5:8). 하나님께서는 인간이 죄를 짓자마자 메시아 계획을 세우셨습니다. 이 계획을 많은 종들을 통하여 발표하셨습니다. 그리고 때가 되었을 때 예수님을 통하여 십자가에서 이 일을 성취하셨습니다. 우리를 매우 사랑하시기 때문입니다. 왜 우릴 사랑하십니까? 하나님께서 우리를 사랑하기로 작정하셨기 때문입니다. 하나님의 결심이기 때문에 상황에 따라 변하지 않습니다. 내가 좀 부족해도, 내가 좀 잘못했어도 주님은 나를 사랑하십니다. 다윗은 간음 죄, 살인 죄, 거짓말하는 죄까지 범했지만 하나님이 용서해 주셨습니다. 하나님이 다윗을 사랑하기로 이미 결정하셨기 때문입니다. 이 세상 살면서 여러 일들을 만나지만 아무것도 걱정하지 마십시오. 하나님은 당신의 부족함을 잘 아십니다. 그럼에도 불구하고 하나님은 당신을 사랑하기로 결정하셨습니다!

27. Tenor Aria. 그를 보는 자는 다 그를 비웃으며
All they that see Him, laugh Him to scorn (시편 22:7)

제넨스는 〈메시아〉 2부에서 시편을 사용하고 있습니다. 23곡 중 11곡이 시편 가사입니다. 왜 제넨스는 시편을 가사로 택했을까요? 메시아 예언에 관한 말씀이라면 예언서에서, 예언의 성취에 관한 말씀이라면 신약에서 가사를 택하는 것이 옳지 않았을까요?

유대인들은 구약 성경을 크게 셋으로 나눕니다 - 율법서(torah), 예언서(nevim), 시가서(kethuvim). 앞 글자를 따서 유대인 성경을 타나크(TANAKH)라고 부릅니다. 예수님도 이 분류를 따라 제자들에게 말씀하셨습니다. "내가 너희와 함께 있을 때에 너희에게 말한바 곧 모세의 율법과 선지자의 글과 시편에 나를 가리켜 기록된 모든 것이 이루어져야 하리라 한 말이 이것이라"(눅 24:44). 구약의 주제는 예수 그리스도입니다. 구약 성경을 통하여 메시아, 예수 그리스도를 볼 수 있어야 올바로 구약을 보는 것입니다.

시편은 대표적인 시가서로 총150수의 시가 수록되어 있습니다. 오경, 역사서, 예언서가 하나님 백성에 대한 하나님의 말씀과 행동을 기록한 책들이라면 시편은 하나님 말씀과 행동에 대한 하나님 백성의 반응을 기록한 책입니다. 그래서 시편에는 하나님의 말씀보다 사람의 말이 많습니다. 궁켈의 연구 이후 학자들은 시편을 탄원시, 찬양시, 감사시, 제

왕시, 지혜시 등으로 분류합니다. 그런데 이런 분류만으로는 시편을 온전히 이해할 수 없습니다. 또한 신약과의 관계를 올바로 설정하기도 힘듭니다. 비평학자들은 시편의 문학적, 역사적 입장에 대하여는 주목했지만 계시는 부인했습니다. 최근에는 다시 신약적 관점에서 시편을 해석하는 학자들이 생겼습니다. 월키(Bruce Waltke) 교수는 시편은 신약적 의미에서 충만하고 최종적인 의미를 갖는다고 말합니다. '시편은 메시아 예수 그리스도의 기도'라고 결론 내립니다. 실제로 신약 성경의 저자들은 구약의 예언서만이 메시아에 대한 예언을 기록했다고 생각하지 않았습니다. 시편도 메시아에 대한 말씀을 풍부하게 기록하고 있다는 사실을 깨달았습니다. 이런 시편을 '메시아 시편The Messianic Psalms'이라고 합니다. 시편은 메시아에 대한 계시로 가득 차 있습니다. 메시아의 고난, 부활, 승천, 통치 등.

〈메시아〉에는 총 14곡에 메시아 시편 18구절이 사용되었습니다.[23] 거의 다윗의 시편입니다.[24] 다윗은 성령이 충만한 사람입니다. 왕으로 기름 부음을 받았지만 왕이 되기 전에 많은 고난을 당했습니다. 자기가 목숨 걸고 충성한 사람들이 적이 되어 다윗의 목숨을 노렸습니다. 다윗은 고난당할 때마다 사람들을 원망하지 않고 하나님께 기도하며 부르짖었습니다. 그때 하나님은 예언의 영을 부어주시고 메시아에 대한 계시를 주셨습니다. 장차 오실 예수 그리스도에 대한 놀라운 말씀들이 마치 보석처럼 그의 시편 곳곳에 박혀 있습니다.

〈메시아〉 27번 테너 아리아부터 시편의 가사가 등장합니다. B♭단조로 아주 느리게 시작하는 짧은 아리아입니다. 아리아라기보다 반주 있는 레치타티보입니다. 아리아처럼 가사를 반복하지도 않고 멜로디의 반복도 없고 일반 레치타티보처럼 한 번 노래하고 마칩니다. 현악 반주는 센자 립으로 불안한 부점 음표를 연주합니다. 노래가 시작될 때는 *piano* 로 음량이 작아집니다. 십자가 아래서 주님을 비웃고 킥킥대는 사람들의 모습이 바이올린의 갑작스런 32분음표로, 갑작스런 *forte*로 표현되어 있습니다. 머리 흔드는 모습이 출렁이는 현악기 음으로 표현됩니다. 저들의 조롱은 점점 거세집니다. 오케스트라는 부점 화음을 *forte*로 강하게 연주하며 28번 합창으로 이어집니다. 27번 아리아 가사는 시편 22:7을 사용했습니다.

> "나를 보는 자는 다 나를 비웃으며 입술을 비쭉거리고
> 머리를 흔들며 말하되" (시편 22:7)

일인칭 본문은 〈메시아〉에서 삼인칭으로 노래합니다. 청중을 십자가 현장으로 더 가깝게 인도합니다. 다윗은 지금 몹시 힘든 가운데 있습니다. 그가 의지할 분은 하나님 한 분밖에 없었습니다. 하나님께 부르짖습니다. "내 하나님이여 내 하나님이여 어찌 나를 버리셨나이까 어찌 나를 멀리하여 돕지 아니하시오며 내 신음 소리를 듣지 아니하시나이까" (시 22:1). 하나님을 잘 믿어도 어려운 상황이 옵니다. 내 잘못 없어도 힘든 상황이 벌어집니다. 이때 어떻게 합니까? 하나님의 사람은 하나님께 부르짖습니다. 다윗은 하나님께 밤낮 부르짖습니다. 하나님은 응답이 없습니다. 다윗은 하나님께 버림받은 느낌을 받습니다. 당신도 이런 체험을 하신 적이 있습니까? 기도해도 하나님의 응답이 없으면 답답합니다. 하나님이 하나님의 백성을 버리십니까? 하나님은 절대 하나님 백성

을 버리지 않습니다. 그러나 어떤 때는 어려운 상황에 그냥 놓아두십니다. 그 환경을 통해서 우리가 더 강해질 수 있기 때문입니다. 그 환경을 통해서 하나님을 깊이 만날 수 있기 때문입니다. 그 환경을 통해서 다른 사람들이 구원받을 수 있는 길이 열릴 수 있기 때문입니다.

놀랍게 시편 22:1의 애타는 기도는 1000년 뒤 예수님의 기도였습니다. "제구시쯤에 예수께서 크게 소리 질러 이르시되 '엘리 엘리 라마 사박다니' 하시니 이는 곧 나의 하나님, 나의 하나님, 어찌하여 나를 버리셨나이까 하는 뜻이라"(마 27:46). 하나님은 인류를 구원하기 위해서 예수님의 부르짖음을 잠시 외면하셨습니다. 하나님은 기도자를 버리지 않습니다. 이것을 '거룩한 유기holy abandonment'라고 합니다. 다윗은 부르짖어도 하나님이 느껴지지 않았지만 기도를 포기하지 않았습니다. 낮에도, 밤에도 계속 기도했습니다(22:2). 다윗은 탁월한 기도자입니다. 기도자는 응답이 있건 없건 기도하는 사람입니다. 기분이 내키건, 내키지 않건 기도하는 사람입니다. 하나님은 이런 기도자에게 어떤 방식으로든 역사하십니다. 다윗의 경우에는 어떻게 역사하셨습니까?

"이스라엘의 찬송 중에 계시는 주여 주는 거룩하시니이다"(시 22:3). 원문은 '그러나'라는 접속사로 시작합니다.[25] 다윗은 기도할 때 하나님이 느껴지지 않았습니다. '그러나' 찬양할 때 하나님이 느껴졌습니다! 하나님은 다윗의 찬양 중에 임재하셨습니다. 어떻게 찬양에 하나님이 임재하십니까? 기도는 자기 상황을 하나님께 아뢰는 것입니다. 찬양은 자기 상황에 상관없이 하나님을 높이는 것입니다. 기도는 자기 상황이 중심이고 찬양은 하나님이 중심입니다. 다윗은 기도에서 찬양으로 바꾸었을 때 하나님이 그의 찬양에 임하셨습니다! 찬양은 하나님만 높이는 것입니다. 하나님은 우리의 찬양을 매우 좋아하십니다. 인간 창조의 목적이 하나님 찬양입니다. 그러므로 우리가 하나님을 찬양할 때 하나님은 그 찬양 가운데 임재하십니다.

하나님은 특히 고난 가운데서 부르는 찬양을 좋아하십니다. 우리는 고난 가운데서 슬퍼하기는 하지만 찬양은 잘 하지 않습니다. 그러나 고난 가운데서 부르는 찬양은 큰 능력이 있습니다. 고난 가운데 찬양은 하나님의 보호하심을 확실하게 믿고 있다는 증표가 됩니다. 바울과 실라는 빌립보에서 열심히 복음을 전했습니다. 그런데 붙들려서 감옥에 갇혔습니다. 바울은 감옥에서 무엇을 했습니까? "한밤중에 바울과 실라가 기도하고 하나님을 찬송하매 죄수들이 듣더라. 이에 갑자기 큰 지진이 나서 옥터가 움직이고 문이 곧 다 열리며 모든 사람의 매인 것이 다 벗어진지라" (행 16:25-26). 한밤중, 차디찬 돌 감방에서 찬양? 찬양보다는 하나님 원망하기 쉬운 상황입니다. 그러나 한밤중의 찬양은 기적을 만들었습니다. 하나님이 그 찬양 가운데 임재하셨기 때문입니다. 옥문이 열리는 기적뿐 아니라 감옥 간수와 그 가족이 모두 구원받는 놀라운 일이 일어났습니다. 고난 중의 찬양엔 하나님이 강하게 임재하십니다!

힘을 얻은 다윗은 계속 기도합니다. 자기 조상들이 하나님을 의뢰할 때 하나님께서 구원하신 것을 추억합니다. 그것은 역사적 사실이었습니다. 그 사실을 생각할 때 하나님의 존재를 부인할 수는 없습니다. 나의 형편에서 지금 하나님의 응답을 받고 있지는 못하지만 그렇다고 하나님이 없는 것은 아닙니다. 분명히 하나님은 살아계십니다. "그러나" [26] "나는 벌레요 사람이 아니라 사람의 비방 거리요 백성의 조롱거리니이다. / 나를 보는 자는 다 나를 비웃으며 입술을 비쭉거리고 머리를 흔들며 말하되"(시 22:6-7). 다윗은 자신이 얼마나 힘든 상황에 있는지 하나님께 고하됩니다. 마치 어린아이가 자기 부모에게 미주알고주알 자기 마음을 쏟아놓듯 다윗은 하나님께 자기 형편을 계속 아룁니다. 극한 상황이지만 영적으로는 건강합니다. 다윗의 이 기도는 1000년 뒤 예수님이 십자가에 달리실 때의 모습입니다. "지나가는 자들은 자기 머리를 흔들며 예수를 모욕하여 이르되"(마 27:39). 죄 없는 한 인간이 십자가에서 몸을 비틀며 극한 고통을 받고 있는데 그 아래서 구경하는 사람들은 "입술을 비쭉거리고 머리를 흔들며" 모욕합니다. 그들 중에는 전에 예수님의 말씀을 듣고 은혜받았던 자들도 있고, 병에서 치료받았던 자들도 있고, 떡과 물고기를 받아먹고 배불렀던 자들도 있었을 것입니다. 그러나 지금 그들은 머리를 흔들며 예수님을 조롱합니다. 그들의 조롱은 더욱 발전되어 표현됩니다.

28. Chorus. 그가 여호와께 의탁하니
He trusted in God that He would deliever Him (시편 22:8)

십자가 밑의 무리들은 행동으로 예수님을 조롱하더니 이제는 말로 조롱하기 시작합니다. 〈메시아〉에서는 그들의 조롱의 말을 28번 합창곡으로 표현합니다. E♭장조의 코드로 끝난 아리아를 받아서 합창은 C단조로 빠르게, 강하게 노래합니다. 베이스 정선율에 실린 조롱의 목소리가 저음 현악기의 유니슨 연주와 함께 알레그로로 치고 올라갑니다. 일치단결하여 조롱합니다. 오케스트라는 콘 립으로 처음부터 끝까지 합창과 같은 선율을 강하게 연주합니다. 모종의 섬뜩한 힘이 느껴집니다.

그 힘의 배후에는 누가 있는지.

"그가 여호와께 의탁하니 구원하실걸,
그를 기뻐하시니 건지실걸" (시편 22:8)

조롱자들은 믿는 자의 믿음을 조롱거리로 만듭니다. 집단 악입니다. 동생 요셉을 잡아 죽이려는 형들의 모습입니다. "꿈꾸는 자가 오는도다. 자, 그를 죽여 한 구덩이에 던지고 그의 꿈이 어떻게 되는지를 우리가 볼 것이니라." 집단 악입니다. 사람이 아니라 하나님께 대항하는 것입니다. 그래서 조롱자들의 거침없는 조롱의 말에서 소름 돋게 하는 광기가 느껴집니다. 마치 각목을 들고 눈 부라리며 설치는 홍위병들처럼 저들은 분명 무엇엔가 휘둘리고 있습니다. 저들의 배후에는 저들을 조종하는 악한 힘이 있습니다. 그 힘은 대중을 사로잡아 광란으로 몰아갑니다. 진리는 사라집니다. 팬덤(fandom)만 유령처럼 저들 사이를 배회합니다. 저들은 하나님이 '그를 기뻐' 하신다는 사실을 증오합니다.

1000년 후 이 말은 예수님이 십자가에 달리셨을 때 그대로 들립니다. 누가 이런 말을 했습니까? "그와 같이 대제사장들도 서기관들과 장로들과 함께 희롱하여 이르되 / 저가 남은 구원하였으되 자기는 구원할 수 없도다. 그가 이스라엘의 왕이로다. 지금 십자가에서 내려올지어다. 그리하면 우리가 믿겠노라 / 그가 하나님을 신뢰하니 하나님이 원하시면 이제 그를 구원하실지라. 그의 말이 나는 하나님의 아들이라 하였도다" (마 27:41-43). 대제사장, 서기관, 장로들은 그 당시 유대의 최고 영적 지도자들입니다. 저들은 큰 명절인 유월절에 죄 없는 사람을 십자가에 매달았습니다. 그것도 모자라 그 아래서 희롱의 말을 쏟아붓습니다. 합창의 마지막은 "그를 기뻐하시니"를 𝑓𝑓𝑓로 노래하며 끝을 맺습니다. 〈메시아〉에서 유일하게 나오는 𝑓𝑓𝑓입니다.[27] 할렐루야 합창에서도 보이지 않던 다이내믹 기호입니다. 악한 광기의 힘은 끝없이 강해져 갑니다. 〈메시아〉 28번 합창은 무서운 합창곡입니다. 팬덤의 광기는 온 세상을 집어삼키려는가. 하늘까지 뚫어 버리려는가. 끝까지 거침이 없을 것인가.

29. Tenor Recitative. 비방이 그의 마음을 상하게 하여
Thy rebuke hath broken His heart (시편 69:20)

〈메시아〉 29번 곡은 테너(또는 소프라노)의 레치타티보입니다. 현악 3부가 첨가되어 '반주 있는 레치타티보'가 됩니다. 그러나 다른 '반주 있는 레치타티보'처럼 현악기들이 특별한 역할을 하지 않고 화음만을 연주합니다. 헨델은 십자가 위에서 고통받는 주님의 감정을 현악기 보강으로 더 풍부하게 표현하고 싶었을 것입니다. 27번 곡과 마찬가지로 일인칭 가사를 삼인칭으로 바꾸어 노래합니다.[28]

29번 곡은 〈메시아〉에서 가장 슬픈 레치타티보입니다. 오페라 가수라면 느낌 없이 부를 수 없을 것입니다. 23번 알토의 아리아가 슬픔을 안으로 삼키는 노래라면 29번의 노래는 슬픔을 밖으로 표출하는 노래입니다. 헨델은 격한 슬픔의 감정을 불규칙하게 진행되는 코드로 나타냅니다. A♭으로 시작한 코드는 반음계 진행하여 E 감화음으로 가더니 일정한 조성을 형성하지 못하고 결국 B장화음으로 끝납니다. 그사이에 조성은 형성될 것 같다가 부서지고 다시 형성될 것 같다가 부서집니다. 24

개 화음 중 감3화음, 감7화음을 다섯 번이나 사용해서 안정되지 않은 감정 상태를 나타냅니다.[29] 멜로디는 노래하기 힘든 중4도, 감5도 음정으로 애절하게 떨어집니다. '아무도 없고but there was no man'의 마지막 음은 반음으로 하강할 듯하다가 온음으로 하강해서 그 애절함을 더합니다. 사용된 가사를 보면 왜 그런 음악이 나왔는지 이해할 수 있을 것입니다.

> "비방이 나의 마음을 상하게 하여 근심이 충만하니
> 불쌍히 여길 자를 바라나 없고 긍휼히 여길 자를 바라나
> 찾지 못하였나이다" (시편 69:20)

시편69편도 다윗이 쓴 메시아 시편입니다. 이 시편은 신약 성경에서 17회나 인용되었을 정도로 신약과 깊은 관계가 있습니다. 역사적으로 다윗이 처한 고난과 슬픔은 십자가 예수의 그림자가 됩니다. 채찍에 맞고, 손발에 못이 박혀 달리는 아픔. 그런데 주님께서 더 아파하신 것이 있습니다. "불쌍히 여길 자를 바라나 없고, 긍휼히 여길 자를 바라나 찾지 못"한 것입니다. 긍휼히 여길 자는 위로자를 말합니다. 아무리 심한 고통을 겪어도 자기 옆에 위로자가 있으면 그 고통은 반감될 수 있습니다. 아니, 아무 말 없어도 곁에 함께 있어 주는 한 사람만 있다면 큰 위로가 됩니다. 예수님은 이 세상에서 이해해 주는 사람이 한 사람도 없었습니다. 부모도, 형제도, 제자들도, 따르는 무리들도. 그러나 예수님 곁에는 항상 하나님 아버지가 계셨습니다. 그래서 "나와 아버지는 하나이니라"고 말씀하셨습니다. 그런데 지금 십자가에서 큰 고통을 받고 있는데

하나님 아버지가 느껴지지 않습니다. "나의 하나님, 나의 하나님, 어찌하여 나를 버리셨나이까." 우리의 죄 때문에 주님은 십자가에서 고통을 받으셨습니다. 그 고난 중에 주님을 위로하고 긍휼히 여기는 사람은 하나도 없었습니다. 주님은 그 끔찍한 고통을 혼자 받으셨습니다.

30. Tenor Aria. 그의 고통과 같은 고통이 있는가 볼지어다
Behold, and see if there be any sorrow (예레미야 애가 1:12)

〈메시아〉 30번 곡은 29번 레치타티보에 연이어 나오는 테너(또는 소프라노) 아리아입니다. 〈메시아〉에서 가장 짧은 15마디 아리아입니다. 제넨스는 여기서 2부 1장의 끝을 맺습니다. 음악은 *Largo*로 천천히, 부드럽게 진행되지만 멜로디에는 5도, 6도, 8도의 도약 진행을 많이 사용해서 아직 십자가 고난의 격한 감정이 수그러들지 않은 느낌입니다. 전주 없이 테너 솔로가 노래를 시작하여 다른 반주를 이끌어갑니다. 이 사람 저 사람에게 자신의 감정을 털어놓습니다. 사람들은 고개를 끄떡이며 그의 말에 동의합니다.

> "나의 고통과 같은 고통이 있는가 볼지어다"
> (예레미야 애가 1:12)

여기서도 일인칭은 삼인칭으로 바꾸어 노래하면서 청중의 마음에 호소합니다. 예레미야 애가는 선지자 예레미야가 예루살렘 성전이 바벨론에게 멸망당하는 것을 보면서 쓴 시입니다. 현장에서 목격한 사람의 기록이니 그 기술이 생생합니다. 예레미야는 유다 왕 시드기야에게 여러 번 하나님의 말씀을 전했습니다. 바벨론에 항복하라는 말씀입니다. 그러나 시드기야와 유다의 지도자들은 하나님이 예루살렘 성을 지켜주실 것이라고 믿었습니다. 아마 BC 701년 앗수르 공격 때 기적적으로 예루살렘 성이 지켜진 것을 생각했을 것입니다. 그러나 시드기야 때의 하나님 뜻은 항복입니다. 유다의 죄를 더 이상 간과하실 수 없었기 때문입니다. 시드기야는 이 말을 받고 뭉그적거렸습니다. 예루살렘 성은 수년간 바벨론 군사들에 의해 포위되었습니다. 성안에서의 생존이 점점 어려워졌습니다. 굶주린 여자들이 자기 아이들을 잡아먹는 일도 생겼습니다(애 2:20, 4:10). 드디어 성벽이 뚫렸습니다. 예레미야는 "대적과 원수가 예루살렘 성문으로 들어갈 줄은 세상 열방과 천하 모든 백성이 믿지 못하였도다"라고 기록합니다(애 4:12). 선지자는 무너진 예루살렘을 보면서 밤낮 울었습니다. "나의 고통과 같은 고통이 있는가 볼지어다"(애 1:12). 그래서 예레미야를 눈물의 선지자라고 부릅니다. 예레미야는 장차 올 메시아의 예표가 됩니다. 예레미야의 고통에는 하나님의 고통이 들어있습니다.

〈메시아〉 30번 노래는 예레미야의 슬픔을 메시아의 슬픔으로 나타냅니다. 예수님도 예루살렘 성을 보고 우신 적이 있습니다. "(예수께서 예루살렘) 가까이 오사 성을 보시고 우시며 / 이르시되 '너도 오늘 평화에 관한 일을 알았더라면 좋을 뻔하였거니와 지금 네 눈에 숨겨졌도다 / 날이 이를지라 네 원수들이 토둔을 쌓고 너를 둘러 사면으로 가두고 / 또 너와 및 그 가운데 있는 네 자식들을 땅에 메어치며 돌 하나도 돌 위에 남기지 아니하리니 이는 네가 보살핌 받는 날을 알지 못함을 인함이니라"(눅

19:41-44). 미래에 대한 예수님의 통찰력입니다. 예수님 말씀대로 예루살렘 성은 예수님 십자가에 달리신 지 40년 후에 로마에 의하여 완전히 멸망당했습니다. 예레미야는 무너진 성을 보고 울었지만 예수님은 무너질 성을 보고 우셨습니다. 공통점은 두 사람 모두 하나님의 백성을 품으려고 애썼다는 사실입니다. 그러나 백성들은 하나님 말씀을 듣지 않았습니다. 예레미야의 슬픔은 그대로 예수 그리스도의 슬픔을 예표합니다.

우리는 여러 단어로 하나님의 속성을 말합니다. 전능, 거룩, 영원, 의, 사랑… 그러나 고통하시는 하나님(Suffering God)에 대하여는 잘 생각하지 않습니다. 성경에는 하나님의 '파토스'를 이야기하는 장면이 다른 어떤 속성들보다 많습니다. 하나님의 '파토스'는 특히 예언자들을 통하여 잘 나타납니다. 하나님은 하나님 백성의 죄악을 기계적으로 정죄하고 심판하시는 분이 아닙니다. 심판하시면서 고통스러워하십니다. 눈물을 흘리십니다.[30] 하나님은 예레미야의 글을 통하여 당신의 마음을 드러내십니다. "나의 고통과 같은 고통이 있는가 볼지어다." 하나님 고통이 가장 적나라하게 드러난 곳이 '십자가에 달리신 하나님'을 통해서입니다. "나의 고통과 같은 고통이 있는가." 이 고통의 마음은 예레미야의 마음이고, 하나님의 마음이고, 주 예수 그리스도의 마음입니다.

'고통'으로 번역된 '마코브 makob'는 '슬픔'으로도 번역될 수 있는 단어입니다.[31] 고통과 슬픔은 짝입니다. 슬픔은 고통당하는 사람의 마음을 표현합니다. 이 세상에는 우리가 원치 않아도 슬픔과 고통이 있습니다. 인생을 살아가는 기술은 자신의 고통을 처리하는 기술입니다. 사람들은 자신의 고통과 슬픔을 최고의 것으로 생각합니다. 남들은 자기와 같은 고통을 전혀 체험해 보지 못했을 것이라고 생각합니다. 착각입니다. 주님도 고통을 당하셨습니다! 일생 고통스런 삶을 사셨습니다. 태어나실 때부터 구유에서 태어나셨습니다. 갈릴리에서 극심한 가난 속에서 사셨습니다. '목수'라는 말은 농사지을 땅도, 고기 잡을 배도 없는 극빈한 삶을 말합니다. 복음을 전파하고, 병든 자들을 고쳐주었지만 머리 둘 곳도 없이 사셨습니다. 사랑하고, 축복하고, 품으려던 백성들로부터 '십자가에 못 박으라'는 소리를 듣고 십자가의 고통 속에서 돌아가셨습니다. 히브리서 기자는 "그는 육체에 계실 때에 자기를 죽음에서 능히 구원하실 이에게 심한 통곡과 눈물로 간구와 소원을 올렸고"라고 기록합니다. 주님은 심한 고통과 슬픔을 당하셨기에 우리의 고통과 슬픔을 잘 아십니다!

내가 당한 고통과 슬픔이 가장 큰 것이라고 생각하고 그 감정에 파묻혀 있으면 그 고통에서 벗어나기 힘듭니다. 나보다 더 큰 고통을 받고 있는 사람을 본다면 내 고통과 슬픔을 다시 생각할 수 있습니다. 나의 고통이야 내 부족함과 연약함 때문에 생긴 것이지만 부족함도, 연약함도 없는 분이 큰 고통을 받으신 것을 본다면, 내 고통은 얼마든지 인내할 수 있는 고통이 됩니다. 당신은 당신의 죄 위해 십자가에서 피 흘리시며, 눈물 흘리시는 하나님의 고통이 보이십니까? "나의 고통과 같은 고통이 있는가 볼지어다."

> **2장**
># 그의 희생적 죽으심, 스올, 부활
> His sacrificial death, His passage through Hell
> and Resurrection

31. Tenor Recitative. 그가 살아있는 자들의 땅에서 끊어짐은
He was cut off out of the land of the living (이사야 53:8)

31번의 짧은 레치타티보는 B단조로 조용히 시작합니다. 콘티누오와 조용한 현악 3부 위에 레치타티보가 얹힙니다. 십자가의 슬픔은 아직 정리되지 않은 채 계속 맴돌고 있습니다. 그러나 십자가에만 꽂혀 있었던 마음은 이제 자신들을 바라보게 합니다. 왜 메시아가 그런 고난을 받아야 했었나?

B단조 코드로 시작한 노래는 네 번째 음에서 A#을 사용해 베이스의 B음과 날카로운 반음 마찰을 일으키고 있습니다. "끊어짐He was cut off"에서 'off'를 강조하며 십자가 고통의 아픔을 나타내고 있습니다. 최고음E는 메시아 고난의 원인을 제공한 "백성people"에 놓여 있습니다. 코드는 점점 정리되면서 E장조로 끝나고 A장조인 다음 곡을 준비합니다. 가사는 다시 이사야 53장입니다.

> "그가 살아 있는 자들의 땅에서 끊어짐은 마땅히 형벌 받을
> 내 백성의 허물 때문이라" (이사야 53:8b)

원문의 "내 백성"을 〈메시아〉에서는 "당신의 백성"으로 바꾸어 청중들을 노래로 끌어들이고 있습니다. "끊어지다gazar"가 수동태로 쓰이면 성경에서는 대게 불법적인 힘에 의해 강제로 끊어진 것을 말합니다. 예수님은 겟세마네 동산에서 밤이 새도록 '힘쓰고 애써 더욱 간절히' 기도하셨습니다. 그 밤에 12제자 중 하나였던 유다는 로마 병정들을 이끌고 주님을 체포하러 왔습니다. 예수님은 마치 도살장에 끌려가는 양처럼 순하게 잡혀 가셨습니다. 아직 새벽닭이 울기 전에 예수님은 대제사장 가야바에게 끌려갔는데 거기에는 이미 서기관들, 장로들이 모여 있었습니다. 그 당시 팔레스타인 지역에서 사람을 사형시킬 권한은 로마 총독에게만 있었으므로 그들은 이른 새벽 예수님을 총독 빌라도에게 데려갔습니다. 총독은 예수님에게서 사형시킬 죄를 발견하지 못했습니다. 그러나 민란이 날까 두려워서 예수님을 십자가 처형에 내 주었습니다. 민란은 점령지의 가장 골치 아픈 문제였기 때문입니다. 십자가에 달리신 시간이 오전 9시, 돌아가신 시간이 오후 3시입니다. 그러니까 체포되어 죽음에 이르기까지의 시간은 12시간이 채 되지 않았습니다. 이것이 저들이 자랑하는 로마법의 정의입니까? 예수님은 무슨 잘못으로 이렇게 간단하게 그 당시 최고형을 받게 되었습니까?

예수님이 십자가에서 죽어가는 모습을 보면서 사람들은 무슨 생각을 했습니까? 일을 끝낸 로마 군인들은 십자가 아래서 제비뽑기하며 놀았습니다. 지나가는 사람들은 머리를 흔들며 모욕했습니다. 대제사장들, 서기관들도 십자가 아래서 예수님을 희롱했습니다. 제자들은 모두 도망갔습니다. 예수님을 따르던 여인들만 멀리서 슬픈 눈빛으로 예수님 달리신 십자가를 바라보았습니다. 어느 누구도 예수님이 지금 자기들의 죄를 위하여 죽어간다는 사실을 생각하지 못했습니다. 700년 전 하나님의 말씀입니다. "사람들이 정의를 짓밟고 그를 거칠게 끌고 갔다. 그가 살아 있는 사람들의 땅에서 끊어졌으니, 그 세대 사람들 가운데서 어느 누가 자기들의 죄 때문에 그가 죽임을 당했다고 생각하겠는가?" ('쉬운 성경' 번역). 대속적 죽음!

성경은 참 신비로운 책입니다. 쓰인 시간만 1400년이 넘습니다. 작가들도 40명이 넘습니다. 그런데 첫 책부터 마지막 책까지 일관된 주제가 있습니다. 오랜 기간 많은 저자들은 동일한 하나님의 영으로 성경책을 기록했습니다. 스펄전 목사의 말입니다. '구약을 짜 보세요. 피가 나올 것입니다. 신약을 짜 보세요. 역시 피가 나올 것입니다.' 동일한 대속의 주제가 성경을 관통하고 있다는 사실이 놀랍지 않습니까? 하나님은 인간의 죄를 매우 심각하게 생각하시기 때문입니다. 에덴동산에서 죄를 지은 아담, 하와에게 하나님은 가죽 옷을 지어 입히셨습니다. 가죽을 만들기 위해서 짐승이 피를 흘리며 죽어야 했습니다. 짐승이 죽고 대신 사람이 보호를 받았습니다. 대속의 원형을 생각하게 합니다. 광야의 이스라엘 백성들에게 성막을 만들라 지시하셨습니다. 성막에는 여러 가지 성물들이 나오는데 가장 중요한 성물은 지성소에 있는 '속죄소atonement cover' 입니다. 속죄소는 인간의 죄를 용서하는 장치입니다. 대제사장이 일 년에 한 번 수송아지의 피를 들고 속죄소 위와 앞에 뿌려 하나님 백성을 위한 속죄를 합니다. 이 피를 통해 하나님은 하나님의 백성의 모든 죄를 용서하셨습니다. 아무리 예물을 많이 드려도 죄 용서가 안 되면 하나님과 교제할 수 없습니다. 아무리 금, 은 보석으로 성소를 아름답게 꾸며도 내 죄가 속죄 안 되면 그 아름다움은 무의미합니다. 하나님을 만나려면 내 죄의 속죄함을 받아야 합니다. 이 속죄소는 예수 그리스도 보혈의 모형입니다.

인간은 끈질기게 자기 죄 문제를 간과합니다. 하나님은 끈질기게 인간의 죄 문제를 추적하십니다. 죄 문제가 해결되어야 하나님과 교제할 수 있기 때문입니다. 우리는 남의 죄악을 참 잘 압니다. 내 옆 사람의 죄는 조그만 것도 잘 보입니다. 그런데 그들의 죄를 아무리 많이, 자세히 알아도 하나님 만나는 데는 조금도 도움이 되지 않습니다. 그 사람과 관계만 나빠질 뿐입니다. 가정에서 배우자의 잘못이 자꾸 보이면 그 가정은 화목할 수 없습니다. 내 죄를 하나라도 발견하고 고백할 때 하나님을 만날 수 있습니다. 하나님이 용서하지 못할 큰 죄는 하나도 없습니다. "그가 살아 있는 자들의 땅에서 끊어짐은 마땅히 형벌 받을 내 백성의 허물 때문이라." 지금 당신의 죄가 보입니까? 옆에 있는 사람의 죄만 보입니까?

32. Tenor Aria. 주께서 그의 영혼을 스올에 버리지 아니하시며
But Thou didst not leave His soul in hell (시편 16:10)

〈메시아〉 2부가 예수 그리스도의 수난에 대한 내용이라고만 생각하면 32번 곡부터의 가사는 이해하기 힘들어집니다. 제넨스가 2부에서 말하고자 하는 내용은 메시아가 이 땅에서 고난 받았다는 사실, 그러나 그 인간들의 계획이 결국 실패로 끝났다는 사실을 포함하고 있습니다. 예수님의 수난은 31번 레치타티보로 끝납니다. 계속 연결되는 32번 아리아는 인간들의 계획이 어떻게 실패했는지를 보여줍니다. 이 아리아를 통하여 예수님의 고난에 마음 아파할 청중들을 위로하는 듯합니다. '여러분들, 너무 슬퍼하지 마세요. 주님의 일은 십자가의 죽음으로 끝난 것이 아닙니다. 사람들의 계획이 하나님의 계획을 이길 수는 없습니다. 자, 다음 말씀을 보세요'.

32번 아리아의 반주는 바순을 첨가한 콘티누오 위에 바이올린만 단선율로 아리아의 선율을 돕습니다. 두 선율이 함께 연주하는 부분은 두 마디에 불과하고 나머지는 바이올린과 테너 솔로(혹은 소프라노)가 주고받는 교창입니다. 서로 꼬리를 잡으려고 장난치는 두 마리의 고양이처럼 두 멜로디는 서로 영향을 주고받으며 즐겁게 진행되는 아름다운 듀엣입니다. 아리아 처음 두 마디는 30번 아리아와 선율 형태가 비슷합니다. 상행 도약의 세 음과 하행하며 훑어 내리는 삼화음의 세 음. 다시 7도 상행 도약. 그리고 옥타브 도약과 하행 순차진행. 그러나 30번 곡의 단조는 32번 곡에서 장조로 바뀌었습니다. 속도도 *Largo*에서 *Andante larghetto*로 변하여 경쾌하게 들립니다. 이제껏 남아 있었던 마음의 무거움과 슬픔을 그 자리에서 조심스럽게 거두어내려는 듯합니다. "거룩한 자Holy One"를 노래할 때는 항상 상향 순차진행을 사용해서 주님이 결코 죽음에 머물러 있을 수 없는 '거룩한 자'라는 사실을 음악적으로 표현하고 있습니다. 가사로 사용된 시편 16편을 살펴보겠습니다.

"이는 주께서 내 영혼을 스올에 버리지 아니하시며
주의 거룩한 자를 멸망시키지 않으실 것임이니이다" (시편 16:10)

시편 16편은 다윗의 시편입니다. 다윗은 장군이요, 수금 연주자요, 시인이었습니다. 어떤 상황에서 시를 썼습니까? "하나님이여 나를 지켜

주소서"라는 말로 이 시편은 시작됩니다. 다윗에게 위험이 닥쳤습니다. 적이 있기 때문입니다. 자기보다 강한 적, 그 앞에서 다윗은 절망할 수밖에 없습니다. 그 위험은 다윗을 죽음으로까지 몰고 가는 큰 위험이었습니다. 10절의 '스올'은 다윗이 죽음의 그림자를 느끼고 있다는 표현입니다.[32]

다윗은 사울 왕의 추격을 받으며 10년 이상을 도망 다녔습니다. 죽을 고비를 많이 만났습니다. 자기가 목숨 걸고 지켰던 이스라엘 사람들은 도망자 다윗을 찾아 사울에게 고발했습니다. 그때마다 사울은 군대를 이끌고 다윗 수색에 나섭니다. 억울하고 답답한 일입니다. 사방이 꽉 막힌 상황. 이런 상황에서 사람이 할 수 있는 일은 아무것도 없었습니다. 다윗은 무엇을 했습니까?

다윗은 기도했습니다! 내 상황은 내가 어찌해 볼 수 있는 영역이 아닐 수도 있습니다. 그러나 내 마음은 내 영역입니다. 마음은 내가 어쩔 수 있습니다. 다윗은 그의 마음을 기도로 하나님께 올려드렸습니다. "하나님이여, 나를 지켜주소서. 내가 주께 피하나이다." 기도자 다윗은 하나님께 피했습니다. 그랬더니 상황은 달라진 것이 없지만 마음이 달라졌습니다. 11절 밖에 안 되는 짧은 시편에 기쁨이라는 단어가 계속 등장합니다. "나의 모든 즐거움" "아름다운 곳"[33] "나의 마음이 기쁘고" "나의 영도 즐거워하며" "충만한 기쁨" "영원한 즐거움". 다윗의 기쁨은 상황에서 나오는 기쁨이 아니라 하나님에 대한 굳은 믿음에서 나오는 기쁨입니다. "내가 여호와를 항상 내 앞에 모심이여 그가 나의 오른쪽에 계시므로 내가 흔들리지 아니하리로다 / 이러므로 나의 마음이 기쁘고 나의 영도 즐거워하며 내 육체도 안전히 살리니"(16:8-9). 다윗은 하나님을

'항상' 자기 앞에 모시기로 작정합니다. 그 결단이 그를 흔들리지 않게 했습니다.

죽음 직전까지 갔던 다윗은 이제 그의 육체가 '안전히 살' 것이라고 확신합니다. 그 이유를 다음 절에서 설명합니다. "이는 주께서 내 영혼을 스올에 버리지 아니하시며 주의 거룩한 자를 멸망시키지 않으실 것임이니이다." '스올'은 '지옥'이 아니라 '무덤'을 말합니다. 착한 사람도, 악한 사람도 죽으면 무덤에 묻힙니다. 이곳에 내려간 자는 다시 살아 돌아올 수 없습니다(욥 7:9). 죽어서 무덤에 묻히면 이 세상과는 관계가 끊어집니다. 다윗은 지금 죽음에 임박한 위기에서 기도했습니다. 그때 하나님께서 주시는 감동을 받았습니다. "주께서 내 영혼을 스올에 버리지 아니하시며". 그 감동은 한 단계 더 높여져 확장됩니다. "주의 거룩한 자를 멸망시키지 않으실 것임이니이다." 자기 문제로 기도한 다윗에게 하나님은 한 단계 높은 영적 세계를 보여주십니다. '멸망'이라고 번역된 '샤하트shahat'는 '부패, 썩음'을 의미합니다.[34] 이 단어는 주의 거룩한 자가 이미 죽어 스올에 장사 되었음을 암시합니다.

10절에 나오는 '거룩한 자'는 누구를 말합니까? '거룩한 자'는 메시아 예수 그리스도를 말합니다.[35] 예수님 승천 후 제자들은 예루살렘을 떠나지 않고 함께 모여 기도에 몰두했습니다. 오순절 날 그들은 예수님이 약속하신 성령 세례를 받았습니다. 오순절을 지키려 각국에서 예루살렘에 모인 사람들은 이 광경을 보고 깜짝 놀랐습니다. 어떤 사람들은 제자들이 술에 취하였다고 놀리기도 했습니다. 그때 베드로가 일어나서 자신들의 성령 세례가 요엘 선지자가 전한 그 예언의 성취임을 말합니다. 그리고 예수 그리스도의 부활을 증거합니다. 이때 베드로가 인용한 구절이 시편 16:10입니다. "이는 내 영혼을 음부에 버리지 아니하시며 주의 거룩한 자로 썩음을 당하지 않게 하실 것임이로다". 베드로는 위의 구절이 다윗을 말하는 것이 아니라고 설명합니다. 다윗은 이미 죽어서 무덤이 있습니다. 그의 시신은 이미 '썩음을 당' 한 지 오래입니다. 그러므로 시 16:10은 예수 그리스도의 부활에 관한 예언입니다. 그 메시아가 승천하셔서 약속하신 성령을 자신들에게 부어주었다고 논리적으로 설명합니다. 이것이 베드로의 첫 번째 설교입니다.

어떻게 베드로는 돌발적인 상황에서 구약 말씀까지 인용해 가면서 논리적인 설교를 할 수 있었을까요? 예수님의 가르침 때문이었을 것입니다. "내가 너희와 함께 있을 때에 너희에게 말한바 곧 모세의 율법과 선지자의 글과 시편에 나를 가리켜 기록된 모든 것이 이루어져야 하리라"(눅 24:44). 예수님은 제자들에게 시편의 말씀이 자신을 가리키는 말씀이라고 가르치셨습니다. 제자들의 시편 해석은 여기에 근거합니다. 초대교회의 시편 해석도 여기에 근거합니다. 초대교회 교인들은 예수 그리스도가 시편의 말씀에 살아계신다고 믿었습니다.[36] 초대 교부들은 시편16편에서 말하는 자는 다윗이 아니라 메시아라고 이해했습니다.[37]

다윗은 죽음에까지 몰린 위기 상황에 있었지만 하나님께 자신의 마음을 올리며 기도했습니다. 하나님은 신실한 기도자에게 성령의 감동을 주십니다. 다윗은 부활에 대한 감동을 받고 부활신앙을 갖게 되었습니다. 사람이 불안한 이유는 죽음에 대한 두려움 때문입니다. 버림받음에 대한 두려움 때문입니다. 그러나 하나님은 자기 백성을 버리지 않습니다. 죽음으로 끝나게 하지 않습니다. 이 사실을 믿는다면 큰 기쁨이 됩니다. 기쁨은 나의 현재의 상황에 있는 것이 아니라 내 믿음에 있습니다!

인생에 세 종류의 기쁨이 있습니다. 육적 기쁨은 육이 만족될 때 생기는 기쁨입니다. 동물들도 이런 기쁨이 있을 것입니다. 사슴 농장에서 힘 센 수컷 한 마리가 다른 수컷들을 몰아내고 자기 혼자 모든 암컷과 양식을 독차지하며 여유롭게 누워있는 모습을 오랫동안 지켜본 적이 있습니다. 육적 기쁨을 만끽하고 있었습니다. 원하는 것이 성취되어야 기쁘고, 무언가 소유해야만 기쁘다면 그 기쁨은 오래가지 못합니다. 더 큰 것에 욕심이 생기기 때문입니다. 에릭 프롬은 소유 지향이 영속적이 되면 그것은 병적인 것이라고 말합니다.[38]

두 번째, 혼적 기쁨이 있습니다. 내 혼, 정신이 만족될 때 생기는 기쁨입니다. 학문, 예술이 우리에게 이런 만족을 줍니다. 친구 간의 진정한 우정도 이런 만족입니다. 공자는 배우고 때때로 익히는 것이 기쁨이라고 말합니다. 친구가 멀리서 방문하는 것이 기쁨이라고 말합니다. 맞습니다. 기쁨입니다. 많은 사람들이 이런 기쁨을 추구합니다. 더 중요한 기쁨이 있습니다.

세 번째, 영적 기쁨입니다. 내 영이 만족될 때의 기쁨입니다. 최고의 기쁨입니다. 영원한 기쁨입니다. 이 기쁨은 상황에 관계없이 하나님과의 관계와 그 믿음에서 생겨납니다. 부활의 믿음이 주는 기쁨이 바로 이런 기쁨입니다.

요한복음의 다락방 강화(요 15-17장)는 예수님이 돌아가시기 전날 밤에 제자들에게 주신 마지막 가르침입니다. 예수님은 자신이 곧 십자가에서 엄청난 고난을 받다가 죽을 것임을 잘 아셨습니다. 그러나 그 마음에는 기쁨이 있었습니다. "내가 이것을 너희에게 이름은 내 기쁨이 너희 안에 있어 너희 기쁨을 충만하게 하려 함이라"(요 15:11). 예수님은 어떻게 그런 상황에서 남에게 나눌 정도의 큰 기쁨이 있었습니까? 시 16:10을 믿으셨기 때문입니다. "이는 주께서 내 영혼을 스올에 버리지 아니하시며 주의 거룩한 자를 멸망시키지 않으실 것임이니이다." 하나님은 당신이 기뻐하길 원하십니다. 그것은 하나님의 뜻입니다. 지금 당신이 추구하는 기쁨은 어떤 기쁨입니까? 부활의 소망은 당신에게 기쁨이 됩니까?

3장 그의 승천
His ascension

33. Chorus. 문들아 너희 머리를 들지어다
Lift up your heads, o ye gates (시편 24:7-10)

제넨스는 오직 한 곡만 2부 3장에 배치하고 있습니다. 음악적 구성으로는 31번 레치타티보와 32번 아리아 그다음의 합창이기 때문에 2장과 연결된 구성으로 보이지만 가사의 내용이 다릅니다. 2부에서는 대부분의 장들이 레치타티보-아리아-합창의 구성으로 되어 있지 않습니다. 2부부터 합창으로 시작하더니 23곡 중 11곡이 합창으로 되어 있습니다. 32번 노래에서 예수님의 부활에 대하여 이야기했기 때문에 33번 노래는 그다음 과정을 노래하고 있습니다. 그것이 무엇입니까?

"문들아 너희 머리를 들지어다 영원한 문들아 들릴지어다
영광의 왕이 들어가시리로다 / 영광의 왕이 누구시냐 강하고 능한
여호와시요 전쟁에 능한 여호와시로다 / 문들아 너희 머리를 들지어다
영원한 문들아 들릴지어다 영광의 왕이 들어가시리로다 / 영광의 왕이
누구시냐 만군의 여호와께서 곧 영광의 왕이시로다" (시편 24:7-10)

이스라엘 사람들은 주로 교창(Responsorial singing)과 대창(Antiphonal

singing)의 방식으로 노래를 했습니다. 교창은 한 독창자와 대중들이 번갈아 가면서 노래하는 방식이고, 대창은 대중들이 두 그룹으로 나뉘어서 서로 번갈아 가면서 노래하는 방식입니다. 모든 문화권의 민요에서 볼 수 있는 노래 방법입니다. 시편도 교창과 대창으로 불렸습니다.[39] 시편24편은 교창으로 불렸던 찬송일 것입니다.[40]

〈메시아〉 33번 합창에서 7절 가사는 소프라노를 2파트로 나누어 거기에 알토를 첨가한 여성 3부로 노래합니다. "문들아 너희 머리를 들지어다. 영광의 왕이 들어가시리로다". 그 합창을 테너와 베이스의 합창이 받습니다. "영광의 왕이 누구시냐?" 이 질문을 다시 여성 3부 합창이 받습니다. "강하고 능한 여호와시요 전쟁에 능한 여호와시로다." 반복되는 9절의 "문들아 너희 머리를 들지어다"가 이번에는 알토가 첨가된 남성 합창으로 무겁게 노래됩니다. "영광의 왕이 누구시냐"는 질문을 이번에는 여성3부가 노래합니다. 그 대답으로 "만군의 주"를 알토를 첨가한 남성 합창이 노래하다가 깜짝 놀란 듯 모든 파트가 다시 받아 반복합니다. 여기까지 서로 주고받는 대창 형식으로 되어 있습니다. 그다음 네 성부는 "그는 영광의 주"를 힘차게 찬양합니다. 모든 질문들에 대한 명쾌한 답을 얻은 듯, 마음속의 의심이 한순간에 날아가 버린 듯, 합창은 때로는 화성적으로, 때로는 대위적으로 즐겁게 그리고 힘차게 진행됩니다. 중간중간 헨델 특유의 망치 리듬으로 강하게 때리며 메시아가 '만군의 주'임을 찬양합니다. 이제 더 이상 질문할 필요가 없습니다. 메시아 예수 그리스도가 영광의 주인 것이 만천하에 분명하게 드러났기 때문입니다!

"문들아 너희 머리를 들지어다." 고대 도시는 성으로 되어 있습니다. 적의 침입을 막고 들짐승들로부터 자신들을 보호하기 위해서 성을 쌓았습니다. BC 10세기 중동 지방에서 가장 강하고 유명한 성은 다윗 왕이 쌓은 예루살렘 성입니다. 그 안에는 솔로몬에 의하여 아름다운 성전이 세워졌습니다. 모든 성, 성전에는 출입을 위한 문들이 있습니다. 시편24 편에는 성전의 문이 강조되었을 것입니다. 왜냐하면 들어가시는 이가 만군의 여호와이기 때문입니다. 성에서 중요한 곳은 성전입니다.

분문과 관련해서 3종류의 성전을 생각해 볼 수 있습니다. 첫째는 하늘 성전입니다. 계시록 21장에는 새 하늘과 새 땅에 하나님이 준비하신 '새 예루살렘 성'이 나옵니다. '성'으로 표현되었지만 사실은 성전입니다. 길이, 넓이, 높이가 모두 같은 정육면체 도시입니다. 즉 성막과 성소에서 하나님이 임재하시는 정육면체 지성소를 의미합니다. 새 예루살렘은 하나님께서 하나님의 백성들과 함께 거하시는 성전입니다.

성벽과 길이 모두 '정금'으로 되어 있습니다. 사방에 열두 진주문이 있습니다. 매우 아름다운 곳입니다. 당신은 이곳에서 영원히 하나님과 교제할 것이라는 기대가 있습니까?

초림하신 예수님은 지상에서 고난 받고 십자가에서 돌아가셨습니다. 그러나 부활하시고 승천하셔서 하나님 우편에 앉으셨습니다. 초대 교회 이후 오랫동안 교회에서는 시편24편을 예수님의 승천가로 생각했습니다. 스펄전 목사는 7절을 설명하면서 이렇게 말합니다. "우리 주 예수 그리스도는 '손이 깨끗하며 마음이 청결'(24:3)하기 때문에 하나님의 산에 오를 수 있었습니다. 그리고 믿음으로 주님과 함께한 우리도 그곳에 들어갈 것입니다. 우리는 이 구절에서 우리 주님의 영광스러운 승천의 그림을 봅니다"[41] 예수님은 패장이 아니라 승장입니다! '영광의 왕'이 바로 메시아 예수님입니다. 그러므로 새 예루살렘은 주님의 영광으로 가득합니다. 그곳에는 밤이 없습니다.

당신은 예수님의 승천을 믿습니까? 메시아의 고난과 부활에 대하여는 많이 알고, 많이 이야기합니다. 그러나 승천에 대하여는 상대적으로 적게 이야기하는 경향이 있습니다. 은근히 신화라는 생각하는 사람들이 많습니다. '부활도 믿기 어려운 현대인들에게 중력의 법칙을 무시하는 승천을 믿으라고?' 예수님 승천이 없으면 예수님 재림도 없을 것입니다. 예수님의 승천은 신화가 아니라 역사적 사실입니다.

사도행전에는 예수님의 마지막 말씀과 마지막 행적이 기록되어 있습니다. "오직 성령이 너희에게 임하시면 너희가 권능을 받고 예루살렘과 온 유대와 사마리아와 땅끝까지 이르러 내 증인이 되리라 하시니라 / 이 말씀을 마치시고 그들이 보는데 올려져 가시니 구름이 그를 가리어 보이지 않게 하더라"(행 1:8-9). 8절 주님의 마지막 말씀이 사실이 아니면 9절 마지막 행적도 사실이 아닐 것입니다. 그러나 8절은 오순절 성령강림으로 성취되었습니다. 그러므로 예수님의 승천도 사실입니다. 신화가 아닙니다. 예수님의 부활이 우리 부활의 예표인 것처럼 예수님의 승천은 우리 승천의 예표입니다. "주께서 호령과 천사장의 소리와 하나님의 나팔 소리로 친히 하늘로부터 강림하시리니 그리스도 안에서 죽은 자들이 먼저 일어나고 / 그 후에 우리 살아남은 자들도 그들과 함께 구름 속으로 끌어 올려 공중에서 주를 영접하게 하시리니 그리하여 우리가 항상 주와 함께 있으리라"(살전 4:16-17).

두 번째 성전은 지상 성전입니다. 지금 우리 눈에 보이는 성전입니다. 다윗 시대에는 성막이었습니다. 하나님께서 시내산에서 모세에게 만들라 명하신 성막입니다. 이 성막은 하늘 성전의 그림자, 모형입니다(히

8:5). 성막에는 세 문이 있는데 사실은 휘장으로 되어 있습니다. 첫 문을 열고 들어가면 성막 뜰입니다. 두 번째 문을 열고 들어가면 성소입니다. 세 번째 문을 열고 들어가면 지성소입니다. 지성소는 길이, 넓이, 높이가 모두 10규빗인 정육면체 공간입니다. 이 안에 하나님이 임재하는 법궤가 있습니다. 법궤는 세 문을 거쳐 들어가야 볼 수 있습니다. 이스라엘 백성에게 법궤는 중요한 성물입니다. 그런데 엘리 제사장 때 블레셋과의 전쟁에서 빼앗겼습니다. 다윗이 왕이 된 후 법궤를 다시 예루살렘 성에 모셔옵니다. 그 모습이 사무엘하6장에 자세히 기록되어 있습니다. 다윗은 법궤가 자기 성안으로 들어온다는 사실이 너무 기뻐서 힘을 다하여 춤을 추었습니다. 그때 다윗은 춤을 추며 예루살렘의 여러 문들을 통과했을 것입니다. 많은 학자들은 시편 24편이 이때 다윗이 쓴 시라고 말합니다. "문들아 너희 머리를 들지어다. 영광의 왕이 들어가시리로다." 델리취는 단정적으로 이 시가 기럇여아림에서 시온산으로 법궤를 가져올 때 쓴 시라고 말합니다.[42] 하나님 법궤가 예루살렘 성에 안치되는 것은 천년 뒤 메시아 승천의 예표가 됩니다.

성막은 곧 성전으로 바뀝니다. 솔로몬이 성전 봉헌식을 할 때 하나님의 영광이 얼마나 강하게 임했는지 제사장들이 섬기는 일을 잘 할 수 없을 정도였습니다. 그러나 그 성전은 500년도 안 되어 바벨론 군사들에 의해 무너졌습니다. 다시 성전이 재건되었지만 그 성전도 500여 년 후에 로마 군사들에 의해서 무너졌습니다. 예수님이 "돌 하나도 돌 위에 남지 아니하리라"고 말씀하신 지 40년 뒤의 일입니다. 그다음부터 성전은 재건되지 못했습니다. 그러면 지상 성전은 어디에 있습니까? "우리는 살아계신 하나님의 성전이라"(고후 6:16). 신약에서 성전은 건물을 의미하지 않습니다. '우리' 즉 믿는 사람들의 모임을 말합니다. 지금 우리가 교회이고 성전입니다. 교회는 건물이 중요한 것이 아니라 '우리' 가 함께하는 신앙생활이 중요합니다.

세 번째 성전이 있습니다. '몸 성전' 입니다. "너희 몸은 너희가 하나님께로부터 받은바 너희 가운데 계신 성령의 전인 줄을 알지 못하느냐" (고전 6:19). 내 '몸' 이 성전입니다. 여기 몸은 각 개인의 몸을 강조하고 있습니다.[43] 구약의 지상 성전에서는 뜰을 지나, 성소를 지나, 지성소까지 가야 하나님의 임재를 만날 수 있었습니다. 이곳은 대제사장이 일년에 한번 들어갈 수 있는 곳이었습니다. 그러나 오순절 다락방에서 성령 하나님이 '각 사람 위에 하나씩 임' 한 이후에는 크리스천의 '내 몸 성전' 에 성령 하나님이 항상 거하십니다. 몸을 나타내는 헬라어 단어가 둘 있습니다. '사르크스sarks' 의 몸은 육신을 말합니다. 6장19절에 쓰인 '소마soma' 의 몸은 영혼육의 전인간(whole person)을 말합니다. 내 몸이 성전이라는 말은 나의 영, 혼, 육 – 나의 몸과 마음이 하나님의 성전이라는 말입니다. 이곳에 3위의 하나님이신 성령이 함께하십니다. 세 성전 – 하늘 성전, 지상 성전, 몸 성전은 서로 연결되어 연동합니다. 내 몸 성전이 없으면 지상 성전도 없습니다. 지상 성전이 없으면 나에겐 하늘 성전도 없습니다.

세 성전에는 모두 문들이 있습니다. '문들아 너희 머리를 들지어다' 에서 문은 머리로 의인화되었습니다. 몸에서 머리가 중요하듯 성전에서 문도 중요하다는 말입니다. 문은 열기도 하고 닫기도 합니다. 닫기만 하면 안 됩니다. 그렇다고 아무에게나 열어서도 안 됩니다. 무엇에게, 누구에게 문을 여는가는 중요한 일입니다. 우리 육신도 아무 음식이나 받아들이면 건강을 해칩니다. 좋은 음식에 문을 열면 몸이 건강해집니다. 우리는 무엇에, 누구에 문을 열어야 합니까? "영광의 왕" 께 문을 열어야 합니다. 만군의 하나님입니다. 하나님께 문을 연다는 것은 하나님께 머리를 드는 것입니다. 하나님께 머리를 드는 것은 6절에 의하면 '하나님의 얼굴을 구하는' 행위입니다. 머리를 들어야 상대방의 얼굴을 볼 수 있습니다. 이때 '영광의 왕' 이 들어옵니다. 이것이 하나님께 드리는 예배입니다.

성전은 예배드리는 곳입니다. 몸 성전, 지상 성전, 하늘 성전 모두 예배드리는 곳입니다. 하나님은 우리의 예배를 매우 기뻐하십니다. 먼저 내 몸과 마음의 성전 문을 열고 하나님께 참예배를 드려야 합니다. 그다음 '우리' 지상 성전의 문을 열고 함께 참예배를 드려야 합니다. 그러면 하늘 성전에서 모든 하나님의 백성들과 영원히 참예배를 드리게 됩니다. 이것이 하나님께서 원하시는 일입니다.

문을 연 결과는 무엇입니까? 즉 머리를 든 결과는 무엇입니까? 즉 참예배를 드린 결과는 무엇입니까? 첫째, "문들아 너희 머리를 들지어다. 영원한 문들아 들릴지어다. 영광의 왕이 들어가시리로다." 하나님의 영광이 우리와 함께합니다. '영광' 은 빛, 밝음, 아름다움을 의미합니다. 영광의 왕이 내 마음에 들어오면 내 마음이 밝아집니다. 내 가정에 들어오면 내 가정이 밝아집니다. 이 세상은 어둠입니다. 이 세상에만 문을 열면 결국 어둠만 가득하게 됩니다. 내가 대학 입학시험을 치를 때에 어머니는 나를 서울에 있는 어머니 친구 집에 머물게 하셨습니다. 시험 보는 장소와 가까웠기 때문입니다. 그 집에 일주일간 머물면서 나는 깜짝 놀랐습니다. 그 가정은 매일 저녁 가정예배를 드렸습니다. 그 당시 신자가 아니었던 나는 이 광경이 참 신기했습니다. 어린 세 자녀들이 나를 위해 기도해 주었습니다. 아이들은 밝고, 집안 분위기는 신선했습니다. 가족들 사이에서 웃음이 끊이지 않았습니다. 한 주간 편안한 마음으로 대학 입학시험을 보았습니다. 결코 합격할 수 없는 상황이었는데 좋은 성적으로 합격할 수 있었던 건 그 가족의 기도 힘이 컸다고 생각합니다. 일주일 만에 다시 우리 집으로 돌아왔습니다. 그때 처음 다가온 느낌은 어둠이었습니다. 내가 십팔 년을 함께 해온 가정이었는데 하웅이 집과 비교하니 어둡게 느껴졌습니다. 전등불이 없어서 어두운 건 아니었습니다. 영적인 어두움이었습니다. 내 부모님들은 하나님을 몰랐지만 성실하게, 부지런하게 이 세상을 사신 분들입니다. 새벽부터 밤까지 열심히 일하셨습니다. 생활이 쉽지는 않았지만 나는 평생 부모님 입에서 욕이 나오는 소리를 듣지 못했습니다. 그래도 우리 집 안이 어둡게 느껴졌습니다. 우리 가정은 세상에만 문 열고 살았기 때문입니다. 대학 4학년 때 주님은 나에게 찾아오셨습니다. 내가 주님을 영접하자 내 마음이 밝아졌습니다. 곧바로 부모님께 복음을 전하고 교회로 인도했습니다. 우리 가정도 밝아지기 시작했습니다. 내가 매우 감사하게 생각하는 일입니다. 30년 만에 고등학교 동창을 뉴욕 맨해튼에서 우연히 만났는데 그 친구 입에서 나온 첫마디가 내 얼굴이 밝아졌다는 말이었습니다. 학교 다닐 때 나는 항상 인상만 쓰며 살았기 때문에 얼굴이 밝아졌다는 말은 마치 훈장처럼 내 가슴에 얹혔습니다.

내가 지금 어두운 건 어둠에 문 열었기 때문입니다. 내가 지금 밝은 건 밝음에 문 열었기 때문입니다. 지옥은 어둠입니다. 거긴 예배가 없습니다. 수십억 명이 모여 있어도 한 사람도 하나님께 예배드리는 자가 없습니다. 수억 년의 시간이 지나도 그곳에서는 단 1초도 찬양 소리를 들을 수 없습니다. 천국은 밝음입니다. 거긴 예배만 있습니다. 모든 사람이 다 예배자입니다. 단1초도 끊이지 않고 하나님께 대한 찬양 소리가 들리는 곳입니다! 몸 성전, 지상 성전, 하늘 성전은 예배드리는 곳입니다. 참으로 하나님께 예배드릴 때 영광의 왕이 들어오십니다. 그때 해보다 밝은 영광이 우리 가운데 가득하게 됩니다.

둘째, "영광의 왕이 누구시냐 강하고 능한 여호와시요 전쟁에 능한 여호와시로다"(24:8). 영광의 왕은 강하고 능하신 여호와, 전쟁에 능한 여호와입니다. 10절에는 '만군의 여호와'라고 덧붙여 설명합니다. 그러므로 영광의 왕이 함께하면 승리합니다. 질 것 같은데, 망할 것 같은데 끝은 반드시 승리입니다! 다윗이 9척 장신의 골리앗과 싸울 때는 군대 징집도 될 수 없었던 10대의 청소년이었습니다. 다윗의 승리는 참예배자의 승리입니다. 성경에 나오는 신화 같은 이야기입니까? 프랑스와 영국은 100년 동안이나 전쟁 중이었습니다. 프랑스 땅을 헤집고 다니는 영국군 때문에 프랑스는 이 세상에서 없어질 판이었습니다. 그때 하나님께서 한 시골 소녀 잔 다르크를 부르십니다. 그녀의 나이는 16세에 불과했습니다. 잔 다르크는 한 번도 전쟁에 참여해 본 적이 없었지만 고전하는 전쟁터의 전세를 단숨에 역전시켰습니다. 어떻게? '전쟁에 능한 여호와' 하나님이 함께하셨기 때문입니다. 잔 다르크는 문맹입니다. 공부할 기회도 없었습니다. 그러나 매일 하나님께 기도하고 예배드리던 신실한 소녀였습니다. 잔 다르크의 승리는 예배자의 승리입니다. 전쟁에서 기피되는 늙은 사람도 승리할 수 있습니다. 더글러스 맥아더 장군이 인천 상륙 작전을 할 때 그의 나이는 70대였습니다. 승리할 확률이 1/5000로 희박했기 때문에 워싱턴에서도 작전을 바꾸라고 권했지만 맥아더는 밀어붙였습니다. 그리고 승리했습니다. 어떻게? '전쟁에 능한 여호와' 하나님이 함께하셨기 때문입니다. 맥아더는 웨스트포인트 사관학교를 수석으로 졸업한 수재입니다. 일생 전쟁터를 누비고 다녔습니다. 그러나 그가 의지한 것은 자신의 머리와 경험이 아니라 하나님이었습니다. "나는 매일 밤 성경을 읽지 않고는 잠자리에 들지 않습니다." 나는 그가 한 이 고백을 좋아합니다. 맥아더는 매일 하나님의 얼굴을 구하는 예배자였습니다. 하나님은 참예배자에게 승리를 주십니다. 하나님은 강하고 능하시며, 전쟁에 능하신 여호와이기 때문입니다. 이 영광의 왕이 지금 당신과 함께하길 원하십니다. "내가 문 밖에 서서 두드리노니 누구든지 내 음성을 듣고 문을 열면 내가 그에게로 들어가 그로 더불어 먹고 그는 나로 더불어 먹으리라"(계 3:20). 주님은 강하시지만 폭력자가 아니기 때문에 억지로 문을 열고 들어오지는 않습니다. 우리가 문을 열어야 들어오십니다. 주님은 들어와 우리와 교제하기를 원하십니다.

자, 어떻게 영광의 왕께 문을 열 수 있습니까? 마지막으로 실질적인 조언 하나를 드리겠습니다. 하나님께 문 여는 것을 귀찮아하지 마십시오. 머리 들기? 쉬운 일입니다. 그러나 귀찮으면 쉬운 일도 못합니다. "게으른 자는 그 손을 그릇에 넣고도 입으로 올리기를 괴로워하느니라"(잠 26:15). 학생이 학교 가는 것이 귀찮으면 공부할 수 없습니다. 회사원이 회사 가는 것이 귀찮으면 해고 일 순위가 될 것입니다. 그래도 그런 일들은 열심히 하는 편입니다. 먹고살아야 하기 때문입니다. 그러나 하나님께 드리는 예배? 귀찮으면, 조금 바쁘면 문 닫는 일 순위가 예배입니다. 왜냐하면 먹고사는 데 아무런 지장이 없기 때문입니다. 한 달을 예배 안 드린다고 무슨 일이 일어나겠습니까? 문 여는 일은 머리 드는 일

만큼이나 쉬운 일입니다. 그러나 귀찮아질 수 있습니다. 귀찮으면 아무 일도 못 합니다. 이 세상 성공자들은 꼭 머리가 명석한 사람들이 아닙니다. 귀찮은 일을 잘 감당한 사람들입니다. 그들에게도 물론 귀찮은 일이었겠지만 그들은 귀찮아도 그 일을 합니다. 만약 당신이 음악가라면 이 사실을 누구보다 잘 알 것입니다. 성공한 음악가? 재능? 뒷받침? 내가 아는 성공한 음악가들은 모두 상상을 초월할 정도로 부지런한 사람들이었습니다. 귀찮아도 매일 연습합니다. 귀찮아도 매일 오선지에 음악을 적어갑니다. 헨델은 매우 부지런한 작곡가입니다. 영국에서 시작한 오페라단 '왕립 음악 아카데미'가 경쟁자들 때문에 문을 닫았습니다. 헨델은 이미 돈도 많이 벌었고 명성도 있었습니다. 그러나 헨델은 작곡에 대한 문을 닫지 않았습니다. 다시 오페라단을 만들었습니다. 얼마 후 그 오페라단도 문을 닫게 되었습니다. 거기에 헨델은 치명적인 병까지 얻었습니다. 이쯤 되면 음악가로서의 인생은 문을 닫아야 할 것입니다. 그런데 헨델은 문을 닫지 않았습니다. 1741년 마지막으로 쓴 오페라 '데이다미아Deidamia'도 흥행에 실패했습니다. 그래도 헨델은 작곡에 대한 문을 닫지 않았습니다. 이때 새롭게 문을 연 곳은 '오라토리오'였습니다. '메시아'였습니다. 성경이었습니다. 하나님은 오라토리오 〈메시아〉를 통하여 헨델에게 큰 승리를 안겨주셨습니다. "영광의 왕이 누구시냐? 강하고 능한 여호와시요, 전쟁에 능한 여호와시로다." 이런 일, 저런 일로 귀찮아하면 아무 일도 할 수 없습니다. 이런 일이 있어도, 저런 일이 있어도 문을 열어야 합니다. 먼저 영왕의 왕께 문을 활짝 열어야 합니다. 영광의 왕이 우리에게 들어오시면 그 왕께서 일을 하십니다! 지금 당신의 삶은 어둠입니까? 밝음입니까? 당신의 문은 어디에 열려 있습니까?

4장 하나님이 천국에서 그의 정체를 밝히심
God discloses his identity in Heaven

34. Tenor Recitative. 하나님께서 천사 중 누구에게
Unto which of the angels said he (히브리서 1:5)

A장조 코드로 시작하는 34번 노래는 콘티누오 반주에 의한 간단한 레치타티보입니다. 33번의 힘찬 합창과 35번의 휘몰아치는 합창 사이에서 조용한 오아시스 같은 역할을 합니다. 곧 몰아칠 폭풍 직전의 고요함. 다섯 마디의 짧은 레치타티보이지만 중요한 단어가 그 가사에 다이아몬드처럼 박혀 있습니다. 다음 구절에서 그 단어를 찾아보세요.

"하나님께서 어느 때에 천사 중 누구에게 너는 내 아들이라
오늘 내가 너를 낳았다 하셨으며" (히브리서 1:5a)

위의 구절은 시 2:7의 인용입니다. "내가 여호와의 명령을 전하노라 여호와께서 내게 이르시되 '너는 내 아들이라 오늘 내가 너를 낳았도다." 유명한 메시아 예언 시편입니다. 사도 바울도 이 구절을 사용해서 설교했습니다(행 13:33). 히브리서 기자는 1:5뿐 아니라 5:5에서도 다시 이 구절을 이용하고 있습니다. 그런데 제넨스는 왜 시편 구절을 직접 사

용하지 않고 히브리서의 인용 구절을 사용했을까요?

히브리서는 편지 형식으로 되어 있는 책이지만 발신자와 수신자가 명확하지 않은 책입니다. 그러나 둘 사이는 이미 잘 알고 있는 관계입니다. 양쪽 모두 디모데를 잘 알고 있습니다(13:23). 양쪽 모두 구약의 율법과 제사 제도를 잘 알고 있습니다. 그 당시 수신자들이 어떤 상황에 있었는지는 본문을 통해 충분히 유추할 수 있습니다. 그들은 큰 환난을 받았습니다. 사람들의 구경거리가 되고, 비방을 받고 소유를 빼앗겼습니다(히 10:32-34). 많은 학자들은 AD64년 네로 황제의 대박해 때일 것으로 생각합니다. 로마에 대 화재가 발생했습니다. 네로는 그 화재의 주범으로 크리스천들을 지목하여 로마 시민들의 분노를 크리스천들에게 향하도록 했습니다. 크리스천들이 붙들려 끔찍한 죽음을 당했습니다. 이 상황에서 많은 신자들이 흔들렸을 것입니다. '예수를 믿고 사는데 왜 이런 끔찍한 일들이 생기는가? 예수 믿는 일이 잘못된 것은 아닐까?' 큰 고난이 닥치면 잘 믿던 사람들도 흔들리기 쉽습니다. 이제까지 믿었던 것을 의심하게 됩니다. 잘못된 신앙, 기형적인 신앙으로 빠지기도 합니다. 히브리서 저자는 '흘러 떠내려' 간다는 표현을 사용합니다(히 2:1). 그 당시 크리스천들의 영적 상태를 잘 표현한 단어입니다.

히브리서 수신자들이 빠져 있었던 큰 혼란 가운데 하나가 천사입니다. 천사는 영적 존재이지만 하나님의 피조물입니다. 하나님은 천사를 통하여 말씀하십니다. 그러므로 천사를 체험한 사람들은 많습니다. 구약 시대뿐 아니라 신약 시대의 베드로도, 바울도 천사를 체험했습니다. 1세기 크리스천 중에는 천사를 경배하는 사람들이 많았습니다. 특별히 소아시아 지방을 중심으로 천사 경배 사상이 많이 퍼져 있어서 사도 바울이 경계하기도 했습니다. 천사가 당신에게 나타날 수도 있습니다. 그러나 천사는 우리의 경배 대상이 아닙니다. 특히 마귀도 흰 옷 입은 천사로 가장하여 나타날 수 있기 때문에 매우 조심해야 합니다. 많은 점쟁이들이 자기에게 나타난 마귀를 천사로 알고 섬기고 있습니다.

1세기의 많은 크리스천들 중에는 예수 그리스도도 천사들 중 하나라고 믿고 있는 신자들이 많았습니다. 잘못된 신앙입니다. 지금도 예수 그리스도를 믿지만 잘못 알고 믿는 사람들이 있습니다. 많은 사람들이 예수님을 인류의 큰 스승 중 하나라고 말합니다. 많은 사람들이 예수님을 선지자 중의 하나라고 말합니다. 전혀 틀린 말은 아니지만 예수님을 그 정도로만 알고 있다면 구원은 없습니다. 똑바로 알고 있는 것이 아닙니다. 히브리서 저자는 "그가(예수 그리스도가) 천사보다 훨씬 뛰어남" 이라고 말합니다(1:4). 최상급입니다.

어떻게 그런 말을 합니까? 자기가 믿는 예수 그리스도를 미화하는 것입니까? 그 주장의 근거가 무엇입니까? 34번 레치타티보의 내용입니다. "하나님께서 어느 때에 천사 중 누구에게 '너는 내 아들이라 오늘 내가 너를 낳았다' 하셨으며". 하나님은 '너는 내 아들이라' 고 말씀하셨습니다. 단수입니다. 한 사람에게만 이 말씀을 하셨습니다. 천사들에게 이런 말씀을 하신 적이 없습니다. 자기 아들에게만 이런 말씀을 하셨습니다. 언제? 예수님이 요한에게 세례를 받으실 때 직접 말씀하셨습니다. "하늘로부터 소리가 나기를 너는 내 사랑하는 아들이라"(막 1:11). 그러므로 히브리서 저자는 예수 그리스도가 천사들보다 훨씬 뛰어난 분이라고 말하고 있습니다. 천사 경배가 잘못된 신앙임을 수정해 주는 것입니다. 천사는 종입니다. 예수님은 하나님의 아들입니다. 아들과 종은 결코 동격

일 수가 없습니다.

주님은 하나님의 아들이기 때문에 하나님을 아버지라고 부르셨습니다. 천사들은 하나님 가까이 있어도 하나님을 아버지라고 부르지 않습니다. 선지자들도 하나님의 음성을 잘 듣지만 하나님을 아버지라고 부르지 않습니다. 예수님만 하나님을 아버지라고 부릅니다. 예수님은 하나님의 아들이기 때문입니다. 예수님이 하나님을 '내 아버지'라고 공개적으로 부르기 시작하자 유대인들은 어떻게 생각했습니까? "유대인들이 이로 말미암아 더욱 예수를 죽이고자 하니 이는 안식일을 범할 뿐만 아니라 하나님을 자기의 친아버지라 하여 자기를 하나님과 동등으로 삼으심이러라"(요 5:18). 유대인들은 예수님이 하나님을 아버지라고 부르는 것이 신성모독이라고 생각했습니다. 그러므로 죽이려고 했습니다. 예수님도 저들의 생각을 잘 아십니다. 그래서 하나님을 아버지라고 부르는 것을 포기하셨습니까? 아닙니다. 왜냐하면 하나님은 자신의 아버지이기 때문입니다. 당신은 당신의 부친을 아버지라고 부릅니다. 어떤 악당이 당신에게 말합니다. '그 사람을 아버지라고 부르지 마. 부르면 널 죽일 거야.' 당신은 이 말을 듣고 아버지를 아버지라고 부르지 않겠습니까? 그럴 수 없습니다. 당신의 아버지이기 때문입니다.

놀랍게도 예수님은 주님을 믿는 우리에게도 하나님을 아버지라 부르도록 허락하셨습니다. "너희는 이렇게 기도하라 '하늘에 계신 우리 아버지여 이름이 거룩히 여김을 받으시오며"(마 6:9). 크리스천은 하나님을 아버지라고 부르는 사람들입니다! 은혜요, 특권입니다! 이 세상에 어떤 사람들이 자기가 믿는 신을 아버지라고 부릅니까. '아버지!' 자꾸 부르십시오. 하나님이 기뻐하십니다. 나는 네 자녀들이 있습니다. 자녀들이 나를 '아빠' 라고 부를 때마다 기쁩니다. 하나님도 마찬가지입니다. 우리가 하나님을 '아버지' 라고 부를 때 하나님은 기뻐하십니다. 친아버지도 안 부르면 멀어집니다. 양아버지라도 자꾸 부르면 친 아버지 이상이 됩니다. 갓 태어난 신생아 둘이 간호원 실수로 병원에서 바뀌었습니다. 초등학교 때까지 이 아이들은 자기 아버지가 아닌 남자를 아버지라고 부르며 자랐습니다. 부모들은 우연히 바뀐 것을 알고 아이들을 바꾸기로 했습니다. 그 장면이 TV에 중계된 적이 있습니다. 아이들은 서로 그 집에 안 가겠다고 떼를 쓰며 울었습니다. 자기의 친부모인데도 '아버지' 라고 불러본 적이 없었기 때문입니다. 당신은 매일 하나님을 아버지라고 부릅니까? 아버지라고 부르는 것이 낯설지는 않습니까? 예수님은 늘 하나님을 아버지라고 부르셨습니다. 이 때문에 결국 십자가에 달려 돌아가셨습니다. 십자가에서도 끝까지 아버지의 이름을 부르셨습니다. "아버지 저들을 사하여 주옵소서 자기들이 하는 것을 알지 못함이니이다. / 아버지 내 영혼을 아버지 손에 부탁하나이다" (눅 23:34, 46).

"오늘 내가 너를 낳았다." 이 말은 아들과 아버지가 동일하다는 표현입니다. 천사는 영적 존재이지만 하나님이 낳지 않았습니다. 하나님이 만드신 피조물입니다. 인간도 하나님이 낳지 않았습니다. 흙으로 만든 하나님의 피조물일 뿐입니다. 그러나 예수님은 하나님이 낳으셨습니다. 예수님은 하나님의 붕어빵입니다. 내 아들은 피아노 치며 하나님을 찬양하고 설교를 합니다. 그 모습을 보면서 어떤 성도님이 아버지 모습과 똑같다고 말합니다. 당연합니다. 내 아들은 나와 같은 DNA를 가진 붕어빵이기 때문입니다. 히브리서 저자는 이 사실을 "이는(예수 그리스도는) 하나님의 광채시요 그 본체의 형상이시라"고 말합니다(1:3). '본체'

라는 말은 하나님의 본체, 본질을 말합니다.[44] '형상karakter'은 신약에서 이 구절에만 한 번 사용된 단어인데 원뜻은 도장의 이미지(exact imprint)를 말합니다. 하나님은 도장이고 그 아들은 그 도장으로 찍은 이미지입니다. 도장과 그 이미지는 뗄 수 없는 관계입니다. 도장과 이미지는 사실 같은 것은 아닙니다. 그러나 동일합니다.

이 사실을 이해하는 것이 쉽지 않기 때문에 초대 교회에서 많은 혼란이 있었습니다. 아버지와 아들은 어떤 관계인가에 대한 문제입니다. 알렉산드리아의 오리겐(Origenes, 185-253)은 경건한 크리스천이요 학자였습니다. 그는 하나님은 진짜 하나님이지만 그리스도는 제2의 하나님이라고 말했습니다. 즉 성자 그리스도는 성부 하나님에 종속된다는 말입니다. 알렉산드리아의 아리우스(Arius, 250-336) 장로는 그 이론을 그대로 이어받아 그리스도를 피조물로, 상대적 존재로 파악했습니다. 그리스도의 인성과 신성 중 인성에만 초점을 맞추었습니다. 그렇다면 그 당시 성부, 성자, 성령의 이름으로 세례를 받는 것은 어떤 의미가 있습니까? '그는 그 본체의 형상'이라는 말은 아리우스파에게 무의미한 구절입니까?

이런 혼란이 교회에 계속되자 첫 번째 크리스천 황제인 콘스탄티누스는 종교회의를 소집했습니다. 이것이 세계 최초 공의회인 325년 니케아 종교회의입니다. 참석자들은 대부분 아리우스의 주장을 지지하는 사람들이었습니다. 이때 아타나시우스(Athanasius 296?, 298?-373)라는 20대의 젊은 집사가 '그의 본체는 아버지의 본체와 동일'하다고 주장했습니다. 참석자들은 이 젊은 집사의 말에 충격을 받았습니다. 격렬한 토론 끝에 참석한 318명 중 316명의 찬성으로 아타나시우스의 주장이 채택되었습니다. 역사는 아타나시우스의 승리라고 얘기하지만 사실은 아타나시우스의 승리가 아니라 성령 하나님의 인도함이었습니다! 아타나시우스의 주장이라고 말하는 것보다 성경의 가르침이라는 말하는 것이 옳습니다. 성경은 벌써부터 예수님은 '그 본체의 형상'이라고 기록했기 때문입니다. 그러나 아리우스의 주장이 사라진 것은 아닙니다. 그의 주장을 지지하는 사람들은 계속 막강한 세력을 펴나갔습니다. 30대 젊은 나이에 알렉산드리아 대주교 자리에 오른 아타나시우스는 다섯 번이나 유배를 당할 정도로 아리우스파의 격한 공격을 받았습니다. 그들의 세력은 뱀처럼 집요하고 강했습니다. 사라진 것 같다가 다시 나타나고, 죽은 것 같다가 슬며시 일어나 잘 믿는 교인들 사이를 휘젓고 다녔습니다.

"너는 내 아들이라!" 이 말을 이해하는 것이 수천 년 동안 매우 어려웠다는 사실을 교회사를 통해 알 수 있습니다. 아리우스파의 잘못된 주장은 초대교회에서뿐 아니라 지금도 계속되고 있습니다. '여호와 증인'은 예수 그리스도를 믿는다고 주장하지만 그리스도의 신성은 믿지 않습니다.[45] 이슬람도 마찬가지입니다. 그들은 예수 그리스도의 신성을 이해하지 못합니다.[46]

34번 레치타티보에 스쳐가듯 나온 가사, "너는 내 아들이라". 이 말을 이해하는 것은 매우 중요한 일입니다. 우리의 구원과 직결되기 때문입니다. 예수 그리스도의 인성만 믿는 사람이라면 자신의 힘으로 구원을 이루려 할 것입니다.[47] 사탄마귀는 그리스도의 신성을 부인하려 온갖 노력을 다해 왔습니다. 다양한 방법으로 그리스도가 하나님인 것을 숨기려 했습니다. 그러나 하나님은 그때마다 깨어있는 신자를 통하여 하나님의 말씀을 바로 세웠습니다. 크리스천은 예수 그리스도를 하나님으로 믿는 사람들입니다. 인간이 인간을 구원할 수 없습니다. 인간은 불완전하고 쉽게 깨지는 흙 같은 존재입니다. 격류에 빠져 흘러 떠내려가는 사람은 스스로 자기 자신을 구원할 수 없습니다. 물 밖에 있는 구원자가 반드시 필요합니다. 요한복음은 사실 도마의 고백으로 결론을 맺고 있습니다. "나의 주님이시요. 나의 하나님이시니이다." 이 고백이 당신의 고백이기도 합니까?

35. Chorus. 하나님의 모든 천사들은 그에게 경배하라
Let all the angels of God worship Him (히브리서 1:6)

짧지만 중요한 가사를 지닌 테너 레치타티보가 끝나면 *forte*의 빠른 합창곡이 기다립니다. 26번 합창곡과 비슷한 분위기로 시작합니다. 콘티누오 베이스의 D음이 울리면 합창의 네 파트는 8분음표의 약박으로 시작하여 물찬 제비처럼 튀어 오릅니다. A-D-A-B-C#…으로 시작하는 힘찬 주제 동기는 여러 조로 이조되면서 각 파트에 고루 분배됩니다. 처음 네 마디의 화성적 제시는 곧 대위적 양식으로 바뀌는데 이때 4분음표의 주제 동기는 8분음표로 바뀌어 주제 동기를 수식합니다. 마치 어미 뒤에 업혀 있는 아이처럼 4분음표 선율과 8분음표의 두 선율이 얽히고설키며 마지막까지 숨 가쁘게 움직입니다. 오케스트라의 제1, 제2 바이올린, 비올라는 콘 립으로 합창의 상3부의 악보를 그대로 연주하기 때문에 합창 소리는 듣는 사람의 마음에 강한 인상을 남깁니다. 가사는 히브리서 1:6을 사용합니다.

" (또 그가 맏아들을 이끌어 세상에 다시 들어오게 하실 때에)

하나님의 모든 천사들은 그에게 경배할지어다" (히브리서 1:6b)

시편 97:7 (또는 신 32:43)의 자유로운 인용입니다.[48] 그 앞의 구절들은 하나님이 '대적들'(신 32:41, 시 97:3)에 대한 심판의 모습을 그리고 있습니다. 실제 심판하시는 분은 성자 예수 그리스도입니다. 그러므로 히 1:6은 '그가 맏아들을 이끌어 세상에 다시 들어오게 하실 때에'로 시작합니다. 예수 그리스도의 재림을 말합니다. 계시록은 이때의 모습을 보여주고 있습니다(계 19:11, 15).

예수님이 재림하실 때는 천군천사들과 함께 재림하셔서 이 세상을 심판하십니다. 천사들은 예수님과 동격이 아닙니다. 천사들은 예수님을 경배하는 자들입니다. 계시록에는 곳곳에 어린 양 예수 그리스도에게 경배하고 찬송하는 천사들, 그리고 구원받은 백성들의 모습이 나옵니다. 예수님이 천사들에게 경배하는 장면은 어느 곳에서도 찾아볼 수 없습니다.

"경배하다 *proskuneo*"는 '*pro*…에게'와 '*kuneo* 입맞추다'가 합해진 단어입니다. 입맞춤은 사랑의 행위이기도 하고, 존경의 행위이기도 합니다. 성경에서 '프로스쿠네오 *proskuneo*'는 하나님께 경배하는 데 사용된 단어입니다. 입을 맞춘다는 것은 육체와 육체가 접촉하는 행위입니다. 내가 어떤 사람에게 입을 맞춘다면 나는 그 사람과 깊은 관계를 갖고 있다는 말입니다. 경배는 관계입니다. 신약에서 '경배'는 하나님과의 인격적 관계를 표현하는 무척 귀한 단어입니다. 크리스천은 아무리 아름다워도, 아무리 크고 굉장해 보여도 무턱대고 그것을 경배하면 안 됩니다. 나는 천사를 본 적이 없지만 천사는 매우 황홀하고 두려울 만한 모습을 하고 있는 존재임이 틀림없습니다. 천사를 본 사람들은 모두 두려워 떨니다. 그렇다고 천사에게 경배해서는 안 됩니다. 경배는 하나님께만 하는 것입니다. 사도 요한도 두 번이나 실수를 했습니다(계 19:10 / 22:9).

1세기 크리스천들은 외부적으로 큰 핍박을 받고 있었습니다. 지하 묘소인 카타콤에 숨어서 힘들게 예배 드렸습니다. 또한 내부적으로 신학적인 혼란에 빠져있었습니다. '예수 그리스도가 천사 중 하나인가? 아닌가?' '우리가 예루살렘에서 드리던 제사는 폐하여진 것인가? 계속되어야 하는가?' '이번 초막절에 예루살렘에 올라가야 하는가?' 저들의 머리는 혼란스럽고 마음은 흔들렸습니다. '흘러 떠내려' 가는 중이었습니다(히 2:1). 세상이 혼란스러울 땐 미신이 성행합니다. 사람들은 무엇이든지 붙들고 싶은 심정이기 때문입니다. 그러나 히브리서 저자는 흔들리지 않았습니다. 수년간의 코로나 팬데믹으로 전 세계의 많은 교회들이 침체되었습니다. 바나 조사에 의하면 목사들 중 42%가 교회 문 닫을 것을 심각하게 고려하고 있다고 합니다. 팬데믹 이후 식당, 극장, 야구장은 다시 붐비는데 신자들은 교회에 돌아오지 않으려 합니다. 교회가 더욱 힘들어졌습니다. 아마 1세기 교회들은 팬데믹 이후 교회들보다 훨씬 더 어려웠을 것입니다. 그런데 히브리서 저자는 어떻게 흔들리지 않고 신자들을 격려할 수 있었을까요. "그러므로 우리는 들은 것에 더욱 유념함으로 우리가 흘러 떠내려가지 않도록 함이 마땅하니라"(히 2:1). 저자는 '들은 것' 즉 하나님의 말씀, 복음의 말씀을 꽉 붙들고 있었습니다. 1장에만 구약 성경을 일곱 번 인용하여 복음의 말씀을 증거하고 있습니다. 히브리서 전체에 30회 이상의 구약 말씀이 인용되어 예수 그리스도를 증거합니다. 저자는 '들은 것'에 '더욱 유념'한 사람입니다! 핵심은 단순히 '듣는 것'이 아니라 '들은 것에 더욱 유념'하는 것입니다. 하나님 말씀에 집중하는 것입니다. 이것이 크리스쳔의 올바른 방향입니다.

초대교회 교인들은 복음에 대하여 들은 것이 없었습니까? 많이 들었습니다. 그러나 '더욱 유념' 하지는 않았습니다. 그래서 흔들렸습니다. 우리는 복음에 대하여 들은 것이 없습니까? 엄청 많습니다. 그러나 문제는 '더욱 유념' 하지 않는다는 사실입니다. 똑같은 교실에서 똑같은 선생님 아래서 많은 것을 들어도 우등생과 열등생이 나뉩니다. 들은 것에 '더욱 유념' 하는 학생이 우등생이 됩니다. 1세기 교회는 폭풍 속의 촛불 같았습니다. 우리 인생도 폭풍 속 촛불 같습니다. 언제 꺼질지 불안합니다. 그러나 '들은 것에 더욱 유념' 하면 꺼지지 않습니다. 1세기 교회는 그렇게 해서 생존했습니다. 카타콤에서 사라질 것 같았던 초대 교회가 하나님 말씀 꽉 붙들고 살았다면 지금 우리도 그렇게 하면 살 수 있습니다! 한 말씀만 잘 붙들고 있어도 삽니다. 중세시대 교회들이 '흘러 떠내려' 가고 있을 때 한 사람, 마틴 루터는 한 말씀을 꽉 붙들었습니다. "의인은 오직 믿음으로 말미암아 살리라." 그 말씀으로 루터만 산 것이 아니라 루터는 많은 교회들을 살렸습니다. 청교도 이민으로 시작한 미국은 이민의 물결이 거세지면서 물질주의 사회로 변했습니다. 힘들게 세워진 교회들이 세속주의 세상으로 '흘러 떠내려' 가고 있었습니다. 이 때 말씀에 집중하며 산 사람이 있습니다. 조나단 에드워드. 그는 매일 13-14시간 기도하며 하나님 말씀에 집중했습니다.[49] 그 말씀으로 에드워드 자신만 산 것이 아니라 흘러 떠내려가는 교회들을 살렸습니다. 1740년대의 대 각성운동이라고 부릅니다. 지금 당신이 꽉 붙들고 사는 말씀은 무엇입니까?

5장 성령강림절, 방언 은사, 전도 시작
Whitsun, the gift of tongues, the beginning of evangelism

36. Bass Aria. 주께서 높은 곳으로 오르시며
Thou art gone up on high (시편 68:18)

36번의 베이스(또는 알토) 아리아는 생략되는 경우가 많습니다. 그 가사 내용이 이해하기 힘든 점도 한 이유일 것입니다. 그러나 부드러운 저음 솔로는 35번 합창과 37번 합창 사이에서 완충제 역할을 합니다. 앞 합창곡의 D장조 끝음은 D단조로 바뀌어 단선율 바이올린의 전주가 시작됩니다. 바순이 들어간 콘티누오의 반주가 그 멜로디를 받쳐 줍니다. 못갖춘마디로 시작하는 주제 동기는 중간에 여러 번 반복됩니다. 아리아에서는 이 선율이 한 번도 노래되지 않습니다. 갑자기 튀어 오르는 7도 도약 음정이 특징적인 선율을 만듭니다. 36번 아리아에는 도약 음정이 많이 나옵니다. "주께서 높은 곳으로 오르시며"의 가사를 음악적으로 표현한 것입니다. 11마디 바이올린 전주가 끝나면 급하게 베이스(알토) 솔로가 시작합니다.[50] 전체적으로 바이올린과 성악 듀엣으로 되어 있습니다. 두 선율은 각자의 노래를 하지만 때로는 3도나 6도의 화음으로 하나가 되어 서로를 도와주며 노래합니다. 중간 중간 여러 번 등장하는 바이올린의 주제 동기는 전체적인 통일성을 만들어주며 또한 가사의 말씀을 상기시킵니다. 가사는 좀 까다로운 시편 구절입니다. 그러나 여기에도 중요한 단어가 보석처럼 박혀있습니다. 신약의 말씀들을 살피면 그것이 무엇인지, 왜 중요한지 충분히 이해할 수 있습니다. 이 아리아를 생략하면 <메시아>에서 한 번 나온 그 중요한 단어가 사라집니다. 그 단어가 무엇인지 찾아보세요.

> "주께서 높은 곳으로 오르시며 사로잡은 자들을 취하시고
> 선물들을 사람들에게서 받으시며 반역자들로부터도 받으시니
> 여호와 하나님이 그들과 함께 계시기 때문이로다" (시편 68:18)

다윗의 시편입니다. 이 시편은 해석하기 어려운 시편으로 악명이 높습니다. 왜냐하면 이 시편에만 쓰인 단어들이 많고 그 뜻이 모호하기 때문입니다.[51] 그러나 주제는 분명합니다.[52] 다윗은 일생 수많은 전쟁을 치렀습니다. 놀랍게 한 번도 적에게 패해본 적이 없습니다. 왜냐하면 '전능하신' 하나님이 적들을 '눈이 날림' 같이 흩으셨기 때문입니다(68:14). 다윗은 일생 동안 자기를 위해 싸우시는 전능하신 하나님을 체험했습니다. 시편 68편은 그 하나님의 승리를 찬양하는 시편입니다. 특히 36번 아리아 가사로 쓰인 18절은 승리하신 주님이 어떻게 하셨는지를 보여주고 있습니다.

구약의 말씀은 신약에서 그 의미가 정확하게 이해됩니다. 예수님도 그렇게 말씀하셨습니다.(요 5:39). 구약 성경은 성취되기 전에는 그 내용이 무엇인지 불분명할 수 있습니다. 그러나 신약에서 성취된 것을 보면 그 구절이 어떤 내용인지 분명하게 됩니다. 사도 바울은 에베소서에서 시 68:18이 어떻게 성취되었는지를 설명합니다. "그러므로 이르기를 그

가 위로 올라가실 때에 사로잡혔던 자들을 사로잡으시고 사람들에게 선물을 주셨다 하였도다 / 올라가셨다 하였은즉 땅 아래 낮은 곳으로 내리셨던 것이 아니면 무엇이냐 / 내리셨던 그가 곧 모든 하늘 위에 오르신 자니 이는 만물을 충만하게 하려 하심이라"(엡 4:8-10). 시 68:18의 '주께서 높은 곳에 오르시며'는 예수 그리스도의 승천을 말합니다. '사로잡은 자들을 취하시고'는 전쟁에서 승리하셨다는 의미입니다. 예수님은 죽음에서 부활하셔서 최후의 승리를 이루셨습니다. 그 부활의 몸을 제자들에게 보이시며 40일간을 지상에 계시다가 제자들이 보는 앞에서 승천하셨습니다. 부활의 몸은 신령한 몸이기 때문에 지구의 중력과 상관이 없습니다.

승천하신 주님은 무엇을 하십니까? 여기 중요한 단어가 하나 나옵니다. "선물을 사람들에게서 받으시며". 고대 전쟁에서 승리자는 전장에서 돌아올 때 모든 전리품들을 가지고 옵니다. '선물'은 전리품들을 말합니다. 여기서 전리품을 '선물'이라고 표현한 것은 특별한 의미가 있습니다. 전리품을 취하는 것은 승자의 당연한 권리입니다. 이것은 '선물'이 아닙니다. 그런데 승리자는 큰 전쟁에서 취한 막대한 전리품들을 자기 백성들에게 나누어 줍니다. 이 선물은 전쟁에 참여한 사람이나 전쟁에 참여하지 않은 사람들에게 똑같이 분배됩니다. 이때 전리품은 '선물'이 됩니다. 신약성경은 이 '선물'의 영적 의미를 더 자세히 설명합니다. "죄의 삯은 사망이요 하나님의 은사는 그리스도 예수 우리 주 안에 있는 영생이니라"(롬 6:23). '은사 xarisma'는 선물을 말합니다. 하나님께서 우리에게 주신 가장 중요한 선물은 '영생'입니다. 인간은 오랫동안 죽음의 고통에서 신음해왔습니다. 사탄마귀는 태초부터 하나님의 백성을 죽음으로 인도합니다. 인간이 죽을 일만 골라 하게 만듭니다. 그러나 예수 그리스도의 부활로 하나님의 백성에게 '영생'의 선물이 주어졌습니다!

또 하나 중요한 선물은 성령의 선물입니다. 예수님은 승천 직전에 제자들에게 이 선물을 약속하셨습니다. "사도와 함께 모이사 그들에게 분부하여 이르시되 예루살렘을 떠나지 말고 내게서 들은 바 아버지께서 약속하신 것을 기다리라 / 요한은 물로 세례를 베풀었으나 너희는 몇 날이 못 되어 성령으로 세례를 받으리라"(행 1:4-5). 예수님이 약속하신 선물은 '성령 세례' 입니다. 예수님 승천하신 지 10일 후에 오순절 날 제자들은 성령 세례의 선물을 받았습니다. "오순절 날이 이미 이르매 그들이 다 같이 한 곳에 모였더니 / 홀연히 하늘로부터 급하고 강한 바람 같은 소리가 있어 그들이 앉은 온 집에 가득하며 / 마치 불의 혀처럼 갈라지는 것들이 그들에게 보여 각 사람 위에 하나씩 임하여 있더니 / 그들이 다 성령의 충만함을 받고 성령이 말하게 하심을 따라 다른 언어들로 말하기를 시작하니라"(행 2:1-4). 인류 역사에서 가장 중요한 순간입니다. 제자들은 성령 세례를 받고 성령의 은사, 성령의 나타남을 체험했습니다. 신기한 '방언'의 선물을 받았습니다. 내가 알지 못하는 말이 내 의지와 상관없이 내 입에서 튀어나옵니다. 특별히 제넨스는 5장의 제목에 '방언의 은사the gift of tongues' 라는 말을 써서 주의를 환기시키고 있습니다. 혹 제넨스 자신이 방언의 은사를 받은 사람인지도 모릅니다.[53]

하나님은 하나님의 백성에게 선물을 주시는 분입니다! 어떤 특별한 사람에게만 영적 선물을 주시는 것이 아니라 누구에게나 은사를 주십니다. 인생은 하나님이 주신 은사로 사는 것입니다. 이때 인생은 쉽습니다. 재밌습니다. 열매가 있습니다. 반대로 내가 받지 않은 은사로 살려고 할 때 힘듭니다. 자꾸 꼬입니다. 열매도 없습니다. 내가 아는 백 장로님은 예언의 은사가 풍성하신 분입니다. 내가 전혀 생각하지 않고 있었을 때 목사가 되어 하나님 일을 하게 될 것이라고 예언해주신 분입니다. 이분이 선교지를 방문했습니다. 선교사님은 매우 힘들게 선교 사역을 하고 계셨습니다. 백 장로님이 하나님께 기도했습니다. '선교지로 보내셨으면 선교 사역 감당하게 하셔야지 왜 고생만 하게 하십니까? 그때 백 장로님은 깜짝 놀랄 음성을 들었습니다. '내가 보내지 않았다.' 나는 장로님의 간증을 들으며 많은 생각을 했습니다. 왜 하나님 믿는 사람들이 힘들게 사는가? 내게 주신 은사를 몰라서 그렇습니다. 남의 은사를 흉내 내려 합니다. 최고로 행복한 삶을 살려면 하나님께서 내게 주신 은사를 잘 알고 활용하며 사는 것입니다.

당신에게도 하나님이 주신 선물이 있습니다. 그 선물을 어떻게 알 수 있습니까? 먼저 남을 바라보지 말고 자신의 내면을 바라보면서 정직하게 생각해 보세요. 당신이 진정 좋아하는 일, 좋아하는 경향은 무엇입니까? 친구가 차 사고로 병원에 입원했습니다. 당신은 어떻게 하겠습니까? 몇 가지만 생각해 봅시다.

1. 가서 함께 운다 – 위로의 은사가 있습니다. 사람들이 좋아합니다. 친구가 많습니다. 자꾸 다니며 위로하는 일을 하게 됩니다.

2. 가자마자 기도한다 – 기도의 은사가 있는 사람입니다. 여러 가지 일에서 항상 기도를 우선시합니다. 기도할 때 예언이나 지혜의 말씀을 받기도 합니다.

3. 실제적인 질문을 한다 – 행정의 은사가 있는 사람입니다. 병 상태,

보험, 치료 계획에 대하여 묻고 어떻게 할지를 생각합니다. 회사 사장감입니다.

    4. 돈 봉투를 놓고 온다 – 구제의 은사입니다. 이런 사람에게는 항상 돈이 마르지 않는 것 같습니다. 어디선가 돈이 생기고 돈이 생기면 남을 돕습니다.

    그 외에 여러 가지 은사들을 생각할 수 있습니다. 은사 테스트를 통해서, 강점 테스트를 통하여 나의 은사가 무엇인지 알 수 있습니다. 마틴 셀리그만(Martin Seligman)은 행복한 사람은 자기 강점에 집중하는 사람이고 불행한 사람은 자기 약점에 집중하는 사람이라고 말합니다. 하나님은 각자에게 필요한 은사를 주셨습니다.

    살리에리 신드롬(Salieri Syndrom)이라는 말을 들어보셨습니까? 영화 '아마데우스'에서 나온 말입니다. 2인자가 1인자를 시샘하고 질투하는 심리를 말합니다. 물론 이 말은 후세의 호사가들이 상상해서 만든 말입니다. 살리에리 편에서 보면 좀 억울할 것입니다. 그러나 우리의 인생에 살리에리 신드롬이 있는 것은 사실입니다. 살리에리에게 정말 그런 생각이 있었을 지도 모릅니다. 그 당시 비엔나에서 살리에리의 음악은 상당히 인기가 있었습니다. 그러나 지금 살리에리의 음악은 거의 연주되지 않습니다. 제가 들은 살리에리의 음악들은 흠잡을 데가 없는 모범생의 작품같이 들렸습니다. 그러나 좀 밍밍한 느낌. 튀는 불꽃이 없는… 내 생각입니다. 아마 음악을 잘 아는 살리에리도 모차르트의 음악을 들었을 때 자기 음악에 대하여 그렇게 느꼈을지 모릅니다. 그렇다면 살리에리는 평생 2인자의 심리로 고민하며 살아야 했을까요? 살리에리의 장점은 작곡보다 교육이 아니었을까 하는 생각이 듭니다. 베토벤이 살리에리에게서 성악 작곡법을 배웠습니다.[54] 슈베르트도 그의 제자이고, 모차르트의 아들 프란츠 모차르트도 그의 제자입니다. 음악가가 꼭 독주자, 작곡자가 되어야 하는 것은 아닙니다. 음악에도 여러 분야가 있습니다. 로지나 레빈(Lhevinne) 여사나 갈라미언 같은 분은 연주자로서가 아니라 교육가로서 많은 제자들을 키웠습니다. 레빈 여사는 밴 클라이번, 백건우, 개릭 올슨 같은 명연주자들을 키웠습니다. 세계적인 바이올리니스트인 핀커스 주커만, 이작 펄만, 조슈아 벨, 정경화가 갈라미언 선생의 제자들입니다.

하나님은 우리 각자에게 선물 – 은사를 주십니다. 선물을 받지 못한 하나님 백성은 없습니다. 그 은사대로 인생을 살면 인생에 풍성한 열매가 있습니다. 하나님께서 당신에게 주신 '선물'은 무엇입니까?

37. Chorus. 주께서 말씀을 주시니
The Lord gave the word (시편 68:11)

〈메시아〉 37-39번의 음악들은 같은 주제의 가사를 노래합니다. 그 내용은 36번 '선물'을 알아야 이해할 수 있습니다. 37번 합창곡은 테너, 베이스의 유니슨으로 힘차게, 엄숙하게 시작합니다. '주께서 말씀을 주시니'. 이 주제는 9-10마디에서 소프라노와 알토가 F장조로 똑같이 노래합니다. 전체적으로는 화성적 짜임새로 되어 있지만 'company무리들'의 'com-'에서 시작하는 16분음표 멜리스마는 각 파트가 주고받기 때문에 대위적 양식의 느낌을 주기도합니다. 이 멜리스마는 하나님의 영적 '선물'을 받고 움직이는 무리들의 생동감 있는 모습을 그리고 있습니다. 25마디의 짧은 합창곡이지만 전체가 센자 립, *forte*로 신나게 노래하는 우렁찬 함성입니다. 무엇 때문에 그렇게 신나는 것입니까?

"주께서 말씀을 주시니 소식을 공포하는 여자들은 큰 무리라"

(시편 68:11)

다시 시편68의 말씀이 인용되었습니다. 11절은 학자들이 아직도 그 번역에 고심하고 있는 어려운 구절입니다. '무리' 는 여성명사로 되어 있지만 '큰' 은 남성이기 때문입니다. 크게 두 부류의 번역이 있습니다. 첫째는 '여자들의 큰 무리' 라고 번역하기도 합니다.[55] 이때 말씀을 공포하는 큰 무리는 여자들로 특화됩니다. 그럴 경우 이 여자들은 하나님의 승리를 축하하며 노래하는 여자들의 무리를 생각하게 합니다. 출애굽 직후 여자들의 승전가와 춤이 출애굽기에 기록되어 있습니다(출 15:20-21).

두 번째 번역은 '무리' 를 여성으로 특화하지 않고 일반적인 무리로 보는 해석입니다.[56] 〈메시아〉에서는 KJV의 번역을 따라 '무리' 를 일반적인 사람으로 보았습니다. 어떻게 번역하든 중요한 앞 구절은 분명합니다. '주께서 말씀을 주시니' 헨델은 이 부분을 무반주 남성 유니슨으로 강하게 노래하며 시작합니다.

하나님은 하나님의 백성에게 말씀을 주십니다. 하나님의 말씀은 인간의 지식이나 철학과 다릅니다. 하나님의 말씀에는 능력이 있습니다. 사람을 살리는 능력입니다(요 6:63). 나는 대학교 4학년 때 처음 하나님을 인격적으로 만났습니다. 나를 구원하신 하나님은 어떤 분인지, 하나님의 실체가 무엇인지 궁금했습니다. 얼마 뒤 요한복음 1:1을 읽는 순간

눈이 번쩍 띄었습니다. "태초에 말씀이 계시니라. 이 말씀이 하나님과 함께 계셨으니 이 말씀은 곧 하나님이시니라." 말씀이 하나님이시라는 사실이 충격적이었습니다. 나중에 성경을 공부하며 '이 말씀'에는 다양한 의미가 내포되었다는 사실을 배우게 되었지만 나는 요 1:1을 그 말씀 그대로 읽는 것을 좋아합니다. "이 말씀은 곧 하나님이시니라." 이 말씀은 '태초에' 하나님이 천지를 창조하신 그 말씀입니다. 이 말씀은 예수 그리스도 자신이요, 하나님 자신입니다. 인간은 누구나 이 말씀이 있어야 올바로 살 수 있습니다. 죽은 사람도 이 말씀을 들으면 살 수 있습니다. 그러므로 하나님의 '선물'을 받은 사람들은 이 말씀과 연관을 맺으며 살게 됩니다.

사도 바울은 시 68:18의 '선물'을 이야기하면서 각 사람에게 그 선물이 어떻게 주어졌는지 설명합니다. "우리 각 사람에게 그리스도의 선물의 분량대로 은혜를 주셨나니 / 그가 어떤 사람은 사도로, 어떤 사람은 선지자로, 어떤 사람은 복음 전하는 자로, 어떤 사람은 목사와 교사로 삼으셨으니"(엡 4:7, 11). 하나님은 하나님의 백성에게 '선물'을 주십니다. 그 선물은 무슨 일에 필요합니까? 11절에 나오는 다섯 은사 또는 다섯 직분을 살펴보면 영적 선물의 우선 목적을 알 수 있습니다. '사도'는 하나님 말씀을 전하려고 보냄을 받은 사람을 말합니다. 좁은 의미로는 예수님과 함께 지냈던 12제자들을 말합니다. 넓은 의미로는 하나님이 부르시고, 사명 주셔서 파송한 자들을 사도라고 말합니다. 그래서 바울, 바나바도 예수님과 함께 지냈던 자들은 아니지만 사도라고 부릅니다. '선지자'는 하나님의 말씀을 듣고 전달하는 사람으로 구약 시대에 매우 중요한 직분이었습니다. 성격은 조금 다르지만 신약 시대에도 선지자가 있습니다. '복음 전하는 자'는 순회하며 전도하는 자들입니다. '목사'는 지역 교회의 성도를 맡은 지도자입니다. 그 역할은 가르침입니다. 그래서 다섯 번째의 '교사'와 함께 쓰입니다. 다섯 직분 또는 네 직분(목사와 교사를 같은 직분으로 생각할 때)의 공통점은 저들이 모두 말씀을 전하고 가르치는 일을 하는 사람들이라는 사실입니다. 교회는 하나님 말씀이 없으면 껍데기입니다. 건물만? 음악만? 친교만? 교회에는 하나님의 말씀이 있어야 합니다. 성령의 음성이 있습니다. 선지자의 역할이 바로 성령의 음성을 전하는 것입니다. 그러나 기록된 성경의 말씀이 가장 중요합니다!

우리에게 성경 66권이 주어졌다는 것은 축복입니다. 성경은 하나님의 말씀이기 때문에 내가 성경을 읽고, 묵상하는 일은 하나님이 내 옆에서 말씀하시는 것과 같습니다. 천지를 창조하신 바로 그 능력의 말씀입니다! 테이코 엔지니어링(Tayco)의 정재훈 박사는 나사(NASA)의 해결사로 불립니다. 1986년 챌린저호 폭발사건, 2003년 콜럼비아호 폭발사건 등 인공위성 발사체의 여러 가지 문제를 해결한 분이기 때문입니다. 테이코의 말단 사원으로 들어간 정 박사는 7년 만에 부사장이 되었고 지금은 CEO로 일하고 있습니다. 그는 매일 새벽 4시 15분에 일어나서 정장을 하고 6시 15분까지 성경을 읽습니다. 그 일을 40년 이상 하고 있습니다. 성경 말씀은 정 박사에게 지혜를 주었고, 승리를 주었고, 성공을 주었습니다. 하나님은 우리에게 말씀을 주시는 분입니다. "주께서 말씀을 주시니!" 그 말씀을 받은 사람들은 신이 납니다. 생동감이 있습니다. 37번 합창은 그래서 신이 납니다.

38. Soprano Aria. 아름답도다 좋은 소식을 전하는 자들의 발이여
How beautiful are the feet of them (로마서 10:15)

한 판 신나는 합창이 끝나면 관계단조로 소프라노 아리아가 시작됩니다. 6/8의 목가적인 아리아는 앞뒤의 *forte* 합창곡들의 완충 역할을 합니다. 순차진행을 많이 사용한 멜로디는 편안한 느낌을 줍니다. 반주는 콘티누오에 단선율 바이올린만 연주하기 때문에 사실상 소프라노와 바이올린의 듀엣입니다. 바이올린은 자신의 특별한 선율을 연주하지 않고 충실히 소프라노의 조력자 역할만 합니다. 전체적으로 아름답고 우아한 아리아입니다. 그러나 콘티누오의 반주는 이전의 반주와 조금 다릅니다. 코드와 코드 사이에 쉼표가 있어서 각 박자가 끊어집니다. 복음을 전파하는 아름다운 '발'의 보행을 나타냅니다. 그 발걸음은 군대의 저벅저벅 발걸음이 아니라 6/8의 박자에 실린 기쁨의 발걸음입니다. 덩~실 덩~실 발걸음. 가볍고 아름답습니다. 사용된 가사는 로마서 10장의 말씀입니다.

"(보내심을 받지 아니하였으면 어찌 전파하리요 기록된바)
아름답도다 좋은 소식을 전하는 자들의 발이여 함과 같으니라"
(로마서 10:15)

소프라노 아리아에 사용된 로마서 말씀은 이사야 52:7에서 인용했습니다. 중요한 단어는 '좋은 소식' 입니다. 이사야의 말씀은 바벨론에 포로로 잡혀간 이스라엘 백성들에 대한 예언입니다. 그들이 소중하게 여기던 예루살렘 성전은 이미 무너졌고 그들은 자신들이 천하게 여기던 이방인들의 지배를 받게 되었습니다. 나라도 없고, 왕도 없고, 군인도 없습니다. 자기들 스스로 회복할 수 있는 힘은 전혀 없었습니다. 그들뿐 아니라 그들의 후손들도 이방민족의 포로로 살아야 했습니다. 절망입니다. 그런데 하나님은 그들에게 회복할 것이라고 말합니다. "돈 없이 속량되리라"(사 52:3b). 포로들에게 이보다 '좋은 소식' 은 없을 것입니다. 로마서에서는 이 말씀이 메시아 예수 그리스도를 통한 구원의 소식임을 말하고 있습니다. 우리는 어떻게 메시아를 통하여 구원을 받습니까? 보내신 자가 있기 때문입니다. 그들은 '좋은 소식' 즉 복음을 전파하는 자들입니다. 우리는 그 복음을 듣습니다. 듣고 믿습니다. 믿고 주의 이름을 부릅니다. 이때 구원을 받습니다. "누구든지 주의 이름을 부르는 자는 구원을 받으리라"(롬 10:12). 구원의 연속된 황금 사슬이 보입니까? 보내심-전파-들음-믿음-구원.

구원은 복음 전파를 위해 보내신 자가 있어야 합니다. 물론 전능하신 하나님은 사람을 통하지 않고도 구원하실 수 있습니다. 그러나 연약한 인간을 보내서서 복음 전파자로 사용하십니다. 하나님은 인간과 함께 일하는 것을 좋아하십니다. 인간이 할 수 있는 가장 귀한 하나님의 일은 복음을 전파하는 일입니다. 예수 그리스도를 믿고 구원을 받는다는 사실을 전하는 것입니다. 특별히 복음 전파하는 사람들의 발이 아름답다고 노래합니다. '발' 이 강조되어 있습니다. 복음 전파는 생각으로만 되는 일이 아니라 실제 '발' 을 통한 행동이 필요하기 때문입니다. 때로는 산을 넘고, 바다를 건너고, 태풍을 만나고, 강도를 만나기도 하지만 그 '발' 은 냄새나는 더러운 발이 아니라 아름다운 발입니다! 동족의 핍박을 받으면서도 이방인들에게 '좋은 소식' 을 전한 사도 바울의 발은 아름다운 발입니다. 몰로카이 섬의 나병환자들에게 '좋은 소식'을 전해 준 데미안의 발은 아름다운 발입니다. 목숨을 내놓고 '좋은 소식'을 전한 수많은 순교자들의 발은 아름다운 발입니다. 그들의 발 때문에 나는 '좋은 소식'을 듣고 지금 크리스천이 되었습니다. 당신의 발은 어디로 가고 있습니까?

39. Chorus. 그 소리가 온 땅에 퍼졌고
Their sound is gone out into all lands (로마서 10:18)

38번의 짧은 아리아는 39번 합창과 연결되어 있습니다. 38마디의 비교적 짧은 합창곡입니다. 처음 네 마디의 반주는 코드와 쉼표의 반복 사용으로 행진곡 같습니다. 38번 아리아의 아름다운 발은 힘찬 행진으로 발전했습니다. 복음 들고 행진하는 전도자들의 모습입니다. '땅끝까지 unto the end of the world'의 가사에는 한 옥타브 스케일을 그래도 사용해서 점진적으로 복음이 전파되는 모습을 나타냈습니다. 하나님 말씀은 흥왕하게 역사하며 거칠 것이 없습니다. 처음부터 마지막까지 합창과 오케스트라의 반주는 역동적으로 움직이며 쉴 틈을 주지 않습니다. 복음 전파가 쉴 틈 없이 계속되는 것처럼. 오보에 2대가 합창의 멜로디를 더블링하며 돕습니다. 로마서 10:18이 가사로 사용되었습니다.

"그 소리가 온 땅에 퍼졌고 그 말씀이 땅끝까지 이르렀도다"

(롬 10:18b)

시편 19편의 말씀을 인용하여 계속 복음 전파에 대하여 말하고 있습니다. 중요한 단어는 "땅끝까지" 입니다. 이 단어가 예수님이 지상에서 하신 마지막 말씀에서 사용되었습니다(행 1:8). 복음은 예수 그리스도를 증거하는 말씀입니다. 복음은 말씀 중의 말씀입니다! 예수님의 제자들은 목숨을 걸고 땅끝까지 복음을 전파하는 사람들이 되었습니다. 처음부터 땅끝까지 전파하는 것이 아니라 순서가 있습니다. 먼저 예루살렘, 즉 제자들이 현재 머물고 있는 곳입니다. 그곳에서 복음 전파가 시작됩니다. 그다음 온 유대, 그다음 사마리아, 그다음이 땅끝까지입니다. 사도행전은 예수님의 마지막 말씀이 어떻게 성취되어 가는가를 보여주는 책입니다. 1-7장은 예루살렘과 유대에, 8장은 사마리아에, 9장부터는 땅끝까지 복음이 전파되는 과정이 그려져 있습니다. 선교학자들은 이것을 E1, E2, E3로 분류합니다.[57] E1전도는 자기가 속한 단일 문화권의 전도입니다. E2전도는 혼합 문화권 전도, E3는 타 문화권 전도입니다. 즉 '땅끝까지' 는 거리의 차이라는 의미도 있지만 그보다 문화의 차이를 나타내는 말로 쓰입니다. 어떻게 다른 문화권의 사람들이 예수 그리스도의 복음을 듣고, 믿고, 구원을 받을 수 있습니까? 사도 바울은 가장 열정적으로 이방 문화에 복음을 전파한 사람입니다. 그가 어떻게 그리스의 고린도에 복음을 전파했는지 말합니다. "내 말과 내 전도함이 설득력 있는 지혜의 말로 하지 아니하고 다만 성령의 나타나심과 능력으로 하여"(고전 2:4). 성령의 능력이 나타났습니다. 초자연적인 능력입니다. 성령의 나타남은 천국 복음이 철학이나 도덕이 아니라 실제임을 말하고 있습니다. 그러므로 예수님의 마지막 명령은 "오직 성령이 너희에게 임하시면 너희가 권능을 받고"로 시작합니다. 복음 전파는 여기서부터 시작해야 합니다. 39번 합창의 마지막은 "땅끝까지"로 끝납니다. 이 복음 전파의 시작은 36번 곡의 "선물gifts"로부터 시작합니다. 즉 성령의 선물, 성령의 나타나심, 성령의 권능을 받고 땅끝까지 복음을 전하는 것입니다.

로마 제국에 예수 그리스도의 복음이 전파된다는 것은 상상하기 힘든 일입니다. 로마 제국은 다신교의 나라였기 때문에 어떤 종교라도 받아들였지만, 일신교만 주장한다면 설 자리가 없습니다. 그래서 많은 크리스천들이 핍박을 받았습니다. AD49년 글라우디아의 추방령으로 아굴라와 브리스가도 로마를 떠나 고린도에 오게 되었습니다. AD64년 로마 대화재 때 네로 황제는 크리스천을 방화범들로 지목하고 체포해서 죽였습니다. 많은 크리스천들이 순교당했습니다. 예수 믿기를 포기하지 않는 신자들을 나무에 매달아 콜타르를 칠하고 불에 태워 죽였습니다. 한 기록에는 저들이 내는 불빛으로 로마 시내의 밤이 환했다고 합니다. 이제 복음은 이 땅에서 사라질 것 같았는데 그래도 "땅끝까지" 복음 전파의 일은 계속되었습니다. 지금 이 귀한 복음의 말씀이 나와 당신에게 와 있지 않습니까! 우리에게 복음을 전파해준 주님의 종들에게 감사합니다.

당신이 지금 어떤 일에 종사하고 있던지 복음을 전하는 일에 쓰임받기를 기도합니다. 인간은 무슨 일을 하든 먼저 복음 전파를 중심에 두고 그 인생이 계획되어야 합니다. 꼭 빌리 그래햄이 되어야 할 필요는 없습니다. 꼭 신학교를 나와야 할 필요도 없습니다. 〈메시아〉에 나와 있는 복음의 지식만으로도 충분합니다. 이사야 53:5-6의 말씀만 잘 이해해도 복음을 전할 수 있습니다. 당신은 주위에 있는 사람들에게 복음을 전해 본 적이 있습니까?

> 6장

세상과 그 통치자들이 복음을 거부함
The world and its rulers reject the Gospel

40. Bass Aria. 어찌하여 이방 나라들이 분노하며
Why do the nations so furiously rage together (시편 2:1-2)

40번 베이스의 아리아는 두 버전이 있습니다. 96마디 긴 버전과 45마디 짧은 버전입니다. 모두 헨델이 만든 버전들입니다. 요즈음에는 많은 합창단들이 긴 버전으로 노래합니다. 그러나 헨델이 마지막으로 수정해서 파운들링 하스피틀[58]에 보낸 1753년 버전에는 짧은 마디로 되어 있습니다. 〈메시아〉를 수십 번 수정해 온 헨델의 〈메시아〉에 대한 마지막 생각이 이 버전에 들어 있을 것이라고 생각합니다. 38마디까지는 두 버전이 같습니다. 시편 2:1의 가사입니다. 그러나 마지막 버전은 2절의 가사를 일곱 마디의 레치타티보로 처리했습니다.

40번 베이스 아리아는 14마디의 현악 전주로 시작합니다. 바이올린과 비올라는 처음부터 끊임없이 16분음표를 *allegro*로 분주하게 연주합니다. 가온C로 시작한 16분음표는 E-G-C를 거쳐 E까지 올라갔다가 다시 가온C로 툭 떨어집니다. 다시 높은 G까지 올라갔다 가온 C로, 높은 C까지 올라갔다 다시 C로 떨어지면서 불안정한 모습을 보입니다. 무언가 부글부글 끓고 있는 모습입니다. 화가 나서 어쩔 줄 모르는 모습을 연상케 합니다. 누가 화를 내고 있습니까? 왜 화를 냅니까? 베이스의 아리아가 그 답을 주고 있습니다.

40번 곡에서 43번 곡까지는 시편 2편의 다섯 절을 가사로 하고 있습니다. 시편 2편은 신비한 예언시입니다. 사도행전 4장에는 다윗의 시로 나와 있습니다. 다윗이 성령 충만할 때 쓴 예언시입니다. 모두 4연으로 되어있는데 1, 2, 3연에는 3부류의 화자의 음성이 그대로 나옵니다. 〈메시아〉에는 그중 한 종류의 화자 말을 가사로 사용했지만 나머지 화자들의 말씀이 중요하기 때문에 함께 살펴보겠습니다. 40번 베이스 아리아는 시편 2:1-2를 격하게 노래하며 시작합니다.

"어찌하여 이방 나라들이 분노하며 민족들이 헛된 일을 꾸미는가 /
세상의 군왕들이 나서며 관원들이 서로 꾀하여
여호와와 그의 기름부음 받은 자를 대적하며" (시편 2:1-2)

'이방 나라, 민족들'은 하나님과 대척점에 있는 나라, 사람들을 말합니다. 그들이 '분노'하고 있는 모습을 저자는 이상하게 생각합니다. '어찌하여?' 그들은 분노하며 어떤 일을 꾸미고 있는데 그 일은 '헛된 일'입니다. 열심히 계획하고 실행했는데 헛된 일로 끝나면 허무할 것입니다. 그런데 가만 보면 세상일들이 그렇습니다. 뭔가 굉장하게 시작하는 것 같은데 끝은 헛된 일로 끝납니다. 느부갓네살의 바벨론 제국은 굉장하게 시작했는데 80년도 가지 못해서 무너졌습니다. 히틀러는 유럽을 삼키려고 굉장하게 준비하고 전쟁을 벌였는데 그의 계획은 7년도 채 가지 못했습니다. 모두 헛된 일로 끝났습니다.

1절 '이방 나라들'이 꾸미는 계획은 무엇입니까? 왜 '헛된 일'입니까? 2절부터 9절까지 설명이 되었습니다. 우리의 인생이 헛된 일이 되지 않으려면 이 말씀들을 잘 공부해야 합니다. "세상의 군왕들이 나서며 관원들이 서로 꾀하여 여호와와 그의 기름부음 받은 자를 대적하며". '세상의 군왕들' '관원들'은 이 세상의 지도자들입니다. 그들이 함께 계획을 꾸미는데 그 계획은 '여호와와 그의 기름 부음 받은 자를 대적' 하는 일입니다. '기름 부음 받은 자'는 히브리어로 '메시아', 헬라어로 '그리스도' 입니다. 구약 시대에는 왕, 제사장, 선지자가 기름 부음을 받은 자들이었습니다. 여기서는 왕을 말합니다. 그러나 일반적인 왕이 아닙니다. 하나님이 선택한 특별한 왕입니다. 세상 군왕들은 이 사실을 잘 몰랐습니다. 그래서 일을 꾸몄습니다. 그들은 도대체 무슨 일을 꾸미고 있는 것일까요?

41. Chorus. 우리가 그들의 맨 것을 끊고
Let us break their bonds asunder (시편 2:3)

첫째 연 마지막 절에는 세상 군왕들의 목소리가 직접 나옵니다. 41번 합창이 세상 군왕들의 계획을 노래합니다. 전주 없이 *staccato*로 다음 가사를 노래합니다.

"우리가 그들의 맨 것을 끊고 그의 결박을 벗어 버리자" (시편 2:3)

3절 가사가 두 부분으로 나누어지는 것처럼, 합창 음악도 두 요소로 되어 있습니다. '우리가 그들의 맨 것을 끊고'의 가사는 8분음표의

*staccato*로 격하게 노래합니다. 한 파트가 노래를 시작하면 둘째 박자에서 금방 다른 파트가 그 멜로디를 따라 노래합니다. '나도' '나도' '나도' … 서로 아우성치는 모습입니다. 두 번째 요소는 '그의 결박을 벗어 버리자' 인데 4분음표로 시작해서 멜리스마로 '버리자away'를 노래합니다. 멜리스마 시작은 항상 6도의 도약으로 자신들의 욕구를 강하게 표현하고 있습니다. 이 두 요소는 3번 반복하고 마무리됩니다. 처음부터 마지막까지 격한 감정은 누그러지지 않습니다.

'우리가'. 세상 지도자들의 연합을 말합니다. 평소 저들은 사이가 좋지 않았습니다. 공동 목표를 위해 연합했습니다. 그 목표는 '그들의 맨 것, 그의 결박'을 벗어 버리자는 것입니다. '그들'은 하나님과 그의 기름 부음 받은 자를 말합니다. 즉 세상 지도자들은 연합해서 하나님을 대적하려는 것입니다. 그 배후에는 사탄 마귀가 있습니다. 사탄은 대적자라는 뜻입니다. 하나님의 대적자들은 하나님의 계획, 하나님의 법, 하나님의 통치를 결박이라고 생각합니다. 그러나 신자들에게 하나님의 법, 하나님의 통치는 하나님의 은혜입니다. 신자가 신앙생활이 '결박' 이라고 생각한다면 대적들의 영에 전염되었다는 증거입니다. 그 배후에는 사탄마귀가 있습니다. 하나님은 우리를 결박하는 분이 아닙니다. 오히려 세상 지도자들의 불의한 결박에서 해방시키는 분입니다. 육신의 질병과 죄의 고통에서 우리를 회복시키는 분입니다. 도로 교통법은 운전자들을 결박하는 법입니까? 교통법이 없으면 도로는 무질서해지고 많은 운전자들은 불행을 겪게 될 것입니다. 세상 군왕들은 모여서 교통법을 해체하겠다고 떼쓰는 시위자들과 같습니다. 하나님은 우리에게 자유를 주시는 분입니다.

세상 역사는 무력으로 주위 사람들을 억압하는 역사입니다. 자기와 똑같은 인간을 자기보다 약하다는 이유로 노예 삼습니다. 그러나 복음이 들어가는 곳에는 자유가 있습니다. 세상의 군왕들은 이것을 두려워했습니다. 영국의 노예제도를 없앤 사람은 윌리엄 윌버포스(William Wilberforce)였습니다. 그는 신실한 크리스천이었습니다. 영국의 왕실, 귀족들은 많은 노예들을 갖고 있었기 때문에 윌보포스의 입법을 거부했지만 결국 노예제도는 폐지되었습니다. 조선시대 반상의 구분을 없앤 것도 기독교인들입니다. 양반과 머슴이 한 교회에 함께 신앙생활을 합니다. 그런데 장로 선출에서 머슴이 장로가 되었습니다. 양반은 깍듯하게 자기 머슴을 장로님으로 대우했습니다. 복음이 아니었다면 어떻게 이런 일이 있을 수 있겠습니까. 세상의 군왕들은 인간을 결박하지만 하나님은 인간을 결박하지 않습니다. 복음은 결박되어 있는 인간에게 자유를 줍니다. 당신에게 하나님의 말씀은 결박입니까? 자유입니까?

제넨스는 시편 2편을 6장과 7장으로 나누어 사용하고 있습니다. 6장에서의 사용은 하나님의 계획을 반대하는 인간 편에서 가사를 다루었습니다. 7장에서는 똑같은 시편을 어떻게 다루고 있습니까?

7장 하나님의 승리
God's triumph

42. Tenor Recitative. 하늘에 계신 이가
He that dwelleth in heaven (시편 2:4)

    7장은 레치타티보- 아리아- 합창의 일반적인 오라토리오 형식으로 되어 있습니다. 1부에서는 각 장(scene)이 이런 형식으로 되어 있었는데 2부에서는 그 형식이 불규칙해졌습니다. 이제 마지막 7장에서 오라토리오의 일반적 모습을 되찾은 셈입니다. 테너는 시편2편을, 합창은 계시록을 노래하기 때문에 전혀 관련이 없어 보입니다. 그런데 가만히 살펴보면 연관이 없지 않습니다.

> "하늘에 계신 이가 웃으심이여
> 주께서 그들을 비웃으시리로다" (시편 2:4)

    하나님 보시기에 인간의 헛된 계획이 얼마나 터무니없겠습니까. 막 수영을 배운 유치원 학생이 지금 태평양을 수영해서 건너겠다는 모습을 보는 듯하실 것입니다. 이 상황이 시적으로 표현되었습니다. 42번의 레치타티보는 2:4 한 절, 43번의 아리아는 2:9 한 절을 노래하지만 그 사이에 있는 구절들이 중요합니다. 성부 하나님의 음성, 성자 하나님의 음성이 들어있기 때문입니다. 성경은 하나님의 말씀이지만 시편에서는 하나님이 직접 말씀하시는 장면이 많지 않습니다. 시편은 인간이 하나님께 드리는 찬양, 감사, 탄원이 주를 이루고 있기 때문입니다. 그러나 시인이 성령에 감동해서 쓴 시 중에 하나님의 말씀을 받아 기록한 시편도 있습니다. 시편 2편도 그런 시입니다. 신약에 여러 번 인용되었기 때문에 중요한 시편입니다.

둘째 연에는 하나님의 음성이 들어 있는데 잠시 살펴보겠습니다. "내가 나의 왕을 내 거룩한 산 시온에 세웠다"(2:6). '내가' 가 강조되어 있습니다. 하나님 자신을 말합니다. '나의 왕' 은 하나님이 지정한 왕입니다. 하나님이 함께하시는 왕입니다. 그러므로 하나님의 권세와 권능이 함께 합니다. 이 왕은 누구입니까? 놀랍게도 이 왕이 하는 말이 셋째 연에 기록되어 있습니다. "내가 여호와의 명령을 전하노라 여호와께서 내게 이르시되 '너는 내 아들이라 오늘 내가 너를 낳았도다' "(2:7). 34번 테너 레치타티보를 기억하십니까? 그 가사 히브리서 1:5은 시 2:7을 인용한 가사입니다. 6절의 '내가' 는 여호와 하나님을 말합니다. 7절의 '내가' 는 여호와의 말씀을 전하는 자, 곧 여호와가 세운 그 왕입니다. 그 왕은 하나님의 아들입니다. 어디서 그 말씀을 들으셨습니까? 예수님이 요단강에서 세례 받으실 때입니다. "하늘로부터 소리가 나기를 '너는 내 사랑하는 아들이라 내가 너를 기뻐하노라' "(눅 4:22). 예수님은 이 말씀을 사람들에게 '전' 했습니다. 그래서 이 말씀은 마태, 마가, 누가 복음에 기록되었습니다. 사도행전, 히브리서에도 나옵니다. 시편 2:7은 천년 후에 일어날 사건을 미리 하신 말씀입니다!

성부와 성자의 관계는 신비합니다. 성부 하나님, 성자 하나님은 있어도 성모 하나님은 없습니다. 하나님의 아들이라는 말은 하나님 본체라는 말입니다. 아버지가 아들과 같다고? 좀 이해하기 어렵지요. 어려운 것이 아니라 신비한 것입니다. 이렇게 이해하면 됩니다. 하나님은 자기 자신을 인간들에게 나타내고자 합니다. 그래야 인간들과 더 가깝게 교제할 수 있기 때문입니다. 이것을 '계시'라고 합니다. 하나님은 '계시자The Revealer' 입니다. 어떻게 자신을 계시합니까? 자기 아들을 통해서 계시합니다. 그러므로 아들은 하나님에 의해 '계시된 자The Revealed' 입니다. 계시된 자는 계시자와 동일해야 계시자를 온전히 계시할 수 있습니다.[59] 인간이 한 별에 외계인들이 살고 있는 것을 알았다고 합시다. 그 외계인들에게 지구에 인간이 살고 있다는 것을 알리고 싶습니다. 즉 계시하고 싶습니다. 어떻게 계시합니까? 원숭이를 보내면 인간이 계시됩니까? 원숭이와 인간의 DNA가 99% 동일하다 할지라도 원숭이는 인간을 온전히 계시할 수 없습니다. 인간만이 인간을 온전히 나타낼 수 있습니다. 마찬가지로 하나님만이 인간에게 하나님을 온전히 계시하실 수 있습니다. 즉 계시된 하나님의 아들 예수 그리스도는 하나님 본체입니다. 그러므로 예수님은 하나님을 온전히 계시하실 수 있습니다. 사도 요한은 이렇게 말합니다. "본래 하나님을 본 사람이 없으되 아버지 품속에 있는 독생하신 하나님이 나타내셨느니라" (요 1:18).

예수 그리스도는 하나님의 본체입니다. 그러나 성부 하나님과 성자 하나님은 같지 않습니다. 성부 하나님은 초월적 하나님입니다. 성자 하나님은 임마누엘 하나님입니다. 인간과 함께하시는 하나님입니다. 하나님은 초월자여야 합니다. 피조물과 창조자는 같을 수 없습니다. 그러나 하나님은 피조물과 함께하셔야 합니다. 내재적 하나님입니다. 그래야 인간을 구원하실 수 있습니다. 완전한 예는 아니지만 이렇게 이해해 볼 수 있습니다. 우리는 홍수가 난 강에 빠져 떠내려가는 중입니다. 구원자가 필요합니다. 그런데 구원자가 우리에게서 멀리 떨어져 있다면 그 구원자가 아무리 능력이 많아도 우릴 구원할 수 없습니다. 우리와 함께 있어야 구원할 수 있습니다. 그래서 완전한 구원을 위해서는 초월자 하나님과 함께하시는 내재적 하나님이 필요합니다. 많은 종교들이 초월자 신만 믿습니다. 그들은 어떻게 구원을 받습니까? 스스로 애써야 합니다. 고행도 하고, 수행도 하고, 선행도 많이 해야 합니다. 왜냐면 그들의 신은 저 먼 곳에 떨어져 있기 때문입니다. 내가 스스로 그곳까지 도달해야 합니다. 이것을 자력구원이라고 합니다. 기독교는 타력구원입니다. 내가 애써서 구원에 도달하는 것이 아닙니다. 임마누엘 하나님! 우리와 함께하시는 하나님이 우릴 구원하십니다. 우리는 이 하나님을 믿으면 됩니다. 하나님의 아들 예수 그리스도는 우리와 함께하시는 하나님입니다. 이 아들을 믿으면 멸망하지 않고 영생을 얻게 됩니다!

43. Tenor Aria. 네가 그들을 깨뜨림이여
Thou shalt break them (시편 2:9)

"네가 철장으로 그들을 깨뜨림이여
질그릇같이 부수리라 하시도다" (시편 2:9)

43번 테너 아리아는 9절 한 절을 노래합니다. 3/4박자의 현악 반주는 한 마디의 독특한 음형이 처음부터 마지막까지 끈질기게 나옵니다. 첫째 박자와 셋째 박자는 *staccato* 도약의 8분음표로, 가운데 둘째 박자는 느린 트릴 같은 16분음표가 레가토로 연주합니다. 모두 *forte*로 강조됩니다. 헨델은 여기서 질그릇 깨지는 소리를 표현하고 있습니다. 쨍그랑. 쨍그랑. 여기저기서 그 소리는 끊이지 않습니다. 왜 그 소리는 집요한 것일까요?

9절은 7절부터 시작한 셋째 연의 마지막 절입니다. 계속해서 하나님이 그의 아들에게 하시는 말씀입니다. '네가'는 메시아를 말합니다. '철장'은 철로 된 막대기를 말합니다. 강한 공격 무기를 상징합니다. 그런데 예수님께서 철장으로 세상을 깨뜨리신 적이 있습니까? 마치 도공이 질그릇 깨듯 간단하게… 예수님은 이 세상 계실 때 온유와 겸손을 보여주셨습니다. 마치 도살장에 끌려가는 양처럼 온순하게 십자가에 달리셨습니다. 그러면 9절의 '철장'은 어느 때의 이야기입니까? 사도 요한이 그때의 모습을 보고 기록했습니다. "또 내가 하늘이 열린 것을 보니 보라 백마와 그것을 탄 자가 있으니 그 이름은 충신과 진실이라. 그가 공의로 심판하며 싸우더라 / 그 눈은 불꽃같고 그 머리에는 많은 관들이 있고 또 이름 쓴 것 하나가 있으니 자기 밖에 아는 자가 없고 / 또 그가 피 뿌린 옷을 입었는데 그 이름은 하나님의 말씀이라 칭하더라 / 하늘에 있는 군대들이 희고 깨끗한 세마포 옷을 입고 백마를 타고 그를 따르더라 / 그의 입에서 예리한 검이 나오니 그것으로 만국을 치겠고 친히 그들을 철장으로 다스리며…"(계 19:11-15). 예수님 재림 때의 모습입니다. 예수님의 초림은 베들레헴 말구유에서 초라한 모습으로 오셨습니다. 사람들이 잘 몰랐습니다. 그러나 재림의 모습은 전혀 다릅니다. 밧모섬에 갇혀 있던 사도 요한은 그 모습을 보고 감격합니다. '보라!' 재림하시는 주님은 백마를 타고 많은 천군과 함께 오십니다. 그때 '철장'으로 만국을 칩니다. 이 세상 심판이 이루어집니다. 하나님은 죄악된 세상이 회개하기를 기다리십니다. 오랫동안 기다리지만 끝까지 기다리지는 않습니다. 잘 믿다가 죽은 하나님의 백성들을 영원히 기다리게 할 수는 없기 때문입니다. 죄악된 세상에서 핍박받고 있는 주님의 교회를 끝까지 내버려 두실 수는 없습니다. 사람에게 한번 죽는 것은 정해진 일이요 그 후에는 심판이 있다고 분명히 말씀하셨습니다.

예수님은 반드시 다시 오십니다. 그 전조가 부흥입니다. 기독교 역사에는 수많은 부흥이 있었습니다. 그때마다 놀라운 일들이 일어났습니다. 부흥은 제3위 하나님이신 성령 하나님이 크게 임하시는 사건입니다. 재림은 2위 하나님이신 성자 하나님이 직접 임하시는 사건입니다. 이때 세상은 주님의 '철장' 심판을 받습니다. 그러나 하나님의 백성은 두려워할 필요가 없습니다. 완전한 구원이 성취되는 때이기 때문입니다. 크리스천은 이 세상에 영원히 살 것을 계획하는 사람이 아니라 주님의 재림을 사모하며, 기다리며 사는 사람들입니다.

이 세상에는 하나님의 큰 계획이 있습니다. 하나님의 '내 아들' 메시아 계획입니다. 그 계획을 모르는 세상 군왕들은 연합하여 자기들의 계획을 세웁니다. 그 일은 '헛된 일' 입니다. 나는 바둑을 둘 줄 알지만 아주 초보 수준입니다. 이세돌 9단과 함께 바둑을 둔다고 합시다. 난 아무리 머리를 짜내고 계획을 세워도 패할 것입니다. 왜냐면 이세돌 고수의 큰 계획을 읽지 못하기 때문입니다. 하나님은 최고의 고수입니다. 하나님의 계획을 이길 인간 계획은 존재하지 않습니다. 그러므로 이 하나님의 큰 계획 안에 있지 않은 모든 계획은 실패합니다. 똑똑한 사람들이 아무리 많이 연합해도 '헛된 일'이 됩니다. 불완전은 아무리 많이 쌓아 놓아도 완전히 될 수 없습니다. 승리하려면 하나님의 큰 계획을 알아야 합니다. 하나님의 큰 계획은 '내 아들' 예수 그리스도를 통한 구원입니다.

자, 그 멋진 계획을 알면 어떻게 해야 합니까? 시편2편 넷째 연은 우리가 해야 할 일에 대하여 말하고 있습니다. 문법적으로 1절-9절은 직설법(indicative)으로 되어 있습니다. 그러나 마지막 연은 명령법(imperative)으로 되어 있습니다. "여호와를 경외함으로 섬기고 떨며 즐거워할지어다"(2:11). '섬기라abad'는 말은 '예배하라'는 말입니다. 어떻게 예배? 경외함으로 그리고 즐거워하며! 두 단어는 서로 상반되는 개념처럼 보입니다. 냉탕과 온탕처럼. 그런데 이것이 참예배자의 자세입니다. 두 단어를 많이 묵상해 보십시오.

12절은 우리가 해야 할 일이 색다른 모습으로 표현됩니다. "그의 아들에게 입맞추라 그렇지 아니하면 진노하심으로 너희가 길에서 망하리니 그의 진노가 급하심이라 여호와께 피하는 모든 사람은 다 복이 있도다"(2:11-12). '그의 아들에게 입맞추라'는 말은 그의 아들과 깊이 교제하라는 말입니다. 마지막 구절과 연계해서 생각하면 '피'할 곳이 되게 하라는 말입니다. 내가 힘들 때, 어려울 때 피할 곳이 되도록 그 편에 확실히 붙어 있으라는 말입니다. 내가 확실히 피할 곳이 되려면 그 사람은 정말 믿을만한 사람이 되어야 합니다. 지금 지구 곳곳에 난민들이 많이 발생하고 있습니다. 아이티 난민들, 남미 캐러반들, 시리아 난민들… 저들은 갈 곳이 없습니다. 자기 고국에서 일하고, 먹고, 안전하게 살 수가 없습니다. 저들만 갈 곳이 없습니까? 인생이 갈 곳이 없습니다. 힘들 때 피할 곳이 없습니다. '죄와 벌'의 마르멜라도프의 말이 오랫동안 제 마음속에 들어와 있습니다. '사람은 적어도 한 군데쯤은 갈 데가 있어야 합니다.' 인간은 영적 난민들입니다. 하나님은 이런 인간들에게 자기 아들 메시아를 보내셨습니다. 그 아들이 우리를 초청합니다. "수고하고 무거운 짐 진 자들아 다 내게로 오라. 내가 너희를 쉬게 하리라." 그 초청을 수락해야 합니다. 그런 사람들에게 "다 복이 있도다"고 말합니다. 시편 2편의 마지막 구절입니다.

시편2편이 신화나 동화 같은 이야기라고 생각하십니까? 1세기 교인들이 시편2편을 어떻게 생각했는지 알 수 있는 구절이 사도행전에 나와 있습니다. 사도들이 예수 그리스도의 부활을 증거하자 제사장들이 싫어했습니다. 사도들을 가두고 예수의 이름으로 가르치지 말라고 협박했습니다. 그러나 '백성들 때문에', 백성들의 눈이 무서워서 사도들을 풀어주었습니다. 사도들은 동료들에게 가서 제사장들과 장로들의 말을 알렸습니다. 그때 저들은 한 마음으로 하나님께 기도를 올렸습니다. "대 주재여 천지와 바다와 그 가운데 만물을 지은 이시요 / 또 주의 종 우리 조상 다윗의 입을 통하여 성령으로 말씀하시기를 '어찌하여 열방이 분노하며 족속들이 허사를 경영하였는고 / 세상의 군왕들이 나서며 관리들이 함께 모여 주와 그의 그리스도를 대적하도다' 하신 이로소이다 / 과연 헤롯과 본디오 빌라도는 이방인과 이스라엘 백성과 합세하여 하나님께서 기름 부으신 거룩한 종 예수를 거슬러 / 하나님의 권능과 뜻대로 이루려고 예정하신 그것을 행하려고 이 성에 모였나이다"(행 4:24-28). 사도들과 그 동료들은 시편 2:1-2를 인용하면서 기도하고 있습니다. 그들은 시 2:2 '그의 기름 부음 받은 자'를 '그의 그리스도'로 '하나님께서 기름 부으신 거룩한 종 예수'로 믿었습니다. '세상의 군왕들, 관리들'은 '헤롯과 본디오 빌라도'로 믿었습니다. 분봉왕 헤롯 안티파스와 빌라도는 사이가 좋지 않았습니다(눅 23:12). 그러나 그들은 천 년 전 다윗 시편에 기록된 것처럼 합심해서 메시아를 대적했습니다. 그러므로 사도들이 '과연'이라는 말을 하며 하나님 말씀의 성취에 감격하고 있습니다. 사도들은 시편2편을 잘못 해석하고 있습니까? 정확한 해석입니다. 하나님께서 인정한 해석입니다. 그러므로 저들이 이 말씀을 근거로 기도했을 때 "모인 곳이 진동하더니 무리가 다 성령이 충만" 함을 받았습니다(행 4:31). 저들은 예수 그리스도 때문에 핍박을 받으면서도 예수 그리스도에게 '피' 했습니다. 그리고 승리했습니다!

로마 황제는 살아 있는 신으로 추앙되고 경배되었습니다. 자타가 공인하는 승리자입니다. 크리스천은 예수 믿는다는 이유로 핍박받고 잔인하게 살해당했습니다. 많은 크리스천들이 지하 묘소인 카타콤에 숨어서 오랫동안 숨죽이며 예배 드렸습니다. 패자입니까? 역사는 무엇이라고 말합니까? 로마는 멸망했습니다. 이 세상에 로마제국은 더 이상 존재하지 않습니다. 시편 2:12 말씀이 그대로 성취되었습니다. "그의 아들에 입맞추라. 그렇지 않으면 너희가 길에서 망하리라." '길에서!' 이 표현이 참 재미있습니다. 로마 제국은 유럽 전역에 많은 길들을 만들었습니다. 아직도 많은 길들이 남아서 사용되고 있을 정도로 잘 만들어진 길입니다. 그런데 로마 제국은 '길에서' 망했습니다. 로마는 망했지만 그리스도 왕국은 2천년 계속 승리하고 있습니다. 신화입니까? 소설입니까?

인생에 우여곡절이 있습니다. 의인은 잘되고 악인은 망해야 하는데 현실을 보면 꼭 그런 것 같지 않습니다. 열심히 산 사람은 성공하고 꼼수 피며 산 자는 망해야 할 것 같은데 현실은 반대인 경우도 많습니다. 이 세상은 불의하고 부조리한 세상입니까? 그렇게 보입니다. 그러나 끝을 봐야 합니다. 끝이 승리라면 진정한 승리입니다. 이 세상은 잘나가는 것 같은데 끝은 안 됩니다. 이 세상은 바벨탑이기 때문입니다. 하나님 백성은 안 될 것 같은데, 불가능할 것 같은데, 끝에 가면 됩니다. 예수 그리스도가 이미 승리하셨기 때문입니다. 예수님은 불패입니다. 승리하려면 이 승리한 자에 입맞추어야 합니다. 가룟 유다처럼 거짓으로 입맞추면 안 됩니다. 이런 사람은 신앙적으로도, 세상적으로도 승리하지 못합니다. 예수님께 붙으려면 확실히 붙어 있어야 합니다. 끝까지 붙어 있어야 합니다. 현대 교회의 문제는 신자가 부족한 것이 아닙니다. 확실한 신자가 부족한 것입니다. 나폴레옹은 많은 전쟁을 치룬 탁월한 전략가입니다. 그가 전쟁에 대하여 한 유명한 말이 있습니다. "승리를 원한다면 모든 것을 걸어라." 세상 전쟁에서도 어물어물해서는 승리할 수 없습니다. 신앙생활도 마찬가지입니다. 믿으려면 확실하게 믿어야 합니다.

당신의 인생 계획은 무엇입니까? 그 계획은 하나님의 큰 계획과 연동되고 있습니까? 주님은 당신의 확실한 피난처입니까?

44. Chorus. 할렐루야

Hallelujah(요한계시록 19:6 / 11:15 / 19:16)

〈메시아〉에서 제일 유명한 곡은 44번 합창 '할렐루야'일 것입니다. 클래식 음악에 관심이 없는 사람도 앞의 유명한 몇 마디는 들어 본 적이 있을 것입니다. 베토벤 운명 교향곡의 유명한 동기와 함께 클래식 음악의 아이콘이 된 멜로디입니다. 헨델은 〈메시아〉 2부의 마지막을 이 유명한 합창곡으로 마감하고 있습니다. 보통 레치타티보, 아리아로 시작하여 합창으로 끝나는 오라토리오 공식에 의하면 앞에 테너 레치타티보, 아리아와 어떤 연결을 지을 수 있을 것 같은데 앞의 가사는 시편 2편이고 합창의 가사는 요한계시록을 노래합니다. 그러나 43번 테너 아리아와 44번 합창의 가사에 연관성이 전혀 없는 것은 아닙니다. 공통분모를 걸러내자면 예수 그리스도의 재림입니다.

43번 곡에서는 재림주의 심판에 대하여 초점을 맞추고 있다면, 이어지는 합창은 재림주의 통치에 초점을 맞추고 있습니다. 합창 가사에는 나타나지 않지만 시 2:9의 '철장'의 모티브는 천년 뒤 다시 요한계시록에 등장합니다. "그의 입에서 예리한 검이 나오니 그것으로 만국을 치겠고 친히 그들을 철장으로 다스리며"(계 19:15). '철장'은 이 세상 심판의 상징입니다. 초림의 주님은 구원주로 오셨지만 재림의 주님은 심판주로 오십니다. 그러므로 '철장'이라는 단어는 시 2:9 이후 요한계시록에만 3번 나타납니다. (계 2:27, 12:5, 19:15). 44번 '할렐루야' 합창은 그다음 구절인 계 19:16을 노래합니다. "만왕의 왕이요 만주의 주". '철장'이라는 가사는 나오지 않아도 그 단어가 43번 테너 아리아와 44번 합창의 숨겨진 연결고리가 됩니다.

44번 합창은 3마디의 짧은 전주를 갖고 있습니다. 앞의 아리아가 A단조로 끝나기 때문에 D장조로 전환을 위해서 전주가 필요했을 것입니다. 빠른 곡에서는 보통 짝수의 마디로 전주를 구성하는데 홀수의 전주는 이례적입니다. 안정적인 기분보다는 좀 급한 느낌, 갑자기 마무리

된 느낌, 뭔가 잔뜩 흥분된 감정을 느끼게 합니다. 헨델은 이 부분을 작곡할 때 영적 최고조의 상태에 있었습니다. 하늘나라가 자기 앞에 열리는 것을 체험합니다(부록 2 참조). 하나님의 영에 사로잡혔습니다. 수학자 파스칼(Blaise Pascal)이 불을 체험하고 급하게 쓴 쪽지처럼 헨델의 놀라움과 흥분은 44번 합창곡에 고스란히 들어가 있습니다. 파스칼이 불 체험한 날은 1654년 11월 23일, 헨델이 할렐루야를 작곡하며 하나님을 체험한 날은 1741년 9월 6일. 어찌 그런 날들을 잊을 수 있겠습니까.[60]

44번 합창의 오케스트라에는 트럼펫 2대와 팀파니 2대가 첨가되어 화려함과 극적인 맛을 더하여 줍니다. 17번 합창에서 사용된 트럼펫처럼 합창을 그대로 연주하는 합창 강화 역할 외에 44번에서는 때때로 트럼펫 자신의 리듬을 연주하며 독자적인 역할을 하기도 합니다. 가사는 계시록의 세 구절을 사용하고 있습니다.

"할렐루야 주 우리 하나님 곧 전능하신 이가 통치하시도다 /
세상 나라가 우리 주와 그의 그리스도의 나라가 되어
그가 세세토록 왕 노릇 하시리로다 /
만왕의 왕이요 만주의 주" (요한계시록 19:6, 11:16, 19:16)

가사에 따라 음악도 달라집니다. 세 마디 전주 후, 네 성부는 화성적 양식으로 '할렐루야'를 10번 반복하며 숨가쁘게 노래합니다. '전능하신 이가 통치하신다'의 가사는 네 성부가 유니슨으로 노래합니다. 현악 반주도, 콘티누오도 화성을 연주하지 않습니다. 하나님의 통치에는 아무것도 끼어들 수 없습니다. 이 주제는 대위적으로 발전되어 6절 가사를 끝냅니다. 짧은 트럼펫 간주에 이어 두 번째 가사는 *piano*의 작은 소리로 시작합니다. 44번 합창에서 유일한 *piano*파트입니다. '세상 나라'를 노래하는 부분입니다. 이 나라는 곧 '그리스도의 나라' 의 *forte*로 바뀝니다. 세 번째 가사 '만왕의 왕 만주의 주' 에서 '왕' '주' 는 긴 음표로 강조됩니다. D-E-F#-G로 길게 노래하는 고음은 영원히 다스리는 그리스도의 나라를 나타냅니다. 그 나라는 영원한 찬양으로 가득 차 있습니다. 환희에 찬 할렐루야 소리가 끊임없이 여기저기서 터져나옵니다.

'할렐루야' 는 히브리어입니다. '찬양한다' 의 뜻인 '할랄' 과 '하나님' 을 뜻하는 '야' 가 합해진 단어입니다. 할렐루야는 '하나님을 찬양하라' 는 뜻입니다. 이 단어는 시편에만 나옵니다. 신약성경에는 오직 요한계시록19장에만 네 번 나타납니다. 히브리인들은 하나님 찬양하는 일을 매우 중요하게 생각한 민족입니다. 그래서 찬양을 나타내는 단어들이 많습니다. 영어 성경에는 한 단어 'praise' 로 번역되어 있지만 히브리 성경에는 약 40여 종의 다른 단어들이 사용되었습니다. 그만큼 '찬양' 을 섬세하게 구분할 줄 아는 민족이었습니다. 각 단어들은 찬양이 무엇인지를 알려줍니다. 이 책은 독자들은 찬양을 사랑하는 사람들이므로 구약에 많이 나오는 '찬양' 의 단어 세 가지를 잠깐 소개하겠습니다.

1. 성경에서 처음 쓰인 '찬양' 이라는 단어는 노아의 홍수 이후 노아의 입을 통해서입니다. "셈의 하나님 여호와를 찬송하리로다"(창 9:26). 여기에 쓰인 찬송은 '바락' 이라는 단어입니다. 오바마 전 미국 대통령의 이름이 여기서 나왔습니다. 히브리 단어는 두 의미를 갖고 있는 경우가 많습니다. 이 단어는 '찬송하다' 라고 번역할 수도 있지만 '축복하

다' 라고 번역할 수도 있습니다. 그래서 NIV는 "Blessed be the Lord, the God of Shem"으로 번역했습니다. 그러나 똑같은 단어를 창 24:27에서는 "Praise be to the Lord, the God of my master Abraham"로 번역했습니다.[61] '바락'이라는 단어는 '찬양하다'라고 번역해도 되고, '축복하다'라고 번역해도 되는 단어입니다. 찬양한다는 말은 축복한다는 말입니다. 하나님을 찬양한다는 말은 하나님이 축복을 받으실 분이라는 뜻입니다. 축복은 하나님이 인간에게 주시는 것 아닙니까? 그런데 가만 생각해 보면 정말 복 받으실 분은 하나님인 것을 알 수 있습니다. 우리에게 영원한 생명을 허락하신 하나님, 우리의 죄 문제를 해결하기 위해서 독생자를 보내신 하나님! 이분이야말로 정말 복 받으실 분입니다. 이 사실을 믿는다면 우리는 하나님을 찬양하지 않을 수 없을 것입니다. 이것이 바락의 찬양입니다.

   2. 성경에 두 번째 사용된 찬양의 단어는 '야다'입니다. "그가 또 임신하여 아들을 낳고 이르되 '내가 이제는 여호와를 찬송하리로다 하고 이로 말미암아 그가 그의 이름을 유다라 하였고"(창 29:35). 여기 사용된 '찬송하다'가 '야다'입니다. '유다'는 명사형으로 '찬송함'을 뜻합니다. 이 단어가 성경에 등장하기까지 재미있는 혹은 슬픈 이야기가 뒤에 있습니다. 야곱은 레아와 그녀의 동생 라헬을 아내로 맞게 되었습니다. 야곱이 사랑한 여자는 라헬이었지만 삼촌의 농간으로 사랑하지도 않는 레아까지 덤으로 아내로 받았습니다. 야곱은 거의 매일 밤을 사랑하는 라헬과 함께 있었을 것입니다. 언니 레아는 많은 밤을 쓸쓸하게 지내야 했습니다. 그런데 하나님은 레아가 남편 사랑받지 못함을 아시고 레아에게만 아들을 주셨습니다(창 29:31). 어쩌

다 레아 텐트에 들어온 남편인데 첫 아들을 임신했습니다. 아들을 낳고는 "여호와가 나의 괴로움을 돌보셨으니 이제는 남편이 나를 사랑하리로다"라고 생각했습니다. 둘째 아들을 낳고는 "여호와께서 내가 사랑받지 못함을 들으셨으므로 내게 이 아들도 주셨도다"고 생각했습니다. 또 임신하여 셋째 아들을 낳고는 "내 남편이 지금부터 나와 연합하리로다"고 생각하고 아들 이름을 레위하고 지었습니다. 하나님이 레아에게 아들을 셋이나 줄 때에도 레아의 마음은 남편에게만 향해 있었습니다. 동생과 남편을 놓고 경쟁해야 하는 얄궂은 운명이 되었습니다. 어쩌다 자기 텐트에 들어온 남편으로 레아는 넷째 아이를 임신했습니다. 그 아들을 낳았을 때 "내가 이제는 여호와를 찬송(야다)하리로다"고 말합니다. '이제는' 이라는 단어는 레아의 관심이 남편에서 하나님으로 바뀌었음을 나타냅니다. 메시아가 탄생하신 유다 지파는 이렇게 시작되었습니다. '야다' 라는 단어도 '바락' 과 마찬가지로 두 가지 의미가 있습니다. '찬양하다' 라는 뜻과 '감사하다' 라는 두 뜻이 있습니다. 시편만 살펴봐도 '야다' 를 '찬양하다' 로 38회 번역했고 '감사하다' 로 25회 번역했습니다.[62] 한국 성경에는 '찬양하다' 로 나와 있는데 영어 성경에 '감사하다' 로 되어 있다면 번역을 잘못한 것이 아니라 '야다' 라는 단어를 번역했기 때문입니다. 찬양은 감사입니다. 하나님께 감사가 없다면 하나님께 찬양한다는 것은 거짓말입니다. 찬양자들의 마음에는 항상 하나님께 대한 감사로 가득해야 합니다. 이 감사는 내 상황이 좋을 때만 아니라 좋지 않을 때에도 계속되어야 합니다. 미국 사람들이 가장 많이 사용하는 말이 '감사합니다' 입니다. 이 감사는 상대방이 나에게 호의를 보여주었을 때 사용합니다. 나는 이런 감사를 '상대 감사'라고 부릅니다. 이 감사도 필요합니다. 그러나 크리스천의 감사는 한 단계 더 승화된 '절대 감사'입니다.

놀랍게도 우리의 마음을 뒤흔드는 찬송들은 절대 감사자들의 입술을 통하여 나왔습니다! 패니(Fanny Crosby)는 생후 6주에 돌팔이 의사의 실수로 실명했습니다. 일생을 맹인으로 살았지만 하나님을 지극히 사랑했습니다. 그녀는 8000개가 넘는 찬양시를 썼습니다. 한국 찬송가에도 그의 찬송은 20개가 넘습니다. 나의 갈 길 다가도록. 예수로 나의 구주삼고. 예수 나를 위하여. 인애하신 구세주여. 나의 영원하신 기업…. 주옥같은 찬송시들입니다. 어려운 환경 가운데서 터져 나오는 찬송들, 그 찬송이 야다의 찬송입니다.

3. 히브리 찬송 단어 중 가장 많이 사용된 단어는 '할랄'입니다. 이 단어의 원뜻은 '자랑하다. 뽐내다. 신바람나다. 미치다'입니다. 테리 로(Terry Law)는 이 단어를 이렇게 설명합니다. "어떤 사람이 자기가 가장 좋아하는 운동 경기에서 마지막 15초에 하는 행동입니다. 만일 저들이 정말 열광적인 팬이라면 서서 공중에 팔을 내흔들며 승리를 외칠 것입니다."[63] 이것이 할랄의 느낌입니다. 이 단어는 이성적이기보다는 절제되지 않은 감정, 원색적인 감정을 그대로 표현하는 단어입니다. 종교적이기보다는 세속적인 냄새가 나는 단어입니다. 그래서인지 '할랄'은 모세 오경에서 한 번도 하나님 찬양하는 의미로 사용되지 않았습니다.[64]

그런데 이 단어가 어떻게 하나님 찬양하는 단어가 되었을까요? 사무엘하에 처음 등장합니다. "내가 찬송(hallal) 받으실 여호와께 아뢰리니 내 원수들에게서 구원을 받으리로다"(삼하 22:4). "여호와께서 다윗을 모든 원수의 손과 사울의 손에서 구원하신 그날에" 다윗이 한 말입니다. 왜 다윗은 바락이나 야다의 단어가 있는데도 굳이 할랄이라는 단어를 하나님 찬양에 사용했을까요? 다윗은 하나님 찬양의 대가입니다. 많은 시편 찬양이 그의 작품입니다. 뿐만 아니라 탁월한 장군입니다. 일생 수많은 전쟁터를 누비며 적과 싸웠습니다. 적에게 지면 포로가 되고 죽습니다. 그런데 다윗은 골리앗과의 싸움부터 시작해서 나가는 전쟁마다 승리하였습니다. 다윗은 이것이 자신의 능력이 아니라 여호와 하나님의 도우심임을 잘 알았습니다. 그 하나님을 찬양하려는데 가슴이 벅차올랐습니다. 자신의 생명을 지켜주신 하나님께 바락 또는 야다 같은 점잖은 단어보다 원색적인 할랄이 자신의 감정을 표현하는 데 적합한 단어라고 생각했습니다. 다윗은 계속 이 단어를 사용하며 하나님을 찬양하기 시작했습니다. 그 후 할랄은 히브리 단어 중에서 찬양을 의미하는 가장 중요한 단어가 되었습니다.

할렐루야! 하나님을 찬양하라![65] 할렐루야는 시편에 23번 그리고 요한계시록 19장에 4번, 모두 27번 성경에 등장합니다. '하나님을 찬양하라'. 이 말은 명령형입니다. 하나님 찬양은 명령입니다. 이것이 하나님께서 인간을 창조하신 이유이기 때문입니다. "이 백성은 내가 나를 위하여 지었나니 나를 찬송하게 하려 함이니라"(사 43:21). 이 구절을 암기해 보세요. 세속적인 오페라를 작곡하며 돈을 벌고, 명성을 얻은 헨델에게 이 단어는 새롭게 가슴을 파고들어 왔을 것입니다. 작곡을 하면서 수십 번, 수백 번 이 단어를 입으로, 마음으로 반복했을 것입니다. 할렐루야 할렐루야 할렐루야… 하나님을 찬양하라. 하나님을 찬양하라… 동갑내기 바흐와는 달리 자신의 가족에게는 음악가가 한 사람도 없었습니다. 그런데도 자신에게는 놀라운 음악 재능이 있었습니다. 이 재능을 주신 분이 하나님이라는 사실을 아마 처음으로 심각하게 깨달았을지 모릅니다.

할렐루야의 감동을 화성적 양식으로 숨 가쁘게 노래한 다음 음악은 갑자기 4성부 단성적 양식으로 바뀌어 다음 가사를 노래합니다. "주 우리 하나님 곧 전능하신 이가 통치하시도다"(계 19:6). 〈메시아〉 20개 합창곡 중에서 네 파트가 유니슨으로 노래하는 부분은 이곳이 유일합니다. 10개의 음은 순차로 상행 진행하다가 순차로 하행 진행하는데 그 가운데 음은 한 옥타브로 갑자기 내려갔다 용수철처럼 다시 한 옥타브 튀어 오릅니다. 극적 효과가 뛰어납니다. '전능하신 이가 God omnipotent'의 가사를 이렇게 표현했습니다. 마치 천둥번개가 치듯 갑작스럽습니다. 헨델은 전능하신 하나님이 이 세상을 통치하신다는 사실에 감격해 있었습니다. 계시록 19:6은 아마 14만 4천이 찬양했을 것입니다. 그러므로 계 14:2의 '많은 물소리와도 같고 큰 우렛소리와도 같은데'라는 동일한 표현이 19:6에도 사용됩니다. 저들은 모두 구속받은 하나님의 백성들입니다.

저들의 찬양에는 두 가지 중요한 구절이 사용되었습니다. '전능하신 이!' 하나님 찬양은 하나님을 알아야 할 수 있습니다. 오페라나 연극처럼 자기와 다른 생각을 노래할 수 없습니다. 찬양은 아나운서처럼 남의 글을 대독하는 사람이 아닙니다. 전능하신 하나님에 대한 믿음이 있어야 전능하신 하나님을 찬양할 수 있습니다. 그런 찬양을 하나님이 기뻐하십니다.

하나님은 전능하신 분입니다. 하나님 자신이 그렇게 말씀하셨습니다. 99세 된 아브라함에게 나타나셔서 "나는 전능한 하나님이라(엘 샤다이)"고 말씀하셨습니다(창 17:1). 왜 하나님은 아브라함에게 이 말씀을 하셨습니까? 아브라함에게는 한 가지 문제가 있었는데 상속자가 없다는 것이었습니다. 이때 사라의 나이는 89세로 임신 불가능한 때였습니다. 그러나 하나님은 "나는 전능한 하나님이라"고 말씀하십니다. '전능'은 불가능이 없다는 말입니다. 하나님은 못 하실 일이 전혀 없습니다! 인간은 할 수 없어도 하나님은 하실 수 있습니다. 사라는 다음 해에 아들 이삭을 낳았습니다. 지금 이스라엘은 그들의 후손입니다. 엘 샤다이 하나님의 말씀이 진실이라는 사실을 증명하고 있습니다. 하나님은 지금도 현대 의학이 임신 불가 판정을 내린 여인에게 아이를 생산하게 할 수 있게 하십니다. 하나님은 던커크에 묶여 있는 30만 연합군 포로들을 한 사람도 빼놓지 않고 히틀러의 손에서 구해 내실 수 있습니다. 우리가 믿는 하나님은 엘 샤다이! 전능하신 하나님입니다!

두 번째 중요한 단어는 '통치' 입니다. "전능하신 이가 통치하시도다". 하나님은 과거에만 통치하신 분이 아니라, 현재도 그리고 미래도 통치하실 분입니다. 이 통치는 완전한 통치입니다. 이 세상의 문제는 지도자 문제입니다. 이 세상의 지도자는 완전하지 않습니다. 그들의 통치는 완전하지 않습니다. 그러나 하나님의 통치는 완전합니다. 신자는 나를 완전하게 통치하시는 하나님을 믿는 자들입니다.

왜 하나님 믿는 사람이 걱정을 합니까? 내가 하려고 하니까 걱정입니다. 내가 통치하려니까 걱정입니다. 14만 4천의 찬양자들은 "어린 양이 어디로 인도하든지 따라가는 자" 들이었습니다. 어린 양이 푸른 초장으로 인도해도 따랐습니다. 때론 눈물 골짜기를 지날 때도 있었지만 따랐습니다. 그들이 믿는 것은 하나님은 결국 자신들을 최고의 곳으로 인도하실 것이라는 사실입니다. 당신은 하나님이 당신의 삶을 계획하시고,

통치하신다는 사실을 믿습니까?

계시록 11:15의 가사는 *Piano*로 부드럽게 시작됩니다. "세상 나라가 우리 주와 그의 그리스도의 나라가 되어 그가 세세토록 왕 노릇 하시리로다". 이 찬송은 일곱째 천사가 나팔을 불 때 나온 '큰 음성들' 입니다.

하나님을 믿는 사람들은 하나님의 세 면을 알아야 합니다. 창조주 하나님, 구속주 하나님 그리고 심판주 하나님입니다. 많은 크리스천들이 창조주 하나님과 구속주 하나님은 믿는데 심판주 하나님에 대해서 잘 알려 하지 않습니다. 그러나 하나님은 이 세상을 반드시 심판하십니다. 하나님이 시작하셨으니 하나님이 끝내십니다. 음악에 시작이 있고 마지막 코다(Coda)가 있듯 하나님의 시간도 그렇습니다. 하나님의 마지막 심판은 일곱 인(印)의 심판, 일곱 나팔 심판 그리고 일곱 대접의 심판이 있습니다. 44번 합창곡에 사용된 계 11:15은 일곱째 천사가 나팔을 불 때 나온 음성인데 놀랍게도 심판의 말이 아니라 찬양입니다!

'이 세상 나라' 는 처음에 아담에게 주어진 나라입니다. 하나님은 아담에게 땅을 정복하고 다스리도록 했습니다. 그러나 아담과 하와는 하나님께 불순종함으로 마귀에게 패했습니다. 그 후 이 세상은 사탄 마귀가 통치하는 세상이 되었습니다. 인간은 이 마귀를 이길 수 없습니다. 그런데 예수 그리스도가 오셔서 마귀의 권세를 꺾으셨습니다. "하나님의 아들이 나타나신 것은 마귀의 일을 멸하려 하심이라". 마귀는 예수님이 오심으로 패하기 시작했습니다. 그러나 완전히 패한 것은 아닙니다. 1939년 발발한 이차 세계 대전은 1944년 6월 6일 노르망디 상륙 작전으로 히틀러의 세력이 꺾이기 시작했습니다. 이날을 D-Day라고 합니다. 그러나 유럽에서 완전히 승리한 날은 1945년 5월 8일입니다. 이날을

V-Day라고 합니다. D-Day와 V-Day 사이에 아군과 적군의 많은 피해가 있었습니다. 예수님이 오셔서 사탄의 권세를 꺾은 날을 D-Day라고 볼 수 있습니다. 그러나 V-Day는 예수님이 재림 때 이루어집니다. 그 사이에 교회는 많은 핍박을 받습니다. 2000년 교회 역사는 순교의 역사입니다. 그들의 피 때문에 지금 우리가 크리스천이 되었습니다. 마지막 때가 될수록 사탄의 극성은 더욱 심해집니다. 자신의 마지막을 알고 발악을 할 것입니다. 기독교 선교 단체인 오픈 도어(www.opendoorsusa.org)는 지금도 약 2억 명 이상의 크리스천들이 전 세계에서 핍박을 받고 있다고 고발합니다. 사탄의 세력은 태초부터 지금까지 끈질기게 믿는 자들을 공격합니다. 신자는 계속 이렇게 당하고 살아야 합니까? 일곱째 천사가 나팔을 불 때 그렇지 않다고 알려줍니다. "세상 나라가 우리 주와 그의 그리스도의 나라가 되어 그가 세세토록 왕 노릇 하시리로다!" 사탄의 나라는 결국 멸망합니다. 하나님이 통치하시는 나라가 됩니다. 하나님이 결국 승리하십니다. 이 말씀은 이미 구약 여러 선지서에 여러 번 예언되어 있습니다(단 7:27 / 사 64:1-3 / 사 66:20-21). 세상 사람들은 열심히 살고 있지만 나아가는 방향을 모릅니다. 그러나 크리스천은 압니다. 이 세상 나라는 결국 주님의 나라가 됩니다!

할렐루야 합창의 마지막 가사는 계시록 19:16에서 나왔습니다. "그 옷과 그 다리에 이름을 쓴 것이 있으니 '만왕의 왕이요 만주의 주'라 하였더라". '만왕의 왕이요 만주의 주'는 예수님 재림의 모습입니다. 재림 신앙은 신앙의 정수입니다. 계시록 19:11부터 예수님의 재림 모습이 기록되어 있습니다. "또 내가 하늘이 열린 것을 보니 보라 백마와 그것을 탄 자가 있으니 그 이름은 충신과 진실이라 그가 공의로 심판하며 싸우더라". 예수님이 승리자로 오시는 모습입니다. 2천 년 전 초림의 모습은 초라했습니다. 그러나 재림의 모습은 다릅니다. 초림 때는 사람들이 잘 몰랐지만 재림 때는 누구나 분명히 알 수 있게 오십니다. 재림하시는 주의 이름이 다양하게 소개됩니다. "그 이름은 충신과 진실이라"(11). "그 이름은 하나님의 말씀이라"(12). "그 다리에 이름을 쓴 것이 있으니 만왕의 왕이요 만주의 주라"(16). 그 이름 중 〈메시아〉 44번 합창에서는 '만왕의 왕이요 만주의 주' 만 가사로 택하여 찬양합니다. 그 이름이 '그 옷과 그 다리'에 쓰였다는 것은 그가 속한 공동체에서 그의 기능과 성격을 말합니다.[66] 예수님은 재림하신 세상의 왕이요 주가 되십니다. 이 세상 왕들은 완전하지 않았습니다. 많은 사람들이 불완전한 지도자들 밑에서 고통을 받았습니다. 그러나 우리 주님은 모든 왕의 왕이 되십니다. 이 세상을 완전하게 통치하십니다. 그러므로 신자는 이 예수님을 믿고 승리하며 이 세상을 살 수 있습니다.

결국 믿는 자가 승리합니다! 하나님 믿으면서 이 세상 것들 부러워하지 마십시오. 탐내지 마십시오. 이 세상나라는 무언가 될 듯 될 듯하지만 끝은 안 됩니다. 왜냐면 끝을 모르기 때문입니다. 하나님 나라는 안 될 것 같고, 망할 것 같은데 그 끝은 승리입니다. 왜냐하면 전능하신 하나님이 계시기 때문입니다. 믿는 자에게 고난은 있지만 그 끝은 승리입니다. 중도에서 포기하지 마세요. 승리를 체험할 수 없습니다. 끝까지 믿으면 승리합니다. 할렐루야!

3부

죽음에 대한 최후 승리를 감사하는 찬송

A Hymn of Thanksgiving for the final overthrow of Death

1장

아담의 타락에서 구속
그리고 육신 부활의 약속

The promise of bodily resurrection and
redemption from Adam's fall

45. Soprano Aria. 내가 알기에는 나의 대속자가 살아 계시니
I know that my redeemer liveth (욥기 19:25-26 / 고린도전서 15:20)

예수 그리스도의 지상 삶을 크게 세 부분으로 요약하면 '탄생-죽으심-부활'입니다. 〈메시아〉 1부, 2부, 3부의 주제입니다. 예수님이 탄생하셨다, 그리고 돌아가셨다는 사실은 크리스천이 아니어도 쉽게 믿을 수 있습니다. 인간은 누구나 태어나고 죽기 때문입니다. 그러나 부활하셨다? 죽었다가 다시 살아나셨다고? 이 부분에 와서는 굉장한 믿음이 필요합니다. 믿음이 없으면 혼란스럽습니다. 죽은 사람이 살아났다는 이야기는 고대 신화에나 나옵니다. 이집트 신화에도, 그리스 신화에도 나옵니다. 비참하게 죽지만 저들은 죽은 자 가운데서 다시 살아납니다. 그러므로 성경을 하나님의 말씀으로 보지 않는 사람들은 예수님의 부활을 사실이 아니라 신화로 치부하려는 경향이 있습니다.

예수 그리스도의 부활은 신화가 될 수 없습니다. 신화는 한 사건이 수백 년, 수천 년의 시간이 흐른 뒤에 만들어지고 기록됩니다. 신라의 시조 박혁거세가 알에서 태어났다는 난생 신화는 삼국사기에 처음 기록되었습니다. 신라 건국 1200년 후의 일입니다. 그러나 예수 그리스도의 부활은 예수님 돌아가신 지 30년도 안 되어 성경에 기록되었습니다! 부활의 목격자들 중 많은 사람들이 아직 이 세상에 살아 있을 때입니다. 이 세상에 30년 만에 만들어지는 신화는 없습니다.[67]

신약성경은 네 복음서로 시작합니다. 네 복음서에는 모두 예수 그리스도의 부활에 대하여 기록하고 있습니다. 이 기록들에는 한가지 특이한 사실이 있습니다. 네 복음서 부활장의 첫 절들이 어떻게 시작하는지 공통점을 발견해 보세요.

- 마 28:1 '막달라 마리아와 다른 마리아가'
- 막 16:1 '안식일이 지나매 막달라 마리아와 야고보의 어머니 마리아와 또 살로메가 가서'
- 눅 24:1 '안식 후 첫날 새벽에 이 여자들이 그 준비한 향품을 가지고 무덤에 가서'
- 요 20:1 '안식 후 첫날 일찍이 아직 어두울 때에 막달라 마리아가 무덤에 와서'

네 복음서는 예수 그리스도의 부활의 첫 증인을 여자로 기록하고 있습니다. 구약에서 모든 사건의 증인은 두, 세 명이 있어야 합니다. 그러나 여자는 증거자가 되지 못합니다. 복음서 저자들도 이 사실을 잘 압니다. 그 당시 유대 사회의 보편적인 문화였기 때문입니다. 고린도전서 15장에도 부활 증인들의 이름이 나오는데 여자 이름은 나오지 않습니다. 사도 바울의 목적은 역사 기록이 아닙니다. 그러나 복음서는 역사 기록입니다. 역사에서는 사실이 중요합니다. 언제, 어디서, 누가, 무엇을. 복음서가 당시 문화적 배경에서 나온 소설이라면 여자를 부활의 증거자로 기록할 수 없습니다. 그러나 부인할 수 없는 사실이기 때문에 네 복음서 저자들은 여자들의 이름을 기록하지 않을 수 없었습니다. 예수 그리스도의 부활은 신화가 아니라 역사적 사실입니다. 구약에도 이미 예언이 되어 있습니다. 예수님도 생전에 여러 번 자신의 부활을 말씀하셨습니다. '사흘 만에' 라는 말씀으로 부활이 언제 일어날지를 정확하게 말씀하셨습니다. 제자들은 예수님의 부활을 증거하다가 순교당했습니다. 죽음이 끝이 아니라는 사실을 똑똑히 목격했기 때문에 안개처럼 잠깐 사는 이 세상에 연연하지 않았습니다. 이런데도 예수 그리스도의 부활을 신화라고 말할 수 있습니까? 당신은 신화 같은 이야기에 당신 목숨을 내놓을 수 있습니까?

놀랍게 구약 시대에도 죽어서 다시 산다는 부활 신앙을 고백한 사람이 있었습니다. 인류 역사의 첫 부활 신앙 고백자입니다. 부활절도 없었던 시대에 누가 이런 엄청난 고백을 할 수 있었습니까? 어떤 상황에서? 〈메시아〉 3부는 그 사람의 고백을 첫 가사로 노래하고 있습니다.

〈메시아〉 2부는 D장조 합창으로 힘차게 끝납니다. 3부는 E장조 소프라노 솔로로 시작합니다. 2부의 마지막 노래와 3부의 첫 노래는 아무런 조 관계가 없습니다. 마치 새로운 세계가 시작되는 듯, 새로운 시간이 시작되는 듯 갑자기 E장조로 바뀌어 조용한 바이올린 단선율 멜로디가 흐릅니다. 이 멜로디를 소프라노가 받아 노래합니다. 겉모습은 이른 아침처럼 조용하지만 속 모습도 조용하지는 않습니다. 주제의 네 마디 선율에는 4도, 6도의 도약 음정을 여러 번 사용해서 내면의 놀라움, 기쁨, 확신을 표현합니다. 번민과 두려움의 밤은 어느덧 사라졌습니다. 믿기 힘들지만 그렇다고 거부할 수 없는 명징함이 떠오릅니다. 이제까지 체험해 보지 못했던 세계입니다. 그 세계로 한 걸음, 또 한 걸음 조심스럽게 발을 딛습니다.

> "내가 알기에는 나의 대속자가 살아 계시니
> 마침내 그가 땅 위에 서실 것이라 / 내 가죽이 벗김을 당한 뒤에도
> 내가 육체 밖에서 하나님을 보리라" (욥기 19:25-26)

인류 역사에서 부활 신앙을 처음 고백한 사람은 욥입니다. 테리엔은 이 고백이 구약 전체에서 가장 중요한 신앙 고백이라고 말합니다.[68] 헨델의 유해는 그의 유언에 따라 런던 웨스트민스터 교회에 안치되어 있습니다. 그 앞에 헨델이 작곡하고 있는 모습의 상이 세워져 있는데 그 악보가 〈메시아〉 45번의 노래입니다. "내가 알기에는 나의 대속자가 살아계시니."

욥은 어떤 상황에서 이런 신앙을 고백할 수 있었을까요? 어느 날 갑자기 그런 생각이 들었을까요? 누군가가 욥에게 부활 신앙을 가르쳐 주었을까요? 욥의 고백은 두 절에 불과하지만 이 두 절이 나온 배경은 그렇게 간단하지 않습니다. 욥의 놀라운 고백, 그 배경을 공부해 보는 것이 큰 의미가 있습니다. 이 공부는 당신의 찬양에 큰 힘을 보태줄 것입니다.

하나님이 사탄에게 욥을 자랑스럽게 소개합니다. "네가 내 종 욥을 주의하여 보았느냐 그와 같이 온전하고 정직하여 하나님을 경외하며 악에서 떠난 자는 세상에 없느니라" (1:8). 그때 사탄은 하나님께 무슨 제안

을 합니까? "욥이 어찌 까닭 없이 하나님을 경외하리이까 / 주께서 그와 그의 집과 그의 모든 소유물을 울타리로 두르심 때문이 아니니이까. 주께서 그의 손으로 하는 바를 복되게 하사 그의 소유물이 땅에 넘치게 하셨음이다 / 이제 주의 손을 펴서 그의 모든 소유물을 치소서 그리하시면 틀림없이 주를 향하여 욕하지 않겠나이까"(1:9-10).

사탄은 욥을 잘 압니다. 아마 지상을 돌아다니며 집중해서 관찰했던 것 같습니다. 잘 믿는 사람, 하나님이 사랑하는 사람을 무너뜨리려는 것이 사탄의 목표입니다. 사탄은 주제넘게 하나님이 할 일을 명령합니다. "치소서." 사탄의 생각은 악합니다. 부정적이고 파괴적입니다. 놀랍게 하나님은 사탄의 제안을 수용합니다. 왜 하나님께서 사탄을 허용하셨는지 우리는 하나님 뜻을 다 알 수 없습니다. 그러나 알 수 있는 것도 있습니다. 첫째, 사탄은 아무리 악해도 하나님 승낙 없인 하나님 백성을 건드릴 수 없습니다. 둘째, 하나님이 욥의 신앙을 칭찬하셨지만 그렇다고 욥이 완전한 사람이라는 말은 아닙니다. 이 세상에 완전한 사람은 하나도 없다는 사실을 하나님은 누구보다 잘 알고 계십니다. 욥은 훌륭하지만 더 성장해야 할 부분이 있습니다. 누구나 그런 부분이 있습니다. 하나님의 허락을 받은 사탄은 신나게 욥을 두들겨 팹니다. 소, 나귀, 종들을 공격합니다. 모든 재산을 불태웁니다. 욥이 그렇게 사랑하는 열 자녀들을 한 번에 죽여버립니다. 두 번째 공격에서 사탄은 욥의 몸을 쳤기 때문에 욥의 몸에는 '발바닥에서 정수리까지 종기'가 났습니다. 욥은 재 가운데 앉아서 질그릇 조각으로 가려운 자기 몸을 여기저기 긁었습니다. 하나의 고난도 감당하기 힘든데 욥은 고난에 고난이 이어지는 줄 고난을 당합니다. 이제 욥의 '울타리'는 모두 사라졌습니다.

인생에 고난이 있습니다. 고난의 이유를 이해할 수 있다면 그 고난은 견딜 수 있을 것입니다. 그러나 우리 인생에는 이해 못할 고난이 많습니다. 내 잘못도 아닌데 나의 울타리가 무너져 내립니다. 전대미문의 코빗 펜데믹으로 많은 사람들이 직장을 잃었습니다. 사랑하는 사람을 잃었습니다. 많은 사업체들이 문을 닫았습니다. 왜 이런 고난을 우리가 당해야 하는지요. 우리는 그 이유를 다 알 수 없습니다. 이때 자신의 무능을 너무 자책하지 마세요. 우리는 부족합니다. 그러나 꼭 우리의 잘못 때문에 고난이 생기는 것만은 아닙니다.

욥에게 예상치 못한 일이 생겼습니다. 욥의 친구 세 명이 욥을 방문한 일입니다. 이들은 욥을 '위문하고 위로' 하기 위해서 왔습니다.

그런데 저들의 말은 욥에게 위로가 되었습니까? 친구 엘리바스의 말입니다. "생각하여 보라 죄 없이 망한 자가 누구인가? 내가 보건대 악을 밭 갈고 독을 뿌리는 자는 그대로 거두나니" (4:7-8). 욥을 '망한 자' 라고 말합니다. 망한 이유는 악을 뿌렸기 때문이라고 말합니다. 친구 빌닷의 말입니다. "네 자녀들이 주께 죄를 지었으므로 주께서 그들을 그 죄에 버려두셨나니" (8:4). 욥의 열 자녀들의 죽음을 이렇게 설명합니다. 당신은 고난 가운데서 친구들에게 이런 말을 들으면 어떤 기분이겠습니까?

친구들은 극한 고난 가운데 있는 욥에게 위로는커녕 또 하나의 고난을 욥의 머리에 얹어 놓았습니다. 단 한 사람도 욥의 상황을 공감하는 친구가 없었습니다. 보호 '울타리' 안에 편하게 있는 자가 울타리 무너진 자를 이해하고 공감하는 일은 무척 어렵습니다. 가진 자가 못 가진 자를 이해하는 것은 무척 힘든 일입니다.

욥은 사탄으로부터 공격을 받고 또 친구들로부터 계속된 공격을 받았습니다. 이때 고난받는 사람들은 자기 자신을 잃어버리기 쉽습니다. 많은 유명인사들이 인터넷 악성댓글에 시달리다 자살로 생을 마감하는 일을 종종 봅니다. 안타깝습니다. 물질, 육신으로 인한 고난보다도 언어 공격으로 인한 마음의 상처는 훨씬 큽니다. 그런데 우리는 욥을 통하여 놀라운 점을 배울 수 있습니다. 아홉 번에 걸친 친구들의 줄기찬 공격에도 욥은 줄기차게 자신을 지켜 나갔습니다! 이 사실이 경이롭습니다. 어떻게 자기 자신을 지킬 수 있었을까요? 욥기를 공부하면서 깨달은 사실은 욥의 친구들은 하나님에 대하여 열심히 떠벌이지만 한 명도 욥과 함께 기도하는 사람이 없다는 사실입니다. 저들은 하나님에 대한 지식이 많지만 기도하는 사람은 아니었습니다. 자기들의 해박한 지식을 친구 정죄하는 데 사용했습니다. 반면 욥은 저들의 주장에 줄기차게 반박하면서 곳곳에서 하나님께 기도하는 모습을 봅니다. 길게 또는 짧게 드리는 기도문이 일곱 개나 기록되어 있습니다. 욥의 기도를 찾아서 읽어 보십시오. 하나님을 이인칭으로 지칭하는 부분들입니다. 7:7-21. 9:27-31. 10:1-22. 13:20-14:22. 16:7-8. 17:3-4. 30:20-24.[69] 욥의 기도는 형식적인 기도가 아닙니다. 일종의 넋두리요 탄원기도입니다. 그런데 이 기도는 욥의 깊은 중심부에서 나온 기도입니다. 욥은 기도자입니다! 기도자는 어떤 상황에서든 하나님 앞에 앉아 있는 사람입니다. 많은 신자들이 고난이 오면 처음에는 기도를 합니다. 그래도 고난이 계속되면? 기도를 멈춥니다. 욥의 고난은 계속되었습니다. 상황은 나아질 기미가 보이지 않았습니다. 하나님이 원망스럽습니다. 그래도 욥은 하나님 앞에서 불평했습니다. 하나님 앞에서! 욥은 솔직한 기도자입니다. 기도자는 어떤 상황에서도 기도 줄을 놓지 않는 사람입니다. 욥의 친구들은 줄기차게 욥이 잡은 기도줄을 흔들었지만 그래도 욥은 기도줄을 꽉 잡고 놓지 않았습니다. 이것이 기도자입니다!

욥의 기도 – 넋두리 기도를 하나님은 외면하고 계셨을까요? 욥의 줄기찬 기도를 통해 하나님께서 욥을 진리 가운데로 인도하시는 것을 볼 수 있습니다. 엘리바스의 공격에서 욥이 한 첫 기도입니다. "내가 생명을 싫어하고 영원히 살기를 원하지 아니하오니 나를 놓으소서"(7:16). 욥의 첫 기도는 매우 절망적입니다. 두 번째, 세 번째 기도에서도 욥은 하나님을 원망합니다. 아무런 희망이 없습니다. 그런데 네 번째 기도부터 달라집니다. "적어도 나무는 소망이 있습니다. 그것은 찍히더라도 다시 움이 돋고 그 연한 가지들이 계속 나기 때문입니다"(14:7. 쉬운성경). 욥은 기도하다가 앞에 있는 나무를 본 모양입니다. 나는 그 나무를 보게 하신 분이 하나님이라고 생각합니다. 하나님이 욥의 눈을 그리로 인도하셨습니다. 욥은 그 나무를 보면서 나무는 죽은 것 같아도 다시 살아난다는 단순한 사실을 새삼스럽게 깨닫게 됩니다. 여기서 희망을 봅니다. 회복의 희망! 이때부터 욥의 생각과 기도는 발전합니다. 죽음이 끝이 아니라고 고백합니다(14:13). 하나님은 죄를 사하시는 분임을 깨닫습니다(14:17).

죽음 이후의 세계를 생각하게 된 욥이 계속 희망적인 생각에만 젖어 있는 것은 아닙니다. 금방 절망의 나락으로 빠집니다. 이것이 기도자의 현실입니다. 기도자는 그 일이 성취되기 전까지 희망과 절망 사이를 오락가락합니다. 믿음과 의심 사이를 오가며 기도하게 됩니다. 그러나 기도자는 절망도, 의심도 하나님 앞에서 합니다. 하나님 앞에서! 그때 절망은 희망으로, 비관은 낙관으로, 의심은 확신의 옷으로 갈아입게 됩니다. 욥은 나무를 보고 깨달은 뒤에도 계속 오르락내리락하는 신앙 가운데 있지만 분명히 성장하고 있습니다. 그리고 놀라운 고백에 도달하게 됩니다. "내가 알기에는 나의 대속자가 살아계시니 마침내 그가 땅 위에 서실 것이라 / 내 가죽이 벗김을 당한 뒤에도 내가 육체 밖에서 하나님을 보리라!" 인류 최초의 부활 신앙 고백은 이런 지난한 과정을 거쳐 나왔습니다.

"내가 알기에는"[70] "나는 안다!" 강력한 확신입니다. 한없이 추락하는 삶 가운데서도 욥은 하나님과의 끈을 놓지 않았습니다. 불러도 대답 없는 이름. 그래도 계속 하나님을 불렀습니다. 그러면서 욥이 분명히 알게 된 한 가지 사실이 있었습니다. "나의 대속자가 살아계시니!" '대속자'는 값을 지불하고 구하는 자를 말합니다. 동사형 '가알'로 많이 쓰이는데 '구속한다' 는 의미입니다. 명사형 '대속자' 는 19장에서 욥이 처음 사용했습니다. 25절의 '대속자' 는 누구입니까? 그다음 절을 보면 알 수 있습니다. "내 가죽이 벗김을 당한 뒤에도 내가 육체 밖에서 하나님을 보리라". '대속자' 는 인간이 아니라 '하나님' 을 말합니다. 그러나 욥이 이제까지 말해온 하나님과 25절의 하나님은 성격이 다릅니다. 이제까지의 하나님은 자신을 과녁 삼아 화살을 쏘는 하나님, 재판관, 심판자 하나님이었습니다. 그런데 25절에서는 '대속자' 하나님을 말합니다. 하나님이지만 하나님과 구별되면서 하나님처럼 일할 수 있는 분! 심판자 하나님이 아니라 변호하시는 하나님! 구약에서는 이 하나님이 어떤 분인지 아직 분명하지 않습니다. 신약에서는 분명합니다. 하나님이지만 성부 하나님과는 다른 역할을 하는 성자 하나님, 예수 그리스도를 말합니다. 말할 수 없는 고난 가운데서 욥이 하나님께 대한 기도의 끈을 놓지 않았을 때 하나님의 응답은 귀에 들리지 않았지만 하나님은 욥의 마음을 대속자 하나님을 생각할 수 있을 만큼 크게 확장해주셨습니다!

그 대속자는 무엇을 합니까? "마침내 땅에 서실 것" 입니다. '마침내'는 종말적인 의미가 있습니다. '땅'은 흔하게 사용되는 '에레츠'가 아니라 '아파르' – 티끌, 재의 뜻 – 라는 단어를 사용해서 욥의 고난의 현장에 서실 것을 나타냅니다. 언제 대속자가 땅에 서게 됩니까? "내 가죽이 벗김을 당한 뒤에도 내가 육체 밖에서 하나님을 보리라". 욥은 언젠가 죽습니다. 육체는 당연히 없어지겠지만 그것이 끝이 아닙니다. '육체 밖에서' 하나님을 봅니다. 즉 부활해서 하나님을 만나게 됩니다! 욥은 처절한 고난 가운데서 고난이 끝이 아니라는 사실을 고백합니다. 자기를 극한 고난 가운데서 값을 지불하고 구할 대속자 '고엘'을 바라봅니다. 이것이 부활신앙입니다. 지금 우리 시대보다 부활을 믿기 힘든 그 시대에, 예수 그리스도의 부활 이전에, 부활절도 없던 그 시대에 욥은 부활을 고백했습니다.

고난은 사람을 생각하게 만듭니다. 생각 없이 살던 사람도 고난이 닥치면 생각을 하게 됩니다. 하나님 믿는 사람에게 고난은 하나님을 생각할 수 있는 좋은 기회입니다. 그래서 시편 기자는 고난당하는 것이 유익이라고 말합니다. 욥은 고난 중 무슨 생각을 했을까요? 욥기에는 욥이 하나님을 부르는 칭호가 다양하게 나옵니다. 가장 많이 사용한 단어가 '전능자'인데 10회 이상 사용되었습니다. 욥은 고난 중에도 하나님을 전능자로 믿었습니다. 전능자라는 말은 불가능한 것이 없는 자라는 뜻입니다. 인간은 하나님을 자기 생각과 경험 안으로 제한하려는 경향이 있습니다. 신앙생활 하는 사람들도 입으로는 전능하신 하나님을 말하지만 생각으로는 하나님을 제한적으로 믿을 때가 많습니다. 전능하신 하나님은 인간의 모든 생각, 행동을 초월합니다. 이 믿음을 바탕으로 욥의 생각은 발전합니다.

('전능자'는 누구인가? 인간에게 죽음은 넘을 수 없는 한계 상황이지만 전능자에게 죽음은 아무것도 아니다. 하나님에게도 죽음이 한계라면 하나님은 전능하신 분이 아냐. 하나님에게 죽음은 아무것도 아니다. 죽음을 넘으실 수 있는 분이다. 난 하나님을 믿는 사람이야. 부족하지만 그래도 내 나름대로는 열심히 하나님을 믿고 살아왔어. '정한 음식보다 그의 입의 말씀을 귀히' 여기며 살았어. 그런데 왜 이런 극한 고난이 내게 왔을까? 전능하신 하나님이 왜 내 삶에 슬픈 일들을 연속적으로 허락하셨을까? 하나님은 악한 하나님이 아니야. 좋으신 하나님! 그렇다면 내 고난에는 분명 하나님이 두신 뜻이 있을 거야. 돌멩이에 불과한 금 원석을 풀무불 속에 던져 넣을 때는 분명한 뜻이 있는 게지. 반짝반짝 빛나는 순금이 아니겠어? "내가 가는 길을 그가 아시나니 그가 나를 단련하신 후에는 내가 순금같이 되어 나오리라". 맞아. 믿는 자에게 고난은 분명히 하나님의 뜻이 있어!)

욥은 줄고난을 당하면서 하나님을 깊이 묵상했습니다. 적어도 두 깨달음에 도달할 수 있었습니다. 첫째, 고난의 끝은 결국 죽음일 텐데 죽음이 인생의 끝이 아니라는 사실! 이렇게 끝난다면 인생은 무의미하고, 하나님도 무의미하고, 전능하신 하나님이라는 말도 의미가 없다는 사실. 둘째, 믿는 자의 고난은 연단 과정이라는 사실. 나를 망가뜨리는 과정이 아니라 나를 더 좋게 만드는 과정이라는 사실! 큰 고난을 당하면서 욥은 하나님에 대하여 점점 긍정적으로 생각하게 되었습니다. 이런 놀라운 깨달음은 욥이 스스로 터득한 것은 아닙니다. 결국 하나님께서 욥의 기도를 인도하셨습니다! 하나님은 기도자의 기도에 귀 막고 계시지 않습니다. 기도자를 성숙한 깨달음으로, 가장 좋은 믿음으로 인도하십니다!

욥의 신앙 고백 결과는 무엇입니까? 하나님은 욥의 잃었던 모든 것을 회복시키시고 갑절의 축복을 주셨습니다. 욥의 사후 문제뿐 아니라, 현실 문제도 깔끔하게 해결해 주셨습니다. 하나님은 하나님 백성을 회복하시는 분입니다! 부활을 믿는다는 말은 하나님의 회복을 믿는다는 말입니다. 죽음에서 삶으로의 회복입니다. 윤회가 아닙니다. 환생이 아닙니다. 죽음에서 영원한 삶으로의 회복입니다.

우리 인생에 고난이 있습니다. 그러나 기도의 줄을 꼭 붙잡으세요. 하나님의 회복을 믿고 사십시오. 그 믿음대로 회복됩니다. 이것은 지금 여기서 부활의 한 부분을 체험하며 사는 것입니다.

45번 아름다운 소프라노 아리아의 앞부분은 욥기의 말씀을 가사로 사용했지만 119마디부터 마지막 45마디는 고린도전서 15장 20절의 말씀으로 마무리됩니다. 이어지는 부분에 큰 음악적 특징이 없기 때문에 두 가사가 각각 구약과 신약의 말씀이라는 사실이 잘 느껴지지 않습니다.

> "그러나 이제 그리스도께서 죽은 자 가운데서 다시 살아나사
> 잠자는 자들의 첫 열매가 되셨도다" (고린도전서 15:20)

32번 아리아에서도 부활을 말했고, 45번에서도 부활을 말하고 있지만 부활의 당사자는 모두 인칭대명사 '그'로 나옵니다. 이제는 부활의 주인공 즉 '그리스도'의 이름이 등장합니다! 멜로디는 새롭게 느껴지지 않습니다. 앞에 나왔던 부점 리듬의 반주가 길게 반복되어 다시 사용되

어서 앞부분과 크게 차별화되지 않습니다. '자는 자' 의 'sleep' 을 여덟 박자 B음으로 길게 끌어서 잠자고 있는 모습을 표현합니다. 앞부분에서도 B음 여덟 박자가 나오는데 그때는 '그가 서리라' 의 'stand' 에 그 음표를 사용해서 굳게 서 있는 모습을 나타냈습니다. 전반은 산 자의 모습, 후반은 죽은 자의 모습입니다. 그러나 그리스도 안에서 죽은 자는 죽은 자가 아니라 잠자는 자입니다! 그들은 부활하여 다시 설 것을 확신하기 때문에 'stand' 와 'sleep' 의 가사는 똑같은 방식으로 처리되었습니다. '그리스도께서 죽은 자 가운데서 다시 살아나사' 의 가사는 한 옥타브 이상을 순차 상행 진행시킴으로 다시 일어나는 부활의 모습을 음악으로 표현하고 있습니다. 마지막 오케스트라 마무리는 처음 전주를 거의 그대로 사용하면서 수미상관을 이루고 있습니다. 마치 구약과 신약이 떨어질 수 없는 한 책이라는 사실을 강변하기라도 하듯.

고린도전서 15장을 부활장이라고 합니다. 사도 바울은 고린도 교회 교인들에게 부활에 대하여 다시 강의하는 내용입니다. 20절은 '그러나' 로 시작하지만 〈메시아〉에서는 앞의 가사 – 욥 19:26과 연결시키기 위해 이유를 나타내는 접속사 'for' 로 번역했습니다.

바울 사도가 고린도 교회에 그리스도의 부활에 대하여 이야기하는 이유는 무엇입니까? 그전에 그리스도의 부활에 대하여 전하지 않았기 때문입니까? 바울은 5년 전 고린도에서 복음을 전할 때 이미 그리스도의 부활에 대하여 말했습니다. "내가 받은 것을 먼저 너희에게 전하였노니 이는 성경대로 그리스도께서 우리 죄를 위하여 죽으시고 / 장사 지낸 바 되셨다가 성경대로 사흘 만에 다시 살아나사"(고전 15:3-4).[71] 그러나 고린도 교인 중에서 '죽은 자 가운데서 부활이 없다' 는 사람들이 생겨났습니다. 죽은 자의 부활은 믿기 힘든 일이기 때문입니다. 세상의 불신자들은 부활을 믿지 않습니다. 죽으면 끝입니다. 고린도 교인들은 성령을 충만히 받고 체험한 신자들이었지만 세상 사람들의 영향을 크게 받았습니다. 인간의 이성으로 죽은 자의 부활을 믿기는 매우 어렵습니다. 바울은 부활이 없으면 어떻게 되는지를 계속 설명합니다. 신자의 믿음이 헛것이 됩니다. 죄 문제가 미해결 상태에 머물게 됩니다. "그러나"! 크리스천들은 '불쌍한 자'들이 아닙니다. 부활이 있습니다. 그리스도께서 '잠자는 자들의 첫 열매'가 되셨습니다. '잠잔다'는 말은 죽었다는 말입니다. 세상에서는 죽으면 끝이라고 생각하지만 그리스도께서 다시 사셔서 부활의 첫 열매가 되셨습니다. 계속해서 둘째 열매, 셋째 열매…가 있다는 말입니다. 그리스도의 부활을 믿는 자들은 그리스도 뒤를 이어서 부활의 열매가 될 수 있습니다. 죽음이 끝이 아닙니다.

첫 열매! 하나님은 광야의 이스라엘 백성들에게 초실절의 규례에 대하여 말씀하셨습니다. "너희는 내가 너희에게 주는 땅에 들어가서 너희의 곡물을 거둘 때에 너희의 곡물의 첫 이삭 한 단을 제사장에게로 가져갈 것이요 / 제사장은 너희를 위하여 그 단을 여호와 앞에 기쁘게 받으심이 되도록 흔들되 안식일 이튿날에 흔들 것이며"(레 23:10-11). 이스라엘 백성들은 '곡물의 첫 이삭 한 단'을 하나님께 먼저 드리게 되어 있습니다. 이날은 '안식일 이튿날' 즉 지금의 주일을 말합니다. 그리스도께서 부활하신 날입니다. 예수님은 주일에 '첫 열매'로 부활하셨습니다. 이스라엘 백성들이 첫 곡식을 하나님께 바친 것은 그다음부터의 계속된 수확을 보장하는 것입니다. 예수님이 부활의 첫 열매가 되신 것은 그다음부터의 계속된 부활을 보장하는 것입니다.

'첫 열매'의 개념은 고린도후서의 '보증'과 같은 개념입니다. 지금 우리에게 나타나는 성령의 일은 장차 올 것의 '보증arrabon'이 됩니다(고후 5:5).[72] 예수 그리스도가 부활의 '첫 열매'가 되신 것은 장차 올 우리들의 부활의 '보증'이 됩니다. 부활을 믿는 크리스천들에게 죽음은 끝이 아닙니다. 당신은 그리스도의 부활을 통하여 당신도 부활할 것이라는 믿음을 고백할 수 있습니까? 지금의 고난이 끝이 아니라는 사실을 확신합니까?

46. Chorus. 사망이 한 사람으로 말미암았으니
Since by man came death (고린도전서 15:21-22)

46번 곡은 조용히 시작하는 합창곡입니다. 가사는 고린도전서 15:21-22로 45번 소프라노 아리아의 20절 말씀과 연결되어 있지만 음악적으로는 다른 형식을 취하고 있습니다. 대부분의 〈메시아〉 합창곡들은 화성적 양식과 대위적 양식이 적절히 섞여서 나오는데 46번 합창곡에서는 대위적 양식이 한 번도 나타나지 않습니다. 계속 화성적 짜임새, 그러나 속도의 다름과 악기 사용 유무로 변화를 주고 있습니다. 합창은 21절 가사의 느린 여섯 마디와 22절 가사의 빠른 10마디로 되어 있습니다. 느린 여섯 마디는 반주 없는 아카펠라로 노래하여 중세 성당의 고요한 분위기를 자아냅니다. 빠른 10마디는 현악기와 콘티누오가 함께 연주하기 때문에 앞의 합창과 극적으로 대비됩니다. 앞의 느린 부분은 죽음에 대한 내용이고, 뒤의 빠른 부분은 삶에 대한 내용입니다. 한 사람으로 말미암아 죽음이 왔다는 사실에 대하여 매우 안타까운 심정을 소프라노 파트의 반음계 C-C#-D-D#-E로 표현하고 있습니다. 그러나 또 다른 한 사람으로 말미암아 부활이 온다는 사실도 빠른 상승 스케일로 표현하여 일어나는 모습을 힘차게 그리고 있습니다.

> "사망이 한 사람으로 말미암았으니 죽은 자의 부활도
> 한 사람으로 말미암는도다 / 아담 안에서 모든 사람이 죽은 것같이
> 그리스도 안에서 모든 사람이 삶을 얻으리라" (고린도전서 15:21-22)

"사망이 한 사람으로 말미암아 왔으니". 바울 사도는 먼저 사망을 설명합니다. 그래야 부활을 이해할 수 있기 때문입니다. 왜 인간은 죽습니까? 한 사람 때문에 죽음이 왔습니다. 그 한 사람은 22절에 '아담'이라고 설명합니다. "아담 안에서 모든 사람이 죽은 것같이". 아담은 하나님이 창조하신 에덴동산에서 온갖 축복을 누리며 살았습니다. 하나님은 아담에게 동산 중앙에 있는 선악을 알게 하는 나무의 실과는 먹지 말라고 명령하셨습니다. "네가 먹는 날에는 반드시 죽으리라". 이것은 보통 말씀이 아니라 '명령zawa' 입니다(창 2:16). 그러나 사탄은 "너희가 결코 죽지 아니하리라"고 말하며 아담과 하와를 유혹합니다. 결국 아담과 하와는 이 실과를 먹고 말았습니다. 하나님은 "너는 흙이니 흙으로 돌아갈 것이니라"고 말씀하셨습니다. 이로써 인간에게 죽음이 왔습니다.

그런데 좀 이상하지 않습니까? 아담이 잘못했는데 왜 우리에게도 죽음이 왔습니까? 아담의 죄가 왜 내 죄가 됩니까? 아담의 죄가 모든 사람에게 전염되었기 때문입니다. 죄는 무서운 펜데믹 전염병입니다. 코로나 펜데믹으로 전 세계가 수년간 큰 고통을 받았습니다. 수백만 명이 이

전염병으로 죽었습니다. 코로나 펜데믹은 어디서, 누구에게서 시작되었습니까? 중국의 우한이라는 한 도시에서 이 전염병이 보고된 것은 2019년 12월 30일 리원량 박사에 의해서입니다. 그때 7명의 감염자가 처음 보고되었습니다. 처음부터 7명이 똑같이 감염되었을까요? 아닙니다. 처음에는 한 명이 감염되었습니다. 결국 그 한사람의 바이러스가 전 세계에 퍼졌습니다. 아담 한 사람의 죄는 코로나 펜데믹보다 더 강한 전염병입니다. 그 결과 인간은 모두 죄의 본성을 갖게 되었습니다. 거룩함, 의로움을 잃어버렸습니다. 아가페의 사랑을 잃었습니다. 성경은 모든 사람이 죄를 범하였으매 하나님의 영광에 이르지 못한다고 말합니다. 그 죄의 결과는 사망입니다.

죄는 펜데믹 전염병입니다. 창세기 4장은 한 사람의 죄가 어떻게 전염되는지 보여줍니다. 먼저 아담의 가정에 전염된 죄의 모습이 가인의 동생 살인 사건을 통해 나옵니다. 가인의 5대 자손의 노래가 그 시대의 사회 모습을 나타냅니다. "나의 상처로 말미암아 내가 사람을 죽였고 나의 상함으로 말미암아 소년을 죽였도다." 이 끔찍한 노래가 성경에 기록된 첫 노래라니! 아담의 10대 후손쯤 내려오면 이 세상에서 올바로 사는 사람들을 찾아보기가 힘들었습니다. "여호와께서 사람의 죄악이 세상에 가득함과 그의 마음으로 생각하는 모든 계획이 항상 악할 뿐임을 보시고 / 땅 위에 사람 지으셨음을 한탄하사 마음에 근심하시고"(창 6:7-8). '세상에 가득함' '모든' '항상'의 표현은 인간의 죄가 얼마나 크게, 넓게 퍼져 있는지 보여주는 단어들입니다. 그러므로 하나님은 큰 홍수로 온 땅을 심판하셨습니다. 자, 한 사람의 죄가 얼마나 무서운 펜데믹 전염병인지 상상하실 수 있습니까?

그러나 한 사람이 나쁜 영향력을 미치기도 하지만 또 다른 한 사람이 좋은 영향력을 미치기도 합니다. 한 사람이 많은 사람을 죽이기도 하지만 또 다른 한 사람이 많은 사람을 살리기도 합니다. 코로나 바이러스로 전 세계 많은 사람들이 죽었습니다. 그러나 백신이 개발된 이후 전염병이 잦아들기 시작했습니다. 어떤 백신입니까? mRNA라는 백신입니다. 이 백신은 이제까지 만들어진 백신과 전혀 다른 방식으로 만들어진 백신입니다. 이 백신이 만들어진 배경에는 여자 과학자 한 사람의 끈질긴 노력이 있었습니다. 카탈린 카리코(Katalin Kariko)는 대학교 때부터 mRNA에 관심을 갖고 연구하기 시작했습니다. 그러나 사람들의 주목을 받지 못했습니다. 대학에서 연구비도 받을 수 없었습니다. 대학 교수직에서 쫓겨났지만 연구원으로 남아 40년간 mRNA를 연구했습니다. 한 우물만 계속 파 내려간 과학자입니다. 그녀의 연구를 바탕으로 파이저와 모데르나 제약 회사가 세계 최초로 mRNA백신을 만들었습니다. 이 백신으로 많은 사람들이 생명을 건질 수 있었습니다.

자, 보십시오. 우한 시의 한 사람으로부터 코로나 바이러스가 전 세계에 퍼졌습니다. 그러나 여자 과학자 한 사람으로부터 백신이 개발되어서 많은 사람에게 생명을 주었습니다. 한 사람 아담의 죄로 모든 사람이 사망에 이르렀습니다. 그러나 또 다른 한 사람으로 모든 사람이 살 수 있었습니다. 그 사람이 누구입니까? "그리스도 안에서 모든 사람이 삶을 얻으리라." 〈메시아〉 46번 합창에서 D단조로 시작하는 부분입니다. 단조의 노래지만 *Allegro, forte*로 노래하기 때문에 활기가 있습니다. 노래의 끝에는 마무리 *adagio*가 없습니다. 오케스트라 반주의 마지막 음은 모든 악기가 4분음표로 홀연히 끝납니다. 〈메시아〉에서 이런 마무리는 생소합니다. 헨델은 마지막 음을 간단하게, 단정적으로 처리해서 그리스도 안에서 모든 사람이 삶을 얻는다는 사실을 단정적으로, 확실하게 선포합니다. 이론의 여지가 없습니다.

사람은 누구나 죽습니다. 그러나 죽음이 정말 끝인 사람이 있고, 죽음이 끝이 아닌 사람이 있습니다. 당신이 계속 아담 안에 있으면 죽음이 끝입니다. 그러나 그리스도 안에 있으면 죽음이 끝이 아닙니다. 인간은 누구나 예수 그리스도 안에 있으면 삶을 얻습니다. 영원한 생명(zoe)입니다. 영적 생명입니다. 이 생명은 우리가 노력해서 얻어지는 것이 아닙니다. '삶을 얻으리라' 는 수동형으로 하나님에 의해서 주어져야만 우리가 그 삶을 얻을 수 있습니다. 하나님은 그리스도 안에 있는 모든 사람에게 그 생명을 주십니다!

어떻게 그리스도 안에 있습니까? 십자가에서 돌아가시기 전날 예수님이 제자들에게 하시는 말씀입니다. "너희가 내 안에 거하고 내 말이 너희 안에 거하면"(요 15:7). 그리스도 안에 거한다는 것은 예수 그리스도의 말씀에 거한다는 것입니다.

그날 밤에 하신 중요한 말씀이 또 있습니다. "내가 아버지께 구하겠으니 그가 또 다른 보혜사를 너희에게 주사 영원토록 너희와 함께 있게 하리니"(요 14:16). 그리스도는 부활, 승천하셔서 이 세상에 계시지 않습니다. 그 대신 성령을 보내셨습니다. "또 다른*allos*"이라는 말은 예수님과 똑같지만 예수님은 아니라는 뜻입니다. 즉 3위 하나님, 성령 하나님이 지금 우리와 함께합니다. 그러므로 성령 안에 거하면 우리는 그리스도와 함께하는 것입니다.

또 하나! 하나님은 우리의 찬양 가운데 함께하십니다(시 22:3. 27번 아리아 설명 참조). 우리는 말씀, 성령, 찬양으로 그리스도 안에 거합니다. 말씀, 성령, 찬양을 한마디로 하면 예배입니다. 예배는 말씀, 성령, 찬양 종합 세트입니다. 참예배자가 되십시오. 그리스도 안에 거하게 됩니다. 아담 안에 있으면 누구나 죽고, 그리스도 안에 있으면 누구나 삽니다. 당신은 지금 어디에 있습니까? 아담 안입니까? 그리스도 안입니까?

2장 심판과 일반 부활의 날
The Day of Judgement and general Resurrection

47. Bass Recitative. 보라 내가 너희에게 비밀을 말하노니
Behold, I tell you a mystery (고린도전서 15:51-52)

고린도전서 15장은 인류에게 가장 희망을 주는 문서라고 말하는 학자도 있습니다. 죽음이 끝이라고 생각하는 대부분의 사람들에게 죽음 이후에 부활이 있다는 말씀은 놀라운 소망을 불러일으킬 것이 틀림없습니다. 단, 그 말씀을 믿는다면!

〈메시아〉 3부에서는 고린도전서 15장을 세 장으로 나누어 노래합니다. 1장에서는 20-22절을, 지금 살펴보려는 2장에서는 51-53절을 그리고 3장에서는 54-57절이 사용되었습니다. 모두 부활에 대한 내용입니다. 1장에서는 부활의 약속을, 2장에서는 마지막 심판 날을, 그리고 3장에서는 죽음에 대한 승리를 강조하고 있습니다.

3부 2장은 D장조의 베이스 레치타티보와 아리아입니다. 음악 이론가 라비냑(Alexnadre Jean Lavignac)의 주장에 의하면 D장조는 화려하고, 사치스럽고, 활발한 느낌을 줍니다. 각 조에 대한 느낌은 각 사람에 따라 그리고 음악적 구성에 따라 다르겠지만 D장조가 활발한 느낌을 준다는 사실에 대해서는 공감할 만합니다. 베토벤, 브람스, 차이콥스키의 바이올린 협주곡이 모두 D장조로 되어 있다는 사실은 결코 바이올린 연주에 편리한 개방현 때문이라고만은 할 수 없습니다. 개방현 문제라면 G, A, E장조로도 작곡할 수 있었을 것입니다. D장조가 갖는 활발한 느낌을 작곡자들은 의식적이든, 무의식적이든 섬세하게 느끼고 있었을 것입니다. 승리를 노래하는 장면에서 D장조가 많이 사용되는 것도 우연이 아닐 것입니다. 〈메시아〉에서 가장 유명한 44번 '할렐루야' 합창이 D장조로 되어있습니다. 마지막 53번 합창곡도 D장조로 승리의 개가를 노래합니다. 베토벤 9번 교향곡의 '환희의 송가' 도 D장조, 루터의 '내 주는 강한 성이요' 도 D장조입니다. 헨델은 〈메시아〉의 마지막 베이스 아리아를 D장조로 작곡해서 승리의 부활을 찬양합니다. 가사는 고린도전서 15:51 입니다.

"보라 내가 너희에게 비밀을 말하노니 우리가 다 잠 잘 것이 아니요 마지막 나팔에 순식간에 홀연히 다 변화되리니" (고린도전서 15:51)[73]

사도 바울은 후세에 남길 명문을 쓰려고 고린도 전서를 기록한 것이 아닙니다. 자신이 5년 전에 개척한 고린도 교회에 발생한 문제들을 해결하기 위해 목회적 차원에서 쓴 편지입니다. 15장은 그중에서 부활에 대한 성도들의 질문 또는 혼돈을 정리하기 위한 답변입니다. 고린도 교인들 중에서 '부활이 없다' 는 사람들이 생겨났습니다. 바울은 그리스도의 부활이 그리스도 자신의 발명품이 아니라 '성경대로' 일어난 사건이라고 설명합니다(4). 구약에 이미 말씀된 사건이라는 말입니다. 그 부활의 목격자들이 있다는 사실도 첨기합니다(5-8). 그중에 많은 사람들이 아직 살아 있었습니다. 예수님 부활이 AD30년경이고 그때 부활을 목격한 사람의 나이가 30대라면 지금 바울이 편지를 썼을 때 50대 중반의 나이가 되었을 것입니다. 그러므로 예수님의 부활을 거짓말로 이야기할 수 없습니다. 한두 사람이 그렇게 말했다면 정신 이상자로 취급할 수도 있겠지만 목격자의 수는 수백 명에 이릅니다. 그 사람들은 이제 죽음을 더 이상 두려워하지 않았습니다. 기꺼이 부활을 증거하다 순교할 수도 있었습니다. 죽음이 끝이 아니라는 사실을 알았기 때문입니다.

고린도 교인들이 갖고 있었던 부활에 대한 두 번째 의문이 35절에 나옵니다. "누가 묻기를 '죽은 자들이 어떻게 다시 살아나며 어떠한 몸으로 오느냐' 하리니". 죽은 자들이 어떻게 다시 사냐? 이 질문에 대하여 바울은 간단하게 씨의 비유를 듭니다. "어리석은 자여 네가 뿌리는 씨가 죽지 않으면 살아나지 못하겠고"(36). 씨앗은 땅 속에 묻혔다고 죽은 것이 아닙니다. 몇 달 후에 다른 형체로 새롭게 태어납니다. 이것은 누구나 다 아는 자연 현상입니다. 그러므로 바울은 '죽은 자들이 어떻게 다시 사는가' 라고 질문하는 자들을 '어리석은 자' 라고 말합니다. 그러나 '어떠한 몸으로 오느냐' 에 대한 답은 간단하지 않습니다. 중요한 구절은 44절입니다. "육의 몸으로 심고 신령한 몸으로 다시 살아나나니 육의 몸이 있은즉 또 영의 몸도 있느니라." 육의 몸이 있고 영의 몸이 있습니다. 육의 몸은 우리의 육신을 말합니다. 이 몸은 썩을 것, 욕된 것, 약한 것입니다. 영의 몸은 썩지 않는 몸이요, 영광의 몸이요, 강한 몸입니다(43). 우리의 육신은 시간이 갈수록 늙습니다. 낡아집니다. 병듭니다. 그리고 결국 죽습니다. 그러나 이것이 끝이 아닙니다. 부활을 믿는 자들에게는 신령한 몸이 있습니다. 하나님은 영의 몸의 실체를 예수 그리스도의 부활을 통해 보여주셨습니다. 예수님은 육신의 몸으로 이 땅에 오셨습니다. 그러므로 피곤하고, 배고프고, 목도 말랐습니다. 창에 찔리자 피가 나왔습니다. 분명 육신을 입고 오셨습니다. 그러나 부활하신 후에는 신령한 몸이 되셨습니다. 제자들은 예수님 사망 후 두려움에 가득 차서 그들이 머물던 예루살렘 다락방의 문을 꽁꽁 걸어 잠갔습니다. 그러나 예수님의 신령한 몸은 잠근 문을 통과해서 제자들에게 들어오셨습니다. 유령? 아닙니다. 인격체입니다. 제자들에게 말도 하시고, 강의도 하시고, 식사도 함께하셨습니다. 도마에게 몸을 만져보라고도 하셨습니다. 그 몸으로 40일을 제자들과 함께 계시다 승천하셨습니다. 만유인력의 법칙을 초월하는 몸입니다. 이것이 신령한 몸입니다. 우리 몸도 이렇게 변화할 것이라고 말씀하십니다.

자, 그런데 우리는 언제 이렇게 변화됩니까? "보라, 내가 너희에게 비밀을 말하노니 우리가 다 잠 잘 것이 아니요 마지막 나팔에 순식간에 홀연히 다 변화되리니". 사도 바울은 '비밀'을 이야기합니다. 우리가 언제 변화하느냐는 '비밀'에 속합니다. 비밀은 감추어진 진리입니다. 그러나 신약에서 '비밀'은 감추어졌던 하나님의 계획이 신자들에게 드러나는 것을 말합니다. 즉 믿는 자에게 알려지는 비밀! 신자들은 '마지막 나팔에' 변화됩니다. 이 나팔 소리는 예수 그리스도의 재림 때 들리는 나팔 소리입니다. 예수님은 큰 나팔 소리와 함께 재림하십니다!

나팔은 하나님이 좋아하시는 악기입니다. 하나님의 명령으로 만들어진 악기입니다(민 10:2-10). 현악기보다 크고 분명한 소리를 내기 때문에 신호용으로 적합합니다. 점차 윗 배음을 내는 기술이 발달하면서 멜로디를 연주하게 되었을 것입니다. 나팔 소리가 날 때 '순식간에 홀연히 다 변화' 됩니다. 점진적으로 변화되는 것이 아니라 눈 깜짝할 사이에 변화됩니다. 마치 어두운 방에 전기 스위치를 켜면 순식간에 밝아지는 것과 같습니다.

하나님의 일은 대게 '홀연히' 됩니다. 성령 강림도 '홀연히' 하늘로부터 강한 바람 같은 소리로 내려왔습니다. 부흥도 '홀연히' 옵니다. 평양 대부흥은 1907년 1월 14일 저녁 예배 때 '홀연히' 시작되었습니다. 예수님의 재림도 '홀연히' 옵니다. 그때 우리는 '다 변화' 됩니다. 헨델은 레치타티보는 '홀연히' 의 가사를 *forte*의 16분음표로 연주하면서 마치 천둥 번개가 치는 느낌을 갖게 합니다. 그다음 이어지는 노래는 트럼펫 솔로 연주로 시작합니다.

48. Bass Aria. 나팔 소리가 나매
The trumpet shall sound (고린도전서 15:52-53)

48번 베이스 아리아는 다카포 형식으로 된 A-B-A 노래입니다. 다 노래하면 350마디가 넘는 긴 아리아여서 B파트를 생략하고 A파트만 노래하기도 합니다. A파트는 화려하지만 B파트는 콘티누오만으로 노래하는 담담한, 그래서 가사에 더 집중할 수 있는 파트입니다. "죽지 아니함 immortality"의 다섯 음절은 10마디의 긴 멜리스마로 그 표현이 재미있습니다. 고음 D로부터 시작하여 저음 C#까지 아래로 아래로 내려갑니다. 인생은 시간이 지날수록 죽음으로 내려갑니다. 그러나 죽음이 끝이 아닙니다. 멜리스마는 다시 상승하면서 D음까지 올라갑니다. 헨델은 우리가 결코 죽지 않고 다시 살아난다는 사실을 음악적으로 표현했습니다. 오케스트라는 49번의 레치타티보와 50번 아리아를 콘 립으로 연주하는

데 레치타티보를 콘 립으로 연주하는 것은 이례적입니다. 아리아의 A파트는 오케스트라와 함께 솔로 트럼펫이 화려하게 반주를 합니다. 지금처럼 피스톤이 있는 트럼펫이 아니라 그냥 관만 있는 바로크 트럼펫이어서 상당한 연주 기술이 필요했을 것입니다. D트럼펫으로 D장조 코드를 상행하며 한 옥타브 연주합니다. 멜로디는 그 위의 여섯 음 –D, E, F#, G, G#, A-만으로 연주합니다. 도입부의 28마디는 〈메시아〉에서 유일한 기악 솔로 연주입니다. 그다음부터는 베이스 아리아와 서로의 선율을 주고받으며 한 쌍의 새가 즐겁게 공중을 날아다니듯 노래합니다. 때로는 앞으로 치고 나가고, 때로는 뒤에서 밀어주고, 때로는 서로가 손을 맞잡고 춤을 춥니다. 베이스 솔로는 전혀 무겁지 않습니다. B파트에서는 B단조로 바뀌고 분위기는 좀 무거워집니다. 성악가들은 때때로 마지막 끝 음 F#을 한 옥타브 아래로 노래해서 B파트의 분위기를 더욱 무겁게 합니다. 그러나 곧 A파트로 돌아가 베이스의 힘찬 날갯짓은 계속됩니다. "나팔 소리가 나매!"

가사는 A파트가 52절을, B파트가 53절을 노래합니다.

> "나팔 소리가 나매 죽은 자들이 썩지 아니할 것으로 다시 살아나고 우리도 변화되리라. / 이 썩을 것이 반드시 썩지 아니할 것을 입겠고 이 죽을 것이 죽지 아니함을 입으리로다" (고린도전서 15:52-53)

사람들은 변화를 원합니다. 대부분 외적인 변화입니다. 환경의 변화입니다. 다른 사람의 변화입니다. 나의 내면의 변화, 근본적 변화에는 무관심합니다. 근본적인 것이 변하지 않으면 바뀐 것이 아닙니다. 죽어가는 병자에게 예쁘게 얼굴 화장만 시키는 꼴입니다. 환자에겐 화장이 아니라 먼저 병 치료가 필요합니다. 인간은 외적인 변화를 원하고 또 그것을 위해 열심히 기도합니다. 그러나 하나님은 우리가 근본적으로 변화되길 원하십니다. 우리의 생각, 가치관이 바뀌기를 원하십니다. 근본적인 것이 변화되지 않으면 우리의 죄 문제, 죽음의 문제는 해결되지 않기 때문입니다.

그런데 인간은 참 변하지 않습니다. 구약 성경은 인간이 근본적으로 잘 변하지 않는다는 것을 보여주는 책이라고 말할 수 있습니다. 창세기부터 말라기까지. 하나님은 물로도, 불로도 심판하시고, 많은 선지자들을 보내어 꾸짖기도 하시고, 자기 백성을 타국의 포로로 보내기도 하셨습니다. 그 당시는 변화된 듯 보였는데, 조금 있다 보면 다시 옛사람으로 돌아와 있습니다.

하나님은 우리가 근본적으로 변화되길 원하십니다. 우리는 어떻게 근본적으로 변화될 수 있습니까? 어떻게 마지막 나팔 소리에 깨어나 변화 받을 수 있습니까? 먼저 '지금 여기서' 우리가 근본적으로 변화되어야 합니다. 그러면 마지막 나팔 소리에 순식간에 변화될 수 있습니다. 지금 여기서 변화가 안 되었다면 그때도 변화되지 않습니다. 부활이 없습니다. 봄에 씨를 뿌리면 가을에 추수를 합니다. 그러나 지금 씨에 문제가 있다면? 그 안이 썩어 있다면? 그때가 되도 열매를 맺을 수 없습니다. 지금 여기서 우리의 내면이 썩어 있다면? 마지막 나팔 소리가 *fff*로 크게 울려도 전혀 들리지 않습니다. 우리는 어떻게 여기서 근본적으로 변할 수 있습니까? 51절, 52절의 '변화되리라'는 수동태로 되어 있습니다. 내가 스스로 변하는 것이 아니라, 누군가에 의해 변화되는 것입니다. 근본적인 변화는 하나님이 하십니다! 나의 수도정진으로, 나의 훈련으로 변화되지 않습니다. 하나님은 우리를 변화시키시는 분입니다!

그러면 우리는 지금 여기서 어떻게 살아야 합니까? "형제들아 내가 이것을 말하노니 혈과 육은 하나님 나라를 이어 받을 수 없고 또한 썩는 것은 썩지 아니하는 것을 유업으로 받지 못하느니라"(50). 15장에는 썩을 것과 썩지 않을 것이 여러 번 반복되어 나옵니다. 이것을 모르면 하나님 나라에 들어갈 수 없기 때문입니다. 썩을 것이 무엇입니까? 우리 눈에 보이는 모든 것이 다 썩을 것입니다. 본문에서는 특별히 '육의 몸'을 강조하고 있습니다. 우린 이 썩어질 것을 너무 사랑합니다. 많은 시간, 많은 돈, 에너지를 이 썩어질 것에 소비합니다. 필요합니다. 이 썩어질 것에도 관심을 가져야 합니다. 그러나 썩지 않을 것을 알지 못하면 일생 썩을 것만 집착하며 살게 됩니다. 결국 썩을 인생을 사는 것입니다. 썩지 않을 것은 무엇입니까? '신령한 몸'을 말합니다. 영원한 것입니다. 하나님, 하나님 나라와 관련된 것입니다. 썩지 않을 것을 알아야 하나님 나라를 유업으로 받습니다. 그러므로 예수님은 이렇게 말씀하십니다. "너희는 먼저 그의 나라와 그의 의를 구하라. 그리하면 이 모든 것을 너희에게 더하시리라"(마 6:33). 사람들이 구하는 '이 모든 것'은 입을 것, 먹을 것 등을 말합니다. 그런데 예수님은 이런 것은 이방인들 즉 하나님을 믿지 않는 사람들이 구하는 것이라고 말씀하십니다. 믿는 사람은 먼저 하나님의 나라 즉 썩지 않는 것을 구해야 합니다. 신자가 썩을 것에 집착하고 구하는 것을 기복 신앙이라고 합니다. 기복 신앙에 매달리면 근본적으로 변화받을 수 없습니다. 지금 나에게 중요한 것은 무엇입니까? 썩을 것입니까? 썩지 않을 것입니까? 여기입니까? 하늘나라입니까?

"이 썩을 것이 반드시 썩지 아니할 것을 입겠고 이 죽을 것이 죽지 아니함을 입으리로다"(53). 신자는 이 썩을 것이 반드시 썩지 않을 것으로 변화될 것이라는 사실을 믿어야 합니다. 방점은 썩을 것이 아니라 썩지 않을 것에 놓여야 합니다. 미래의 영광을 확신하는 것입니다. 그래야 지금 여기서 심을 수 있습니다. 헬라 원문은 '반드시dei' 가 맨 앞에 있어 강조적입니다. 농부는 미래에 대한 믿음이 없으면 봄에 파종할 수 없습니다. 몇 달 후에는 '반드시' 추수할 것이라는 믿음이 있어야 씨를 뿌릴 수 있습니다. 예수님은 십자가에서 고통스러운 죽음을 맞았습니다. 사흘 후에는 '반드시' 부활할 것이라는 믿음이 없었다면 그렇게 할 수 없었을 것입니다. "이 썩어질 것이 반드시 썩지 아니할 것을 입겠고!" 하나님은 썩어질 우리 인생을 '반드시' 썩지 않을 것으로 변화시키십니다! 우리는 이에 대한 믿음이 있어야 합니다. 썩을 것에 너무 집착하지 마십시오. 썩지 않을 것을 먼저 생각하세요. 이 세상 살면서 썩을 것도 잠시 필요하지만 거기에만 집착하면 썩지 않을 것을 놓쳐버립니다.

한 가지 실질적인 조언을 드리겠습니다. 지금 여기서 썩지 않는 것을 붙들고 사십시오. 지금 여기 있는 것들은 다 썩을 것이 아닙니까? 맞습니다. 하나님, 하나님 나라는 지금 우리 육신의 눈에 보이지 않습니다. 그런데 지금 여기서도 붙들 수 있는 영원한 것이 있습니다. 성경 말씀입니다! 성경은 우리 눈에 보입니다. 지금 우리의 눈으로 읽을 수 있습니다. 성경 말씀은 하나님의 말씀입니다. 그 말씀은 영원합니다. 그래서 이사야 선지자는 말합니다. "풀은 마르고 꽃은 시드나 우리 하나님 말씀은 영영히 서리라"(사 40:8). 우리가 지금 여기서 붙들 수 있는 하나님은 성경 말씀입니다. 이 사실을 꼭 기억하십시오. 지금 여기서 성경 말씀을 붙든다는 것은 지금 여기서 썩지 않을 것을 붙드는 것입니다. 그때 우리는 여기서 변화됩니다. 여기서 변화되면 저기서도 영원히 변화된 삶을 살게 됩니다!

그러나 주의할 점이 하나 있습니다. 무조건 성경을 읽고 공부한다고 그 말씀이 생명이 되지는 않습니다. 지식은 될지언정 우리를 변화시키지는 못합니다. 성경을 읽을 때는 성령의 조명을 받아서 읽어야 합니다. 성경을 읽고 묵상할 때 먼저 성령을 당신의 마음 가운데 초청하십시오. "내 영적인 눈을 열어 주소서". 그렇지 않으면 성경은 하나의 문학책, 도덕책에 불과합니다. 많은 신자들, 신학자들이 성령의 조명으로 읽지 않기 때문에 성경 말씀을 통해 변화받지 못합니다. 예수 그리스도의 부활을 신화라고 말합니다. 고등학교 1학년 때 나는 성경책을 한 권 샀습니다. 교회는 다니지 않았지만 책 읽은 것을 좋아했기 때문에 고전으로 한번 성경을 읽어보고 싶었습니다. 그러나 너무 재미가 없어서 쓰레기통에 버렸습니다. 대학교 4학년 때 다시 성경을 사서 읽었습니다. 그때는 성경이 너무 재미있어서 세 번을 내리 읽었습니다. 밤에도 읽고 낮에도 읽었습니다. 친구들에게 예수님 말씀을 소개하기도 했습니다. 대학교 4학년 때는 내가 처음으로 성령을 체험한 때였습니다. 성령의 조명으로 성경을 읽으니 말씀이 꿀처럼 달았습니다. 나만 이런 경험을 한 것이 아닙니다. 존은 일찍부터 신학을 공부하고 목사가 되었습니다. 그리고 선교사가 되어 선교지로 나갔습니다. 그런데 사람들은 '당신의 설교를 듣지 않겠다' 고 반발했습니다. 설교자로서 이런 낭패가 없습니다. 성도들과 문제가 생겨서 재판에 회부되기도 했습니다. 도망치다시피 선교지를 떠나서 다시 고국으로 돌아왔습니다. 어느 날 저녁 집회에 참석했습니다. 한 사람이 앞에서 루터의 로마서 주석 서문을 읽고 있었습니다. 그때 존의 마음이 이상해졌습니다. 그의 말을 직접 들어봅시다. "9시 15분 전쯤 되어서 그가 계속하여 그리스도를 믿는 믿음을 통하여 하나님께서 마음에 변화를 일으키시는 역사를 하신다고 설명을 하고 있었는데 내 마음이 이상하게 뜨거워짐을 느꼈다. 나는 구원을 받기 위하여 그리스도를, 오로지 그리스도만을 믿는다고 느꼈다. 뿐만 아니라 주께서 내 모든 죄를 씻으시고 나를 죄와 사망의 법에서 구원하셨다는 확신이 생겼다." 감리교 창시자인 존 웨슬리의 1738년 5월 24일 일기입니다. 존은 이때 성령을 체험했습니다. 신학 공부를 하고, 선교사 일도 했지만 그가 예수 그리스도를 믿고 구원받았다는 확신은 그때 처음 갖게 되었습니다. 그다음부터 성경 보는 눈이 달라졌습니다. 설교가 달라졌습니다. 존의 설교를 들으려고 많은 사람들이 몰렸습니다. 존은 교도소에서도, 석탄 탄광에서도 설교를 했습니다. 그의 설교를 듣고 많은 사람들이 변화를 받았습니다. 성경은 성령의 조명으로 읽어야 합니다.

성경 말씀을 붙들면, 하나님이 지금 여기서 우리를 근본적으로 변화시키십니다. 여기서 변화가 안 되면 그때 큰 나팔소리에도 변화되지 않습니다. 부활도 없습니다. 천국도 없습니다. 여기서 변화되면 마지막 나팔 불 때 하나님이 우리를 썩지 않을 것으로 변화시키십니다!

지금 당신이 원하는 변화는 어떤 변화입니까? 썩을 변화입니까? 썩지 않을 변화입니까?

3장 죽음과 죄에 대한 승리
The victory over death and sin

49. Alto Recitative. 기록된 말씀이 이루어지리라
Then shall be brought to pass the saying (고린도전서 15:54)

화려한 베이스 아리아와 트럼펫 솔로가 끝나면 바순이 빠진 소박한 콘티누오로 B♭ 코드가 연주되고 그 위에 알토의 짧은 레치타티보가 얹힙니다. '사망death'의 가사에서 반주는 B♭7을 가사와 동시에 연주하는데 베이스에 7음 A♭을 놓아 어둠의 단어 '사망'을 표현합니다. 베이스의 7음은 보통 반음 하강으로 해결됩니다. 그런데 여기서 베이스는 G음이 아니라 E♭ 근음으로 분명한 E♭ 코드를 연주합니다. 그 가사가 '삼키고swallowed up'인 것과 무관하지 않습니다. 화성적으로 B♭7이 E♭ 장조 코드에 꿀꺽 삼켜진 느낌입니다. 마지막 '이기리라victory'의 가사는 부점 리듬으로 힘차게 그 확실성을 나타냅니다. 이 부점 리듬의 승리 표현은 50번 곡에서도 그대로 사용됩니다. 49번 레치타티보는 짧지만 중요한 내용을 전달하고 있습니다.

> "사망을 삼키고 이기리라고 기록된 말씀이 이루어지리라"
> (고린도전서 15:54b)

고린도 교회 교인들은 AD50년경 사도 바울의 전도를 통해 예수 그리스도의 죽으심과 부활에 대한 복음을 들었습니다. 그들은 성령의 은사를 체험했습니다. 기도하면 여기저기서 방언 소리가 나고, 예언이 있고, 신령한 노래들이 들리고… 신나고 황홀한 신앙생활을 했습니다. 그런데 부활에 대하여 의심하는 신자들이 생겼습니다. 부활이 없다고 단정적으로 말하는 사람들도 생겼습니다. 왜 이렇게 변했습니까? 그들은 이전에 알고 믿었던 그리스 사상의 영향을 다시 받기 시작했기 때문입니다. 그 당시 그리스 사람들은 사후에 대하여 여러 가지 주장을 폈습니다. 죽으면 끝이라고 생각하는 사람들이 있었습니다. 현세만 생각하는 철학입니다. 그러므로 지금 여기서 즐기며 살라고 말합니다. 에피큐러스 학파가 이런 주장을 펼쳤습니다. 두 번째는 육은 멸망하지만 영혼은 불멸이라고 주장하는 사람들이 있었습니다. 죽으면 육신은 며칠 뒤부터 부패하고 썩는 모습을 많이 보았습니다. 그러므로 육신은 다시 살 수 없지만 보이지 않는 영혼은 영원히 죽지 않는다는 철학. 이 철학은 플라톤 학파가 주장했습니다. 세 번째로 환생사상이 있습니다. 죽으면 다음 생으로 다시 태어난다는 철학. 이 철학은 피타고라스 학파가 주장했습니다. 그 외에 불가지론을 주장하는 사람들도 있었을 것입니다. 죽어 봐야 알지 지금은 알 수 없다는 입장.

사후에 대한 이 네 가지의 입장은 동서고금을 통하여 많은 사람들이 주장해 온 생각들입니다. 현대인도 마찬가지로 이런 종류의 생각을 합니다. 특히 포스트모던 시대에는 뉴에이지 사상의 풍미와 함께 환생 사상이 큰 영향을 미치고 있습니다. 많은 영화, 드라마가 환생을 바탕으로 이야기를 전개해 나갑니다. 그래서 크리스천도 환생과 부활을 혼동합니다. 환생 사상은 운명주의와 연결되어 있습니다. 현재에 이렇게 사는 이유는 전생의 원인 때문이라는 생각입니다. 그러므로 현재 이런 운명은 어쩔 수 없는 운명이 됩니다. 사탄의 올가미입니다. 일생 이런 생각에 매여 살아야 합니다. 속지 마십시오. 부활은 환생이 아닙니다. 부활은 영혼불멸 사상이 아닙니다. 부활은 하나님 안에서 영과 몸이 다시 사는 것입니다. 일회적입니다. 이 세상과 상관이 없습니다. 예수 그리스도께서 부활의 첫 열매로서 모본을 보여주셨습니다. 그리므로 우리도 예수 그리스도 안에서 소망을 가질 수 있습니다. 죽음이 끝이 아닙니다. 부활이 있습니다. 사도 바울은 우리의 몸이 '영의 몸'으로 부활한다는 사실을 가르쳤습니다. 육의 몸은 썩을 몸이지만 영의 몸은 썩지 아니할 몸입니다. "이 썩어질 것이 반드시 썩지 않을 것을 입겠고".

그런데 바울 사도는 어떻게 이 사실을 알았을까요? 플라톤이나 피타고라스처럼 자신의 똑똑한 머리로 만들어낸 철학입니까? 49번 레치타티보는 "사망을 삼키고 이기리라고 기록된 말씀이 이루어지리라"는 고린도전서의 말씀입니다. 여기서 '기록된 말씀'의 성취라는 구절에 주의를 기울여야 합니다. 어떤 '기록된 말씀'이 성취되었습니까? 사도 바울은 여기서 이사야 25:8의 말씀을 인용하고 있습니다.

이사야 25:6-8은 신비한 예언의 말씀입니다. 잠시 살펴보는 것이 유익합니다. "만군의 여호와께서 이 산에서 만민을 위하여 기름진 것과 오래 저장하였던 포도주로 연회를 베푸시리니 곧 골수가 가득한 기름진 것과 오래 저장하였던 맑은 포도주로 하실 것이며"(6). 하나님이 '연회'를 베푸십니다. 이 연회는 귀한 연회여서 최고급 음식과 포도주가 마련되었습니다. '이 산'은 거룩한 산입니다. 하나님이 임재하시는 산입니다. 하나님이 하나님 백성과 교제하는 장소입니다. 어디입니까? 먼저 시내산을 생각할 수 있을 것입니다(출 24:11). 또한 시온산을 생각할 수도 있습니다(사 24:23). 그러나 시내산이나 시온산은 '이 산' 의 예표일 뿐입니다. 이 축제는 이스라엘 백성만이 아니라 '만민' 을 위한 축제이기 때문입니다. 이스라엘 사람들은 이방 사람들과 식사를 하지 않습니다. 베드로가 이방 사람과 식사를 하고 동료들에게 질책을 받기도 했습니다. 성령을 받고, 예수 그리스도를 믿고 있었던 사람들인데도 말입니다. 그런데 '이 산' 에서는 어떻게 이스라엘 사람들이 이방인과 어울려 함께 축제를 즐길 수 있습니까? 그다음 구절에 그 답이 있습니다. "또 이 산에서 모든 민족의 얼굴을 가린 가리개와 열방 위에 덮인 덮개를 제하시며"(7). 이방 사람들의 얼굴에는 가리개와 덮개가 씌어 있었습니다. 그래서 그들은 하나님을 보지도, 알지도 못했습니다. 그런데 하나님께서 그들의 얼굴에서 가리개를 '제' 하십니다. 언제 어떻게 그 가리개가 제하여집니까? "그 수건은 그리스도 안에서 없어질 것이라"(고후 3:14). 이스라엘 사람들에게도 가리개가 씌어져 있어서 예수 그리스도를 알지 못했고, 이방인들도 가리개가 씌어져 있어서 하나님에 대한 지식이 없었습니다. 그러나 그 가리개가 예수 그리스도 안에서 없어집니다. 그러므로 "우리가 다 수건을 벗은 얼굴로 거울을 보는 것같이 주의 영광을" 보게 됩니다(고후 3:18). 이방인도, 유대인도 하나님에 대한 올바른 지식을 갖고 이 축제에 참여하게 됩니다. 이 축제의 하이라이트는 8절입니다. "사망을 영원히 멸하실 것이라." '멸' 한다는 말은 '삼킨다' 는 뜻입니다. (ESV. He will 'swallow up' death forever.) 사도 바울은 이 구절에 '이기리라' 는 말을 첨가하여 고린도전서 15:54에 사용하고 있습니다. 바울은 부활을 설명하는 데 구약의 말씀을 인용했습니다. 부활은 이사야 선지자를 통해 하신 하나님 말씀의 성취입니다. 플라톤의 영혼불멸은 자기 생각입니다. 피타고라스의 환생 사상은 자기 생각입니다. 그러나 사도 바울의 부활은 자기 생각이 아닙니다. 하나님 말씀의 성취입니다!

50. Alto & Tenor. Duet. 사망아 너의 쏘는 것이 어디 있느냐
O death, where is thy sting? (고린도전서 15:55-56)

50번 노래에서는 55절, 56절 말씀이 듀엣으로 노래됩니다. 〈메시아〉에서 처음으로 나오는 듀엣입니다.[74] 콘티누오만 사용한 반주이기 때문에 담백한 맛을 느끼게 합니다. 알토로 시작한 상향 순차진행의 선율을 테너가 5도 위로 받습니다. 전체의 구성은 화성적 2중창이 아니라 대위적 2중창입니다. 주선율은 한 줄로 이어지는 선율이 아니라 토막 토막 난 선율이어서 사망을 조롱하는 수사적 질문의 가사를 유쾌하게 표현합니다. '사망아 네가 쏘는 것이 어디 있느냐?' '쏘는 것sting'을 노래할 때 소프라노는 뾰족한 침으로 찌르듯 갑자기 5도 위 음으로 톡 쏘아 올립니다. 반면 56절을 노래하는 B파트의 2중창 선율은 앞의 A파트와 구별됩니다. 하향 순차진행의 선율로 시작해서 계속 이어지는 선율입니다. 55절의 의문문과 56절의 서술문을 차별화했습니다. '사망이 쏘는 것은 죄요'.

"사망아 너의 승리가 어디 있느냐 사망아 네가 쏘는 것이 어디 있느냐 / 사망이 쏘는 것은 죄요 죄의 권능은 율법이라" (고린도전서 15:55-56)

고전 15:55는 또 다른 구약 성경 – 호세아 13장의 자유로운 인용입니다. "사망아 네 재앙이 어디 있느냐 스올아 네 멸망이 어디 있느냐"(호 13:14b). 호세야 13장은 에브라임의 죄에 대한 심판의 내용입니다. 에브라임은 북이스라엘에서 가장 큰 지파였으므로 북이스라엘 왕국을 에브라임으로 부르기도 합니다. 호세야 선지자가 예언할 당시 북이스라엘의 왕은 여로보암2세였습니다. 이때는 북이스라엘이 가장 풍요롭고 강성했던 시기입니다. 하나님의 축복입니다. 이런 때에 하나님은 심판을 선고하셨습니다. 왜냐하면 에브라임은 하나님을 잊고 교만해졌기 때문입니다. 음란하게 우상을 숭배했습니다. 특히 가장 강했던 에브라임 지파는 '자기를 높' 이고 말로 다른 사람들을 떨게 하고, 바알을 섬겼습니다. 하나님은 "배가 부르니 그들의 마음이 교만하여 이로 말미암아 나를 잊었느니라" 라고 말씀하셨습니다(호 13:6). 그러므로 이스라엘은 하나님의 심판을 피할 수 없었습니다.

호세아 13장 전 장이 하나님 심판에 대한 내용입니다. 그런데 14절은 특이합니다. "내가 그들을 스올의 권세에서 속량하며 사망에서 구속하리니 사망아 네 재앙이 어디 있느냐 스올아 네 멸망이 어디 있느냐". 하나님의 심판은 결정적입니다. 그러나 심판 중에도 긍휼을 잃지 않으시는 하나님이 호세아서의 주제입니다. 하나님은 심판 중에도 자기 백성들 구원을 생각하시는 분입니다![75] 에덴동산에서 아담의 죄를 심판하시면서도 가죽 옷을 지어 입히셨습니다. 구세주 메시아의 계획을 세우셨습니다. 살인자 가인을 심판하시면서도 그에게 표를 주어 다른 살인으로부터 보호하셨습니다.

"내가 그들을 스올의 권세에서 속량하며". 죽은 자의 부활은 사도 바울의 이론이 아니라 성경에 이미 나와 있는 하나님의 계획입니다.

그동안 사망이 인간에게서 승리하게 된 이유는 무엇입니까? 56절에 그 이유가 나와 있습니다. "사망이 쏘는 것은 죄요 죄의 권능은 율법이라." '쏘는 것'은 독전갈의 침처럼 치명적인 침을 말합니다. 사망은 우리 죄를 무기로 사용합니다. 죽음보다도 죄가 문제입니다. 죽음은 죄의 결과일 뿐입니다. 사망이 인간에게 맘대로 할 수 있었던 이유는 인간의 죄 때문입니다. 그 죄는 율법 때문에 생겼습니다. 율법 자체가 나쁜 역할을 하지는 않습니다. 율법은 거룩하고 계명도 거룩하고 의로우며 선합니다(롬7:12). 불완전한 인간이 율법을 완전히 지키며 살 수 없다는 것이 문제입니다. 그러므로 사도 바울은 절규합니다. "오호라 나는 곤고한 사람이로다 이 사망의 몸에서 누가 나를 건져내랴"(롬7:24). 인간은 연약합니다. 아담과 하와는 단 한 절밖에 되지 않는 하나님의 법(창2:17)도 지키지 못하여 에덴동산에서 쫓겨났습니다. 인간은 죄를 안 짓고 살 수 없습니다. 그 죄의 삯은 사망입니다. 모든 고난의 끝은 사망이었습니다. '낳고, 늙고, 병들고'의 끝은 사망입니다. 사망은 온 인류의 폭군이요 깡패였습니다. 사망은 항상 연약한 인간에게 승리해 왔습니다. 그러나 예수 그리스도의 부활로 사망은 완전히 패했습니다. '사망을 삼키고'! 사망은 흔적도 없이 사라졌습니다. 깨끗한 끝, 영원한 끝을 나타내는 말입니다. '삼키고'! 이 사실을 믿으면 우리도 영원한 부활의 영광을 체험하게 됩니다.

예수님이 마르다에게 말씀하십니다. "나는 부활이요 생명이니 나를 믿는 자는 죽어도 살겠고 / 무릇 살아서 나를 믿는 자는 영원히 죽지 아니하리니 이것을 네가 믿느냐"(요11:25-26). 예수님은 짧은 두 절에서 믿음을 세 번이나 강조하십니다. 19세기 이후 자유주의 신학에서는 부활을 지식적으로 접근했습니다. 그 결과 부활의 믿음을 갖는 데 실패했습니다. 아는 것이 힘이 아니라 믿는 것이 힘입니다. 부활 사건은 우리의 믿음을 요구합니다. 믿음이 있어야 새로운 세계를 체험합니다. 콜럼버스는 지구가 평평하다고 생각하는 시대에 둥글다는 믿음을 갖고 있었습니다. 그 믿음을 갖고 행동했을 때 새로운 세계를 체험했습니다. 내 생각, 내 이성은 중요합니다. 그러나 그것이 전부는 아닙니다. 감정의 세계도 있고, 믿음의 세계도 있습니다. 내 이성만이 전부라고 생각하면 예수님 부활은 체험할 수 없습니다. 하나님 말씀을 믿으면 나의 한계를 초월하게 됩니다. 새 세계를 체험하게 됩니다!

51. Chorus. 하나님께 감사하노니

But Thanks be to God (고린도전서15:57)

50번 곡의 듀엣은 C단조 코드로 끝나지만 베이스 반주는 D음을 한 번 더 연주하면서 다음 51번 곡의 E♭장조로 연결합니다. *attaca*로 계속 이어지는 51번 곡은 합창으로 사실상 49번 레치타티보로부터 시작되는 세 번째 장의 종결 부분입니다. 50번 듀엣의 반주 시작을 그대로 도입해서 시작합니다. 토막 난 멜로디도 앞의 듀엣과 비슷해 보이지만 분위기는 전혀 다릅니다. 처음부터 *forte*의 화성 양식으로 노래하기 때문에 예수 그리스도의 부활에 대한 감사를 힘차게 표현합니다. 듀엣에서 '쏘는 것*sting*'에 톡 쏘아 올렸던 고음이 이번에는 '하나님*God*'을 노래할 때 높여집니다. 화성적 양식과 대위적 양식이 적절히 혼합되어 발전하면서 부활로 승리를 주신 하나님께 감사하고 있습니다. 마지막 아다지오는 이 합창으로 3부 3장이 일단 마무리되었음을 알리고 있습니다.

> "우리 주 예수 그리스도로 말미암아 우리에게 승리를 주시는 하나님께 감사하노니" (고린도전서 15:57)

57절의 시작은 '그러나' 입니다. (한글 개역개정에는 번역이 안 됐습니다.) 앞 절의 사망, 죄, 율법의 주제를 반전시키는 접속사입니다. 이 반전이 없다면 인간은 계속 죄와 사망 아래서 신음하고 있을 것입니다. 전혀 출구가 보이지 않는 절망적 상황의 연속입니다. 그러나 믿는 자에게는 '그러나' 의 반전이 있습니다! 우리의 할 일은 무엇입니까? 사도 바울은 하나님께 감사를 권하고 있습니다. 왜냐하면 하나님은 우리에게 승리를 주시기 때문입니다! 이 승리는 우리 힘으로 주어지는 것이 아닙니다. 그러므로 감사해야 합니다. 하나님을 믿고 살아도 현실의 삶에는 고난이 있습니다. 그러나 믿는 자에게 고난은 끝이 아닙니다. 최후 승리가 있습니다. 이 승리는 '우리 주 예수 그리스도로 말미암아' 주어집니다. 예수님은 부활로 죽음에서 승리하셨기 때문입니다. 그러므로 승리한 장군 아래 있으면 모두 승리자가 됩니다. 승장 밑의 부하는 아무리 약해도 승자입니다.

부활의 승리는 예수 그리스도의 재림 때 완전히 체험됩니다. 그러나 이 승리는 미래의 부활 때만 체험되는 것은 아닙니다. 지금 여기서도 체험됩니다. '승리를 주시는' 의 '주시는' 은 문법적으로 현재형 분사입니다. 완전한 부활의 승리는 미래에 주어지지만 지금 여기서도 승리는 주어집니다. 부활의 능력은 지금도 체험할 수 있습니다. 회복, 부흥이 그 것입니다. 부활, 회복, 부흥은 모두 같은 개념입니다. 똑같은 하나님의 살리는 영이 하시는 일입니다. 똑같은 하나님의 능력이 하시는 일입니다. 부활은 죽은 것이 다시 사는 것입니다. 회복, 부흥은 죽어가는 것, 약해져 가는 것이 다시 사는 것입니다. 어느 것이 더 어렵겠습니까? 완전히 죽은 것을 다시 살리는 일과 죽어가는 것을 살리는 일. 인간은 완전히 죽은 것을 살릴 수 없습니다. 오직 하나님만이 하실 수 있습니다. 죽은 것도 살리시는 하나님에게 죽어가는 것 살리는 일은 일도 아닙니다. 3차 방정식도 척척 푸는 사람에게 덧셈 뺄셈은 일도 아닙니다. 죽은 나사로를 살리시는 분에게 질병 치유는 일도 아닙니다. 마지막 때 하나님은 우리에게 부활의 승리를 주십니다. 그리고 지금 여기서도 승리를 주시는데 그 승리가 회복이고 부흥입니다! 그러므로 우리는 감사해야 합니다.

신자의 감사는 상대 감사가 아니라 절대 감사입니다. 좋은 상황에서만 감사하는 것이 아니라 어떤 상황에서도 감사하는 것입니다. 신자는 미래의 승리에만 감사하는 것이 아니라 지금 고난 중에 있더라도 감사해야 합니다. 왜냐하면 지금 우리는 승리로 가고 있는 중이기 때문입니다! 결국은 승리할 것이기 때문입니다! 그러므로 사도 바울은 범사에 감사하라고 말합니다. 그것이 하나님의 뜻입니다(살전5:18). 다윗은 "내가 영원히 주께 감사" 하겠다고 선포합니다(시52:9). 이때는 에돔 사람 도엑이 사울에게 다윗을 고발했을 때입니다. 다윗은 "주의 이름에 감사" 하겠다고 말합니다(시54:6). 이때는 십 사람이 사울에게 다윗이 숨은 곳을 알렸을 때입니다.[76] 다윗이 하나님께 감사할 때는 목숨의 위협을 받고 있는 위기의 순간이었습니다. 그러나 다윗은 하나님께 원망하기보다 감사를 택했습니다. 왜냐하면 하나님은 언제나 승리를 주시는 분이심을 믿었기 때문입니다. 다윗의 믿음처럼, 다윗의 감사처럼 하나님은 다윗에게 항상 최후의 승리를 선물로 주셨습니다. 잡힐 것 같고, 죽을 것 같고, 망할 것 같았던 다윗의 도피생활이었지만 결과적으로 보니까 다윗에게는 항상 승리만 있었습니다. 하나님은 감사하는 자를 승리의 길로 인도하십니다!

부활을 믿는 우리들은 어떻게 살아가야 합니까? 사도 바울은 고린도전서 15장 부활장을 58절 말씀으로 끝맺고 있습니다. 〈메시아〉에는 58절 말씀이 사용되지 않았습니다. 그러나 45번 곡부터 시작해서 일곱 곡에 사용된 고린도전서 15장의 결론 말씀을 잠시 생각해 보는 것은 충분히 의미가 있다고 생각합니다. "그러므로 내 사랑하는 형제들아 견실하며 흔들리지 말고 항상 주의 일에 더욱 힘쓰는 자들이 되라. 이는 너희 수고가 주 안에서 헛되지 않은 줄 앎이라"(15:58). 고린도 교인들에 대한 사도 바울의 마지막 권면은 주의 일에 더욱 힘쓰라는 것입니다. 열심히 일해도 열매가 없을 때는 그 수고가 헛수고가 됩니다. 그러나 주 안에서의 수고는 헛수고가 아닙니다. 예수님은 엄청나게 많은 수고를 하셨습니다. 식사도 제대로 못하시고, 잠도 제대로 못 주무시며 수고하셨습니다. 그 열매가 무엇입니까? 십자가의 죽음입니다. 이것이 끝이라면 예수님의 열심 수고는 헛수고입니다. 그러나 예수님은 부활의 첫 열매가 되셨습니다. 예수님의 수고는 결코 헛된 수고가 아니었습니다. "너희 수고가 주 안에서 헛되지 않은 줄 앎이라". 내 수고가 헛될 것이라는 생각은 마귀가 주는 생각입니다. 이 생각이 내 마음속에 들어오면 내 행동은 마비가 됩니다. 마귀가 있는 곳엔 마비가 있습니다. 그러면 마귀가 성공한 것입니다. 속지 마세요. 사도 바울은 '주의 일에 더욱 힘쓰는 자'가 되라고 권면합니다. 우리의 수고는 전혀 헛된 것이 아니기 때문입니다. 존은 신학교를 우등으로 졸업하고 한 교회에 청빙을 받았습니다. 그러나 성도들은 그의 설교가 너무 어렵고 은혜가 안 된다고 비난했습니다. 매주일이 견디기 힘든 시간이었습니다. 그런데 존은 지금 전 세계적으로 유명한 강해 설교자가 되었습니다. 매주 많은 사람들이 미디어를 통해 그의 말씀을 들으려 합니다. 창세기부터 계시록까지 그가 수십 년간 설교한 강해집이 출간되어 미국뿐 아니라 여러 나라에서 번역 출판되었습니다. 나는 그 목사님이 인터뷰하는 기사를 본 적이 있습니다. "목사님은 설교를 망쳤다고 생각하실 때 어떻게 하십니까?" 존 목사의 대답이 내 마음을 감동시켰습니다. "더 열심히 준비합니다." 난 성경 뒤에 그 목사님 말을 적어놓았습니다. 설교 죽 쒔을 때는 더 열심히 준비하자! 존 목사님은 주 안에서 하는 자기의 수고가 헛된 것이 아님을 믿고 있었습니다. 공격이 있을 때 자신의 수고를 멈춘 것이 아니라, '더욱 힘쓰는 자'가 되었습니다. 하나님은 당신의 수고를 헛된 것이라고 말씀하지 않습니다. 예수님은 사람들이 자기 제자에게 물 한 그릇 준 것도 그 상을 잃지 않을 것이라고 말씀하셨습니다(막9:41). 주를 위해 한 수고는 현세에서 100배의 축복이 있고, 내세에서 영생의 축복이 있다고 말씀하셨습니다(막10:30). 주 안에서 수고할 때 고난이 따르지만 그 수고는 결코 헛된 수고가 아닙니다.

신자는 누구나 주 안에서 수고하는 일이 있어야 합니다. 그 일을 하고 있다면 누가 무어라 말해도 그 인생은 헛된 인생이 아닙니다. 그 일이 없다면 세상에서 널리 알려진 사람이 되었을지라도, 남보다 많은 것을 소유했을지라도, 그 인생은 큰 의미가 없습니다. 당신이 지금 주 안에서 하는 수고는 무엇입니까?

52. Soprano Aria.
만일 하나님이 우리를 위하시면 누가 우리를 대적하리요
If God be for us, who can be against us? (로마서 8:31, 33-34)

〈메시아〉마지막 아리아는 178마디의 긴 소프라노 아리아입니다. 마지막 53번 합창으로 가기 전, 안식처 같은 느낌을 갖게 합니다. *Larghetto*의 느린 속도에 3/4박자 그리고 많은 4분음표의 사용이 처음부터 마지막까지 흐르고 있기 때문에 듣는 사람들이 긴장하지 않고 들을 수 있는 편안한 노래입니다. G단조의 꽤 긴 전주(25마디)와 마지막 긴 후주(16마디)도 어딘가 느슨한 느낌을 줍니다. 소프라노 멜로디에는 특징적인 악구가 보이지 않습니다. 어떤 형식도 찾을 수 없습니다. 주제처럼 시작한 처음의 네 마디 노래는 다시 나타나지 않습니다. 그래도 전체적으로 통일된 느낌을 갖게 하는 이유는 순차 하강하는 세 4분음표 다음에 5도 이상 상향 도약하는 악구가 곳곳에 나타나기 때문이고, 트릴을 동반한 특징적인 반주 악구가 처음부터 마지막까지 빈번하게 나타나기 때문입니다. 헨델은 그 악구를 통해 무엇을 표현하려 했을까? 가사를 묵상하면서 생각해 보세요. 바로크 작곡가들은 '정서론'에 입각해 음을 언어처럼 표현해 보려고 애썼지만 한계가 있을 것입니다. 감정을 표현하는 데는 언어보다 더 언어적일 수도 있지만 생각을 표현하는 데는 당연히 한계가 있습니다. 특별히 52번 가사는 음악적으로 표현하기는 쉽지 않았을 것입니다.

음악은 전체적으로 자유로운 기분을 갖게 하지만 그 가사가 주는 무게는 녹녹하지 않습니다. 〈메시아〉 53곡 중 가장 중요한 신학적 주제들을 담아내고 있기 때문입니다. 〈메시아〉의 아리아들이 보통 한 두 절의 성구를 노래하는데 52번 아리아는 로마서의 묵직한 세 절 말씀을 담담하게 노래합니다. 마치 선율보다 가사에 더 집중하고 묵상하라는 듯.

"만일 하나님이 우리를 위하시면 누가 우리를 대적하리요 /
누가 능히 하나님께서 택하신 자들을 고발하리요 의롭다 하신 이는
하나님이시니 / 누가 정죄하리요 죽으실 뿐 아니라
다시 살아나신 이는 그리스도 예수시니 그는 하나님 우편에 계신 자요
우리를 위하여 간구하시는 자시니라" (로마서 8:31b, 33, 34)

로마서는 개혁자들에게 많은 영향력을 끼친 책입니다. 루터는 로마서 안에 성서의 전체 의도가 내포되어 있다고 말합니다. 〈메시아〉에서는 로마서가 두 번 사용되는데 38, 39번 곡에 사용된 로마서 10장은 이사야와 시편을 인용한 부분이기 때문에 실제로는 52번 소프라노 아리아에 사용된 로마서 8장이 유일한 로마서 가사입니다. 어떤 학자는 성경을 아름다운 반지라고 한다면 로마서는 반지에 있는 다이아몬드요, 로마서 8장은 다이아몬드의 광채라고 비유했습니다. 52번 아리아에 사용된 구절들은 로마서 5장서부터 시작한 '칭의Justification'에 대한 결론 부분입니다.[77]

"만일 하나님이 우리를 위하시면 누가 우리를 대적하리요" 31절부터

35절까지 계속된 질문이 이어집니다. 이 질문은 의심의 질문이 아니라 확신을 나타내는 수사적 질문입니다. 31절의 '만일' 도 의심을 나타내는 가정이 아니라 확신을 나타내는 단어입니다. '하나님이 우리를 위하시는데 누가 감히 우리를 대적한단 말입니까?' 31절에는 두 낱말이 대비되어 있습니다. '우리를 위하시면for us' 과 '우리를 대적against us'. 사도 바울은 우리를 대적하는 것이 존재하고 있다는 사실을 암시하고 있습니다. 이 대적의 힘은 우리를 죄의 본성으로 유혹합니다. 육적 삶을 살도록 유혹합니다. 하나님 나라보다는 세상 나라에 집착하며 살게 만듭니다. 때문에 우리는 하나님을 믿으면서도 갈등하며 이 세상을 살아갑니다.

사도 바울은 에베소서에서 이 대적의 힘을 분명히 말합니다. "마귀의 간계를 능히 대적하기 위하여 하나님의 전신갑주를 입으라 / 우리의 씨름은 혈과 육을 상대하는 것이 아니요 통치자들과 권세들과 이 어둠의 세상 주관자들과 하늘에 있는 악의 영들을 상대함이라" (엡 6:11-12). 마귀는 사악한 존재입니다. 하나님 자녀를 무너뜨리기 위하여 '간계'를 꾸밉니다. 영리하고 부지런합니다. 어떤 때는 친절한 모습으로, 어떤 때는 냉정하고 무자비한 모습으로 나타나서 하나님의 백성을 멸망으로 인도하려 합니다. 인간은 태초부터 사탄마귀에게 패했습니다. 그러나 이제는 두려워할 필요가 없습니다. 하나님이 우리 편이기 때문입니다. "하나님이 우리를 위하시면 누가 우리를 대적하리요." 하나님이 우리를 위하시면 우리의 구원, 승리는 확실합니다!

그런데 하나님이 우리를 위하신다는 증거가 무엇입니까? "자기 아들을 아끼지 아니하시고 우리 모든 사람을 위하여 내주신 이가 어찌 그 아들과 함께 모든 것을 우리에게 주시지 아니하겠느냐" (32). '자기 아들'

은 독생자 예수 그리스도를 말합니다. 하나 밖에 없는, 가장 사랑하는, 자기 자신보다 더 사랑하는 '자기 아들'! 이 아들을 '우리 모든 사람을 위하여' '아끼지 아니하시고' 주셨습니다. 우리를 사랑하시기 때문입니다. 하나님은 우리 편입니다. 그러므로 이제 우리는 사탄 마귀를 두려워 할 필요가 없습니다. 마귀는 하나님과 상대가 되지 않습니다. 우리의 구원, 승리는 확실히 보장되어 있습니다!

사도 바울은 계속해서 두 번째 구원의 확실한 보장에 대하여 말합니다. "누가 능히 하나님께서 택하신 자들을 고발하리요? 의롭다 하신 이는 하나님이시니"(33). 하나님은 '택' 하시는 분입니다. 이스마엘과 이삭 중 이삭을 택하셨습니다. 태중의 쌍둥이 에서와 야곱 중에서 야곱을 선택하셨습니다. 우리는 하나님의 '택' 함을 받은 자들입니다. 하나님의 선택은 무조건적 선택입니다. 하나님은 나의 생각이나 행위에 상관없이 무조건적으로 나를 미리 선택하셨습니다. 내가 남보다 잘한 일이 많아서 선택한 것이 아니라 무조건 선택하셨습니다. 이것을 '예정' 이라고 합니다. "또 미리 정하신 그들을 또한 부르시고 부르신 그들을 또한 의롭다 하시고 의롭다 하신 그들을 또한 영화롭게 하셨느니라"(8:30).

하나님은 모든 사람을 미리 정하시고 택하시지 않습니다. 하나님의 주권에 따라 정하십니다. 하나님은 주권자 왕이십니다. 왕은 '그 뜻대로' 사람을 정하고 부를 수 있습니다. 신데렐라는 많은 여자들 중 왕자의 선택을 받았습니다. 왕자의 선택은 왕자만의 절대 주권입니다. 그럼 다른 여자들은 억울하지 않습니까? 여기서 중요한 것은 다른 여자들이 아니라 신데렐라입니다. 하나님이 나를 신데렐라로 예정하시고 택하셨다는 사실입니다! 누가 감히 왕자가 선택한 신데렐라를 고발하겠습니까? 누가 감히 하나님이 택하신 자들을 고발하겠습니까?

하나님이 나를 택하신 이유는 나를 의롭다 하시기 위해서입니다. "의롭다 하신 이는 하나님이시니". 의롭다는 말은 올바르다는 말입니다. 하나님과 교제하려면 의로워야 하는데 우리는 하나님 기준의 의에 도달할 수 없습니다. 의의 기준에 도달하려면 100점 만점에 100점을 맞아야 하기 때문입니다. 완전해야 합니다. 그런데 하나님은 우리를 택하시고 의롭다고 인정하셨습니다. 그렇다면 하나님이 불의한 분이지 않습니까? 잘못한 사람에게 잘못이 없다고 하면 그것이 잘못 아닙니까? 하나님은 우리의 잘못을 자신의 아들에게 떠넘기시고 우리를 의롭다고 하셨습니다. 충동적으로 그렇게 하신 것이 아니라 오래 전부터 그런 계획을 갖고 계셨습니다. "우리는 다 양 같아서 그릇 행하여 각기 제 길로 갔거늘 여호와께서는 우리 모두의 죄악을 그에게 담당시키셨도다"(사53:6). 죄는 내가 지었는데 벌은 '그' 즉 예수님이 담당하셨습니다. 이것이 은혜입니다.

어떤 신자가 꿈에 하늘 나라에 들어갔습니다. 그때 하나님이 물었습니다. "너는 세상 살 때 어떤 착한 일을 해서 내 나라에 들어왔느냐?" 그 사람은 거지에게 먹을 것을 준 일을 말했습니다. 그때 기록판에 0.1의 점수가 올랐습니다. "또 어떤 의로운 일을 했느냐?" "길 잃은 사람에게 길을 인도해 주었습니다." 기록판의 점수가 0.2가 되었습니다. "또" "추위 떨고 있는 홈리스에게 옷을 주었습니다." 0.3. "또" 이 사람은 진땀이 나기 시작했습니다. 겨우 1점이 되었는데 더 이상 말할 것이 생각나지 않았기 때문입니다. '이제 나는 하나님 나라에서 쫓겨나는가?' 그때 어떤 사람이 1자 옆에 00을 붙여 주었습니다. 100점이 되었습니다. 얼굴을 들어 보니 주님이셨습니다! 꿈 이야기입니다. 그런데 이 꿈은 우리에게 주님의 은혜를 잘 설명해주고 있습니다. 주님은 충분히 그렇게 하실 수 있습니다. 왜냐하면 주님은 택하신 자들의 부족함을 위해 십자가에서 이미 큰 대가를 지불하셨기 때문입니다. 하나님의 예정과 선택은 예정 안 된 자에 초점이 있지 않고, 예정된 자에게 초점이 있습니다. 나 자신의 선택에 초점이 맞춰져야 합니다. 하나님께서 나를 미리 아시고 택하셨기 때문에 나의 구원, 나의 승리는 확실합니다! "의롭다 하신 이는 하나님이시니"!

사도 바울은 세 번째 구원의 확실에 대하여 설명합니다. "누가 정죄하리요 죽으실 뿐 아니라 다시 살아나신 이는 그리스도 예수시니 그는 하나님 우편에 계신 자요 우리를 위하여 간구하시는 자시니라"(34). 인간은 죄를 범할 수 있습니다. 거듭난 인간이라도 죄를 범할 수 있습니다. 실수도 하고 하나님 뜻에 어긋난 일을 하기도 합니다. 그러나 어떤 사람도 하나님이 택하신 자를 정죄할 수는 없습니다. 사도 바울은 "그러므로 이제 그리스도 예수 안에 있는 자에게는 결코 정죄함이 없나니"라고 외칩니다! 왜 아무도 정죄할 수 없습니까? 바울은 예수님의 중요한 행적들을 다시 열거합니다. "죽으실 뿐 아니라 다시 살아나신 이는 그리스도 예수시니 그는 하나님 우편에 계신 자요" 예수님의 일들은 모두 주님이 택하신 자들을 위해서 한 행동들입니다. 나를 위해 죽으셨습니다. 나를 위해 다시 살아나셨습니다. 그리고 나를 위해 승천하셔서 하나님 우편에 계십니다.

하나님 우편은 영광된 자리입니다. 주님은 그 자리에서 자신의 영광만을 누리고 계시지 않습니다. "우리를 위하여 간구하시는 자시니라."

간구는 중보기도를 말합니다. 택함 받은 우리가 완전하다면 중보기도 할 필요도 없으실 것입니다. 그런데 우리는 여전히 약합니다. 사탄은 우리를 자주 흔들고 넘어뜨리려 합니다. 우리는 자주 흔들립니다. 그러나 완전히 망하지는 않습니다. 왜냐하면 하나님 우편에 계신 우리 주님께서 우리를 위하여 끊임없이 간구하고 계시기 때문입니다. 우리는 이 세상에서 패할 것 같아도 결국은 승리합니다. 넘어질 것 같아도 결국은 일어섭니다. "우리를 사랑하시는 이로 말미암아 우리가 넉넉히 이기느니라"(37). 이 세상 살면서 흔들림이 없을 수는 없으나 우리의 구원은 든든합니다. 첫째, 하나님이 우리를 위하시기 때문입니다. 둘째, 하나님이 우리를 택하셨기 때문입니다. 셋째, 주님이 우리를 위해 간구하고 계시기 때문입니다. 그러므로 우리가 받은 구원은 영원히 보장됩니다! 내가 조금 실수했다고 받은 구원이 취소되는 것은 아닙니다. 이것을 성도의 견인(Perseverance of the Saints)이라고 합니다. 야곱은 하나님의 택함을 받았지만 실수를 많이 했습니다. 형도 속이고, 아버지도 속였습니다. 그렇다고 그의 택함 받음이 취소되지는 않습니다. 다윗도 실수하고, 베드로도 실수했습니다. 그러나 하나님은 택하신 자들을 끝까지 책임지십니다. 누구도 하나님이 택하신 당신을 정죄할 수 없습니다!

아래의 다섯 조항은 성경 전체에 흐르는 신학적 기둥이라고 할 수 있습니다.

1. 전적 타락(무능) Total depravity (Inability).

인간의 자연적 상태는 전적 타락 상태입니다. 인간은 스스로 자신을 구원할 능력이 없습니다.

2. 무조건적 선택 Unconditional Election.

하나님은 인간의 행위에 상관없이 무조건적으로 미리 예정하시고 선택하셨습니다. 우리가 주님을 '영접'한 것은 우리가 이미 택함을 받았기 때문입니다. 이것은 하나님의 주권입니다.

3. 제한 속죄 Limited Atonement.

예수 그리스도는 모든 사람을 위해서 죽으신 것이 아닙니다. 자기가 택하신 백성을 구원하기 위해 죽으셨습니다. 예수 그리스도를 믿는 당신은 선택된 자입니다!

4. 불가항력적 은혜 (소명) Irresistible Grace (Calling).

하나님의 부르심은 누구도 저항할 수 없습니다. 이것이 결국 은혜입니다.

5. 성도의 견인 Perseverance of the Saints.

한번 받은 구원은 영원히 유효합니다. 주님의 구원은 영원히 보장됩니다. 하나님께서 부르신 자를 끝까지 책임지시기 때문입니다.

이 조항들은 1618-1619년 네덜란드 도르트에서 100여 명의 학자와 목사들이 154번의 회의를 거쳐 만든 조항들입니다. 각 조항의 첫 알파벳을 조합해서 TULIP라고 부릅니다.

하나님께서 당신을 하나님의 백성으로 선택하셨다는 사실은 당신에게 어떤 의미가 있습니까?

4장 메시아 희생의 영광
The glorification of the Messianic victim

53. Chorus. 죽임을 당하신 어린 양
Worthy is the lamb that was slain (요한계시록 5:9, 12, 13, 14)

〈메시아〉는 웅장한 합창으로 끝을 맺습니다. 마치 끊임없이 쏟아지는 나이아가라 폭포의 장쾌함을 음악으로 듣는 듯합니다. 44번 할렐루야 합창에 쓰인 트럼펫 두 대와, 팀파니 두 대가 다시 첨가됩니다. 다이내믹 기호는 *f*와 *ff*밖에 없습니다. 강하게, 더 강하게. 총159마디의 음악은 72마디에서 둘째 부분이 시작됩니다. 사실 두 합창곡은 다른 음악이기 때문에 53번과 54번으로 나누어도 좋을 듯합니다. 두 번째 합창곡은 가사가 '아멘'으로만 되어 있어서 〈메시아〉 전체를 마무리하는 아멘의 노래가 됩니다. 일반 찬송가의 마지막 아멘이 한두 마디인 데 비하여 〈메시아〉의 아멘은 88마디가 되는 셈입니다. 세 가사는 모두 요한계시록 5장에 나오는 하늘나라 합창의 구절들입니다.

계시록 5:9의 가사는 호모포닉 네 성부의 힘찬 *Largo*로 시작합니다. 5:12의 가사는 *Andante*로 템포가 약간 빨라집니다. 소프라노의 상향 순차진행으로 보좌에 앉으신 귀한 분께 가슴 벅차서 영광을 돌리는 느낌을 갖게 합니다. 두 가사는 *Largo*와 *Andante*로 다시 한번 반복되어 끝나고 5:13의 구절이 *Larghetto* 템포로 시작됩니다. 이 부분이 53번 곡의 중심부라고 말할 수 있습니다. 특이하게 베이스, 테너가 유니슨으로 주제를 노래하고 그 주제는 대위법적으로 신나게 전개됩니다. 다시 주제가 유니슨으로 반복될 때는 알토가 첨가되어 ff로 노래합니다. 연이어 팀파니와 함께 나오는 네 성부의 망치 리듬은 보좌 둘레의 천둥 번개를 연상케 합니다. '영원히'를 노래하며 일단 코다로 마무리하는 듯하지만 마지막 음은 Dominant의 반종지(Half Cadence)로 끝을 맺어 다음 아멘 합창을 준비합니다.

많은 사람들이 요한계시록을 마지막 심판의 책으로 생각합니다. 맞습니다. 요한계시록은 예수 그리스도의 재림과 이 세상의 마지막을 계시하는 신비한 책입니다. 그래서 이 책을 두려워하는 사람들도 있습니다. 적그리스도 이야기, 아마겟돈 전쟁 이야기, 무서운 심판과 종말… 그러나 자세히 읽어보면 두려워해야 할 책이 아니라 하나님 믿는 사람들이 사랑해야 할 책입니다. 요한계시록은 마치 영화를 촬영하는 카메라맨이 지상의 나라와 하늘나라를 번갈아 가며 촬영하고 있는 모습입니다. 특히 하늘나라를 보여줄 때는 아름다운 찬양이 흘러나오는 것을 볼 수 있습니다. 하늘나라는 하나님 찬양으로 가득 찬 곳입니다. 요한계시록에는 10개 이상의 찬양이 수록되어 있습니다. 하나님을 찬양하는 사람이라면 요한계시록의 찬양을 공부해야 합니다. 우리는 하늘나라에 가서 영원히 그 찬양들을 노래하게 될 것입니다. 〈메시아〉에는 44번 합창에서 세 번, 그리고 마지막 53번 합창곡에서 세 번, 모두 여섯 개의 요한계시록 찬양 가사를 사용하고 있습니다.[78] 우리는 계시록5장에 나오는 찬양을 자세하게 살펴볼 것입니다.[79]

요한계시록은 마지막 때에 관한 계시입니다. 많은 상징들이 나오기 때문에 학자들도 해석하는 데 애를 먹습니다. 속사도 시대부터 지금까지 본문을 해석하는 데 많은 의견들이 있습니다. 개혁자 칼뱅은 부지런히 성경을 가르치고 주석서를 썼지만 요한계시록에 대해서는 침묵하고 있습니다. 마틴 루터도 마찬가지입니다. 츠빙글리는 아예 이 책을 정경으로 생각하지도 않았습니다. 그러나 요한계시록이 없다면 성경은 코다 없는 음악처럼 불완전해질 것입니다. 요한계시록의 내용은 공관복음에 나오는 예수님의 종말에 대한 말씀과 상치하지 않습니다. 또한 구약 이사야, 예레미야, 에스겔, 다니엘의 예언과 밀접한 관계가 있습니다. 마지막 때가 가까워 올수록 요한계시록의 가치는 더욱 빛날 것입니다.

당신이 요한계시록을 종말에 관한 책으로만 안다면 이 책의 진면목을 다 꿰고 있지 못한 것입니다. 하나님과 사탄이 마지막 전쟁을 합니다. 물론 사탄은 하나님의 대적자가 되지 못합니다. 그런데 사탄이 하나님으로부터 빼앗으려는 것이 무엇인지 주목할 필요가 있습니다. 요한계시록에는 이 사실이 분명히 기록되어 우리 크리스천들이 주의해야 할 것이 무엇인지 가르쳐 주고 있습니다.

13장에 짐승 두 마리가 나타납니다. 바다에서 나온 짐승은 적그리스도 그리고 땅에서 올라온 짐승은 거짓 선지자입니다. 용은 사탄입니다. 이 셋을 마귀 삼위일체라고 합니다. 그들이 무엇을 합니까?

13:4. "(사람들이) 용에게 경배하며 짐승에게 경배하여"

13:8. "이 땅에 사는 자들은 다 그 짐승에게 경배하리라"

13:12. "땅에 사는 자들을 처음 짐승에게 경배하게 하니"

13:15. "짐승의 우상에게 경배하지 아니하는 자는 몇이든지 다 죽이게

하더라"

사탄 마귀가 원하는 것은 경배입니다. 마땅히 하나님께서 받으셔야 할 경배를 가로채기 위해서 온갖 방법을 다 동원합니다. 마귀는 예수님께도 나타나서 자기에게 경배하라고 말했습니다. "만일 내게 엎드려 경배하면 이 모든 것을 네게 주리라" (마4:9). 신자가 부르는 찬송은 음악이 아니라 경배입니다. 찬양과 경배는 하나입니다. 20세기 후반에 들어와서는 찬양과 경배를 딱히 분리하지 않고 '찬양경배praise and worship'라고 합니다. 요한계시록에는 많은 찬양경배가 수록되어 있습니다. 요한계시록의 난점은 미래에 대한 해석 문제입니다. 그 문제에만 매여 있는 사이에 수많은 중요한 기록들을 지나치게 됩니다. 요한계시록은 교회가 어떤 모습이 되어야 하는가를 우리에게 가르쳐 주고 있습니다.

요한계시록이 기록된 AD90년경 사도 요한은 백발성성한 90세 노인이었습니다. 함께 사역하던 사도들은 이미 순교자가 되었고 요한만 이 세상에 남겨졌습니다. 노사도는 로마 도미시안 황제의 핍박을 받고 밧모라 하는 조그만 돌섬에 갇혔습니다. 이 답답한 환경에서 노 사도가 본 것은 하늘입니다. 그때 무엇을 보았습니까? "이 일 후에 내가 보니 하늘에 열린 문이 있는데 내가 들은 바 처음 내게 말하던 나팔 소리 같은 그 음성이 이르되 '이리로 올라오라 이 후에 마땅히 일어날 일들을 내가 네게 보이리라" (4:1). 요한계시록 4장부터 대환난과 심판에 대한 흥미진진한 내용들이 전개됩니다. 6장부터 일곱 인의 심판, 8장부터 일곱 나팔의 심판 그리고 15장에 일곱 대접의 심판이 나옵니다. 그런데 하나님은 요한에게 일곱 인 심판 직전에 하늘나라의 예배 모습을 보여줍니다. 일생

복음을 전하다가 지금 무고한 고난을 받고 있는 노 사도에게 이 하늘 예배의 모습은 큰 위로가 되었을 것입니다. 당신도 이 예배를 맛보고 싶습니까? 요한계시록 4장, 5장의 공부는 지금 여기서 하늘 예배를 맛볼 수 있는 귀한 공부입니다.

> "(두루마리를 가지시고 그 인봉을 떼기에) 합당하시도다
> 일찍이 죽임을 당하사(각 족속과 방언과 백성과 나라 가운데에서)
> 사람들을 피로 사서 하나님께 드리시고" (요한계시록 5:9)

53번 합창은 5:9을 축약해서 노래합니다. 이 찬양은 네 생물과 이십사 장로들이 각각 거문고를 타면서 부르는 새 노래입니다. 이들은 누구입니까? 사도 요한이 처음 본 계시록 4장의 모습은 하늘 보좌에 앉으신 성부 하나님이 중심입니다. 그 보좌에 둘러서 이십사 장로들이 흰 옷을 입고 머리에 금관을 쓰고 앉아 있습니다. 또한 보좌 주위에 네 생물이 있는데 각각 사자 같고, 송아지 같고, 사람 같고, 독수리 같은 모습의 생물입니다. 이십사 장로들은 하나님을 경배하는 자들입니다.

네 생물들은 공포 영화에 나오는 기괴한 동물들처럼 보이기도 합니다. 네 생물들은 가장 훌륭한 경배자의 모본입니다! 저들의 모습은 각각 사자 같고, 송아지 같고, 사람 같고, 독수리 같습니다.[80] 사자는 동물의 왕으로 불리는 용맹스런 동물입니다. 소는 충성스런 동물이요 희생과 봉사의 상징이 되는 동물입니다. 인간은 지혜가 뛰어납니다. 독수리는 새 중의 왕입니다. 힘이 있고 민첩합니다. 하나님의 보좌를 지키며 찬양하는 네 생물들은 위풍당당하고, 적극적이며, 힘이 있는 생물들입니다.

이러한 네 생물들의 모습이 바로 하나님이 원하시는 찬양경배자의 모습입니다. 경배자는 어둡고, 위축되고, 부정적인 모습이 아닙니다.

네 생물과 24 장로들은 4장에서 보좌에 앉으신 성부 하나님을 찬양했습니다. 5장에서 이들은 성자 하나님을 찬양합니다. 성자 하나님은 어린 양의 모습으로 등장합니다. 그들은 각각 거문고(kithara)를 들고 하나님을 찬양합니다. 줄을 퉁겨서 소리를 내는 현악기입니다. 다윗의 애용악기인 수금(kinnor)도 같은 종류의 악기입니다. 지금의 하프, 기타의 원조입니다. 음색이 섬세하고 음량이 크지 않기 때문에 찬양의 노래를 방해하지 않고 반주에 충실할 수 있는 악기입니다.

저들은 악기를 연주하며 노래합니다. "죽임을 당하신 어린 양이 합당하도다. 자기 피로 우리를 구속하여 하나님께 드렸도다". 경배는 무엇이 합당한지, 무엇이 가치 있는 것인지 아는 것으로부터 시작합니다. 이 단어가 4장에서는 보좌에 앉으신 하나님께 사용되었습니다(4:11). 그러나 5장에서는 어린 양 예수 그리스도에게 사용됩니다. 성부 하나님과 성자 하나님은 동격의 하나님이기 때문입니다. 가장 가치 있는 대상에게 나의 가장 가치 있는 것을 희생하는 것이 경배입니다. 포스트 모던 시대, 다원주의 시대에는 유일한 한 가지에 가치를 두는 것이 쉽지 않습니다. 이것도 합당하고, 저것도 합당하고… 나를 해치지 않는 것이라면 모든 것의 가치를 다 합당하다고 인정해 주는 것이 선이고 의인 시대입니다. 그 자세로는 하나님을 찬양할 수 없습니다. 크리스천은 하나님 한 분만 찬양 경배 받으시기에 합당하다는 사실을 알아야 진정한 찬양 경배자가 될 수 있습니다. 특히 세상의 음악가들 중에는 모든 영광을 '내가' 받는 것이 '합당' 하다고 생각하는 사람들이 많습니다. 자기의 기술과 실력이 남보다 뛰어남을 자랑합니다. 하나님을 찬양하던 루시퍼 천사도 그런 생각을 하다가 사탄이 되었는지 모르겠습니다. (계시록의 찬양에는 일인칭이 없습니다. 나는 없고 하나님만 있습니다. 계시록 찬양에는 독창, 독주가 없습니다. 우리만 있습니다.) 음악가, 특별히 찬양자들은 하나님만이 내 찬양 받으시기에 합당하다는 생각이 피 속까지 흘러야 합니다. 바흐는 그 생각을 새기기 위해 자신이 작곡한 악보들 위에 항상 SDG라고 적어 놓았습니다. Soli Deo Gloria 오직 하나님께 영광! 헨델의 〈메시아〉 53번 합창 끝에도 SDG가 적혀 있습니다.

〈메시아〉 53번에 사용된 두 번째 가사는 계시록 5:12입니다.

> "죽임을 당하신 어린 양은 능력과 부와 지혜와 힘과 존귀와
> 영광과 찬송을 받으시기에 합당하도다" (요한계시록 5:12)

이 일곱 가지 항목들은 모든 인간들이 갖고 싶어 하는 내용일 것입니다. 요세프스는 로마 황제 베스파시안이 로마에 입성할 때 로마 시민들이 외치는 소리를 기록했습니다. "로마의 은인이며 구원자요 유일하게 합당한 통치자".[81] 베스파시안은 하나님이 받아야 할 영광들을 받았습니다. 찬양자는 주님이 받으셔야 할 영광을 가로채면 안 됩니다. 4장에서는 24장로들이 영광과 존귀와 능력을 보좌의 하나님께 올려드렸습니다. 5장에서는 그 항목들이 어린 양 예수 그리스도에게 올려집니다. 삼위일체 이론이 확립되기 이전이지만 성경은 이미 성부 하나님과 성자 하나님이 같은 하나님인 것을 말해주고 있습니다.

이 찬송을 부르는 자들은 누구입니까? 네 생물? 24장로들? 아닙니다.

"내가 또 보고 들으매 보좌와 생물들과 장로들을 둘러 선 많은 천사의 음성이 있으니 그 수가 만만이요 천천이라" (5:11). 이 노래의 찬송자들은 천군천사들이었습니다. 하늘 보좌를 중심으로 그 주위에 네 생물, 24 장로들이 있고, 그 주위에 다시 천군 천사들이 있습니다. 그 중심은 하늘 보좌입니다. 천군천사의 우렁찬 합창 소리가 들립니까? 천군천사들의 찬송이 끝나자 새로운 찬송이 들려옵니다.

"보좌에 앉으신 이와 어린 양에게 찬송과 존귀와 영광과 권능을 세세토록 돌릴지어다" (요한계시록 5:13b)

〈메시아〉 53번 합창의 중심부로 이 가사가 사용되었습니다. 테너와 베이스의 유니슨으로 제시된 네 마디의 주선율은 두 마디, 두 마디로 나뉩니다. 앞 두 마디는 '찬송, 존귀, 영광, 권능' 의 네 항목을 힘차게 노래합니다. 아홉 개의 연속된 D음이 강렬합니다. 뒤의 두 마디는 '보좌에 앉으신 이와 어린 양' 을 노래하는데 '보좌throne' 의 가사는 한 옥타브 도약의 두 음을 사용해서 높은 곳의 보좌를 음악적으로 표현하고 있습니다. 주 선율은 각 성부로 이어지며 다성적 양식으로 발전해 나갑니다. 중간에 네 파트가 모두 ff로 노래하는 '찬송' '존귀' '영광' '권능' 의 망치 리듬은 전율을 느끼게 합니다. 4장이 보좌에 앉으신 이에게 드려진 찬송이고, 5장이 어린 양에게 드려진 찬송인데, 5장13절 마지막의 찬송은 "보좌에 앉으신 이와 어린 양에게" 드려지는 찬송 즉 성부 하나님과 성자 하나님께 동시에 드리는 찬송입니다.

5장 13절 찬송은 누가 부르는 노래입니까? "내가 또 들으니 하늘 위에와 땅 위에와 땅 아래와 바다 위에와 또 그 가운데 모든 피조물이 이르되" (5:13a). 5장 마지막 찬송은 '모든 피조물' 의 찬송입니다. 저들은 이제까지 예수 그리스도의 재림을 고대하며 신음하며 있었던 피조물들입니다(롬 8:19-22). 이제 때가 왔습니다. 그러므로 하나님을 찬양합니다. 온 우주는 하나님 찬양으로 가득 찼습니다. 어떤 인간도, 로마 황제도, 황금도, 사탄도 이 찬양의 대상이 될 수 없습니다. 하나님만 찬양! 하나님은 이 찬양을 막지 않으셨습니다. 왜냐하면 하나님은 피조물들의 찬양을 매우 기뻐하시기 때문입니다. 모든 피조물들의 찬양에 네 생물이 '아멘' 하고 장로들은 엎드려 경배했습니다(14).

나는 5장의 찬송을 3중 찬송이라고 부릅니다. 먼저 보좌를 중심으로 네 생물과 장로들의 찬양이 있었습니다. 두 번째는 그들을 둘러싼 많은 천사들의 찬양입니다. 세 번째는 모든 피조물들의 찬양입니다. 온 우주에 구경꾼은 하나도 없었습니다. 모두가 찬양자요 경배자입니다! 찬양 받으시는 분은 오직 하나님 한 분이셨습니다. 그 찬양들 가운데 24 장로들은 죽임당하신 어린 양의 직접적인 은혜를 입은 사람들이었습니다. 어린 양의 피는 수많은 천사들을 위해 흘린 것이 아닙니다. 돌이나 바다나 나무 같은 피조물을 위해 흘린 것도 아닙니다. 사람들을 위해 피를 쏟으셨습니다. 24장로들은 아마도 지상에 있을 때 이 예수 그리스도의 피를 증거하다가 핍박받고 심한 환난을 겪은 사람들이었을 것입니다. 어린 양의 피를 위해 자신들의 피를 아낌없이 쏟은 사람들이었습니다. 하나님을 찬송해도 남다른 감회가 있었을 것입니다. 그러므로 3중 찬송에서 천사들의 찬송이나 모든 피조물들의 찬송보다 첫 번째 장로들의 찬송은 구체성이 있습니다. 두 번째, 세 번째 찬송이 주님을 3인칭으로 지칭한 데 반하여 첫 번째 찬송은 2인칭으로 지칭하고 있습니다. "당신이 합당합니다. You are worthy".[82] "사람들을 피로 사서 하나님께 드리시고". 장로들은 '피' 를 노래합니다. 그의 피로 속죄함 받았다는 사실이 그들에게는 너무나 중요한 일이기 때문입니다.

기독교의 찬양 경배는 동심원적 경배입니다. 동심원에는 오직 한 개의 중심만 있습니다. 원이 아무리 많아도 중심은 하나여야 합니다. 어떤 생활권에서 산다 해도, 신앙의 강도가 서로 다르다 할지라도 경배의 대상은 보좌의 하나님 한 분이어야 합니다. 이것이 다원주의 시대에는 쉽지 않은 일입니다. 로마 제국은 사도 요한에게 예수 믿음을 버리고 자기들 신을 경배하라고 말하지 않았습니다. 예수를 믿어도 좋은데 또한 자기들의 신 주피터를 그리고 황제를 신으로 경배해 달라는 말이었습니다. 세상에서는 그럴 수 있을지 모르지만 기독교는 하나의 초점만 있습니다. 크리스천의 예배는 동심원적 경배입니다. 다원주의가 옳다면 지금까지 순교당한 사람들은 참 억울할 것입니다. 문화가 서로 충동하며 갈등을 빚는 것을 반가워해야 할 필요는 없지만 그 갈등을 막기 위해 초점이 둘, 셋 있는 인생을 산다는 것은 크리스천으로서 매우 경계해야 할 일입니다. 요한계시록은 마지막 때가 될 수록 하나님을 경배하는 사람과 짐승을 경배하는 사람이 뚜렷하게 나누어질 것을 경고하고 있습니다.

사도 요한은 그 당시 유일하게 남아 있는 예수님의 직제자였습니다. 그런 요한도 천사의 발 앞에 엎드려 경배하려 했습니다. 그때 천사가 말립니다. "오직 하나님께 경배하라" (19:10). 찬양 경배는 오직 하나님께만 드리는 것입니다. 정신 차려 신앙생활 해야 합니다. 잠깐 정신줄 놓으면 하나님을 믿는다고 하면서도 너무 쉽게 다른 것들을 찬양하고 경배할 수 있기 때문입니다. 사사기를 읽다보면 신경질이 날 때가 있습니다. 아니, 이스라엘 백성들은 아무것도 가진 것 없이 하나님의 도우심으로 가나안 31 왕들과 싸워서 이기지 않았습니까? 하나님만 섬기기로 굳게 맹세하지 않았습니까? 그런데 여호수아가 죽자마자 바알과 아세다롯 앞에 엎드립니다. 하나님께 한 대 얻어맞고 잠시 정신을 차린 듯하더니 또다시 이방신을 섬깁니다. 이런 일이 수백 년간 계속 반복됩니다. 그런데 이것이 우리의 모습입니다. 하나님의 백성이지만 너무 간단하게 하나님을 팽개쳐버리고 다른 것에 눈을 줍니다. 이 세상에는 강하고 매력적인 것이 너무나 많이 있기 때문입니다. 우리를 사로잡아 자신들의 경배자로 만듭니다. 안 됩니다. 당신은 오직 하나님만 찬양하고 경배하십시오. 마음을 드려 하나님 찬양하십시오. 기쁠 때에 하나님을 찬양하지만 슬플 때도, 우울해도, 눈물이 흘러도 하나님을 찬양하십시오. 그 찬양 가운데 하나님께서 임하십니다. 하나님은 당신의 찬양을 매우 기뻐하시기 때문입니다.

멜 타리(Mel Tari)는 동 티모르 섬에서 사역하고 있었습니다. 한 장례식에 참석했습니다. 가난한 사람들이라 시신은 거적으로 덮어 놓았습니다. 죽은 지 이틀이 지나서 시신 썩는 냄새가 진동했습니다. 많은 사람들이 슬픔의 눈물을 흘렸습니다. 그때 하나님께서 멜타리에게 찬양하라고 하셨습니다. '찬양이라고요? 주님, 지금 장례식인데요.' 하나님은 다시 '나를 찬양하라' 고 말씀하셨습니다. 멜타리는 썩는 냄새를 맡으며 하나님을 찬양했습니다. 아무 일도 안 일어났습니다. 하나님은 또 '찬양하라' 고 말씀하셨습니다. 용기를 내어 또 찬양을 했습니다. 하나님은 또 찬양하라고 말씀하셨습니다. 여섯 번째 찬양을 할 때 시신의 발이 움직이기 시작했습니다. 일곱 번째 찬양을 하니까 죽었던 시신이 벌떡 일어났습니다.[83] 하나님은 우리의 찬양가운데 거하십니다! 하나님이 함께 하시면 못 이룰 일이 없습니다!

밧모섬에 귀양 가 있는 사도 요한에게 하늘나라의 찬양제는 큰 감격이었을 것입니다. 하나님은 왜 이 모습을 요한에게 보이셨습니까? 요한이 일생 동안 증거해 온 죽임당한 어린 양이 승리했다는 것을 보여주기 위해서입니다. 하늘 찬양제는 승리하신 어린 양 예수 그리스도를 찬양하는 축제입니다. 이 세상에서 사역하실 때는 머리 둘 곳도 없이 힘들게 사셨습니다. 고난으로 점철된 인생이었습니다. 무슨 죄가 있으셨습니까? 능력이 부족해서입니까? 왜 그렇게 사셨습니까?

인생 사는 데 크게 세 가지 삶의 양식이 있습니다.

첫째, '너는 죽고 나는 살고' 의 양식입니다. 약육강식의 삶입니다. 힘이 지배하는 정글의 동물들이 사는 양식입니다. 그러나 동물들만 그렇게 살지 않습니다. 동물 같은 인간은 지금도 그렇게 삽니다.

둘째, '너도 살고 나도 살고' 양식입니다. 공존양식입니다. 좋은 뜻입니다. 그러나 그렇게 되지 않습니다. 왜냐하면 인간은 죄성이 있기 때문입니다. 인간이 얼마나 이기적인지요.

셋째, '나는 죽고 너는 살고' 의 양식입니다. 희생양식입니다. 어린 양의 삶의 양식입니다. 이때 공동체는 건강해집니다. 희생자는 억울하지 않습니까? 괜찮습니다. 죽지 않습니다. 예수님은 다시 부활하셔서 승리자가 되셨습니다. 이런 삶의 양식이 최후 승리자의 삶의 양식입니다. 남을 죽이면 남도 죽고 결국 나도 죽습니다. 나를 죽이면 남도 살고 결국엔 나도 살게 됩니다. 이게 어린 양의 승리 비밀입니다. 조금도 지지 않으려는 사람이 있습니다. 조금도 손해 보지 않으려는 사람이 있습니다. 바보입니다. 결국은 자기가 손해 보기 때문입니다. 여러분이 사장이라면 어떤 종류의 직원을 좋아하겠습니까? 조금 져주는 일에 인색하지 마세요. 좀 손해 봐도 괜찮습니다. 조금만 자신을 죽이세요. 오른쪽 뺨 때리면 왼쪽 뺨도 내미세요. 괜찮습니다. 최후 승리는 당신 것입니다.

아시아 이민자인 하형록 씨는 펜실베이니아에서 공부한 후 미국 회사에 입사했습니다. 상사는 그에게 커피를 타오라고 시켰습니다. 그 일 하려고 입사한 것은 아닌데… 그러나 자기를 무시한다고 상사를 비난하고 회사를 나오지 않았습니다. 그는 커피에 냅킨까지 더해서 상사에게 가져갔습니다. 이런 그를 아무도 무시하지 않았습니다. 하형록 씨는 승승장구해서 30대에 대기업의 임원이 되었습니다. 지금은 '팀하스 TimHaas'의 회장입니다.[84] 죽임당하신 어린 양은 힘이 없어서, 능력이 부족해서 죽임당하신 것이 아닙니다. 져주셨습니다! 그리고 최후 승리자가 되셨습니다. 지금 우리들에게 말씀하십니다. "너도 이렇게 살아!"

노사도가 전하는 요한계시록의 메시지는 그 당시 로마 제국으로부터 핍박받고 있는 초대교회 크리스천들에게 큰 위로가 되었을 것입니다. 카타콤 지하 묘소에서 언제 잡혀 사자 밥이 될지 모르는 상황에서도 최후 승리를 믿을 수 있었을 것입니다. 지금 지는 것 같지만 결국은 승리다! 저들의 믿음은 역사적으로 증명되었습니다. 로마 제국은 얼마 후 동서로 분열되었다 결국 망하고 말았습니다. 곧 망할 것 같았던 여리여리한 교회는 지금까지 계속 번성하고 있습니다! 이 세상 최후 승리자는 로마 제국이 아닙니다. 미국도 아니고, 유엔도 아니고, 월 스트리트도 아닙니다. 교회입니다! 왜냐하면 오직 교회만 승리하신 예수 그리스도 밑에 있기 때문입니다. 죽임당하신 어린 양!

　　53번곡의 마지막 노래는 모두 '아멘' 가사로 되어 있습니다. 계시록 5:13에 이어 나오는 14절 '아멘'을 마지막으로 사용해서 오라토리오를 마무리합니다. 아멘은 '믿는다'를 뜻하는 히브리어 '아만aman'에서 나왔습니다.[85] 아멘은 '그렇습니다. 옳습니다. 맞습니다. 믿습니다'의 뜻입니다. 신자의 인생은 아멘으로 끝나야 합니다. 성경을 읽으며, 설교를 들으며, 찬양을 하며 아멘을 많이 하십시오. 큰 소리로 하든, 마음속으로 하든 상관없습니다. 마음을 넣어 아멘을 하십시오. 아멘을 자주하는 성도님들은 신앙생활에 활기가 있습니다. 하나님께서 그 인생을 책임져 주시고 인도하십니다. 요한계시록은 이렇게 끝납니다. "아멘 주 예수여 오시옵소서. 주 예수의 은혜가 모든 자들에게 있을지어다 아멘". 아멘!

　　마지막 아멘 코러스는 베이스의 D장조 정선율로 시작합니다. 정선율이 테너, 알토, 소프라노 파트로 옮겨가며 충실히 반복될 때까지 반주는 콘티누오만 연주됩니다. 간주가 시작되면서 모든 악기가 다시 들어옵니다. 헨델 특유의 망치 리듬은 보이지 않습니다. 마치 물레에서 실을 뽑아내듯 네 성부는 끊임없이 엮이며 선율을 이어갑니다. 부드럽습니다. 그러나 엄마의 사랑처럼 강하고 끈질깁니다. 상향 순차진행으로 시작하는 정선율은 후반부에서 하강 순차진행으로 변합니다. 베이스에서 시작한 이 하강 선율은 테너, 알토, 소프라노를 거치며 클라이맥스로 발전해 갑니다. 소프라노가 ff로 높은 A를 치며 하강하면 테너가 지지 않으려는 듯 그 A를 치고 올라가 하강하며 네 색깔의 폭포수가 우렁차게 떨어집니다.

　　한 죄인이 그 폭포수 아래 섭니다. 세차게 떨어지는 메시아의 물을 온

몸으로 받습니다. 시원합니다. 통쾌합니다. 마음속 오랜 응어리들, 덕지덕지 붙었던 욕심 덩어리들이 찢겨 흘러갑니다. 사람들 앞에서 어릿광대처럼 살며 늘 불안해하던 깊은 내면이 홀러덩 벗겨져 떠내려갑니다. 한 죄인은 깃털처럼 가벼워집니다. 아멘 아멘! 이제 하나님과 하나가 됩니다. 아니, 한 죄인은 사라지고 하나님 영광만 가득합니다. 이전 것은 지나갔습니다. 한 죄인은 메시아 폭포수 안에서 새로운 피조물이 되었습니다. 혼란한 듯 그러나 질서가 있고, 끊어질듯 그러나 계속 이어지고, 약한 듯 그러나 강한… 감동은 마치 전류 흐르듯 온몸과 마음을 휘젓습니다. 그 감동을 끝내기 아쉬운 듯 베이스 음은 Dominant의 7음을 길게 뿜어내며 일단 끝을 맺습니다. 극적인 General Pause의 침묵 뒤에 *Adagio*로 마지막 긴 아멘을 노래합니다. 트럼펫이 감격의 소리를 길게 울려 붑니다. 팀파니의 트레몰로가 바쁘게 요동치며 마지막 D음을 힘차게 두드립니다. 〈메시아〉는 이렇게 대단원의 막을 내립니다. 그 악보 밑에 헨델은 S.D.G.를 적었습니다. '*Soli Deo Gloria*오직 하나님께 영광!'

부록 1
제넨스는 어떤 사람인가?

〈메시아〉는 찰스 제넨스(Charles Jennens, 1700-1773)의 대본이 없었다면 이 세상에 나올 수 없었다. 또한 제넨스의 〈메시아〉 대본은 작곡가 헨델이 없었다면 빛을 볼 수 없었을 것이다. 헨델의 오라토리오로 알려진 〈메시아〉는 사실 헨델+제넨스의 오라토리오라고 해야 옳다. 헨델이 제넨스에게 〈메시아〉 대본을 써달라고 요구한 것은 아니다. 1741년 7월 10일 제넨스가 친구 홀즈워드(Holdsworth)에게 보낸 편지에 의하면 헨델은 그해 겨울까지 아무것도 하지 않으려 했다. 아마 오페라 데이다미아의 공연 실패와 그 피로감으로 쉬고 싶었을 것이다. 그런 헨델을 제넨스가 〈메시아〉 대본으로 설득한다. 제넨스는 이제까지 쓴 어떤 대본보다도 큰 공을 들여 〈메시아〉 대본을 써서 헨델에게 보냈다. 홀즈워드에게 쓴 편지 내용이다. '나는 헨델이 자신의 모든 역량을 여기에 부어서 그 작품이 이전 그의 모든 작품보다 뛰어나기를 바랍니다. 왜냐하면 그 주제가 다른 주제보다 뛰어나기 때문입니다. 그 주제는 메시아입니다.' [86]

제넨스는 성경을 통하여 예수가 메시아인 사실을 밝혀 오라토리오로 만들겠다는 발상을 한 최초의 사람이다. 그 당시 영국에서는 오라토리오를 교회 찬양으로 생각하지 않았다. 오페라와 마찬가지로 극장에서 연주하는 여흥 음악의 일종으로 생각했다. 이제까지 구약적 소재의 오라토리오가 있었다. 사실 헨델이 작곡한 〈에스터〉가 영국 최초의 오라토리오다. 계속해서 〈데보라〉 〈이집트의 이스라엘인〉 〈사울〉이 발표되는데 런던 사람들에게 이런 오라토리오는 종교적인 의미보다 정치적인 의미로 받아들여졌다.[87] 이런 런던 시민들에게 예수 그리스도에 대한 내용을 극장에서 공연한다는 것은 부담스러운 일이었다. 헨델은 더블린에서 〈메시아〉의 이름으로 초연한 이 오라토리오를 1743년 런던에서는 〈새로운 종교적 오라토리오 A New Sacred Oratorio〉라는 이름으로 초연했다. 이런 상황에서 〈메시아〉의 주제를 극장에서 오라토리오로 공연하겠다는 생각을 한 사람이 제넨스였다.

헨델보다 15살 아래인 제넨스는 1735년부터 오라토리오 〈사울〉 그리고 〈이집트의 이스라엘인〉 작업을 함께하며 헨델과 친구가 되었다. 그러나 이제까지의 오라토리오와 달리 〈메시아〉에는 오페라 같은 극적 스토리 라인이 없다. 성경의 한 스토리를 택해 대본을 만든 것이 아니라 구약과 신약 14책에서 인용해 대본을 만들었기 때문이다. 인용 구절만 70개가 넘는다. 이런 작업은 성경에 대한 해박한 지식이 없이는 불가능하다. 특별히 예언서의 구절들은 확실한 신학적 입장이 없으면 해석하기가 쉽지 않다. 지금도 많은 크리스천들은 그가 인용한 성경 구절들이 무엇을 의미하는지 모른다. 관심을 기울여 자세히 공부하기 전에는 알 수 없는 구절들이기 때문이다. 제넨스는 목사가 아니다. 신학자도 아니다. 제넨스는 어떤 인물인가?

제넨스는 선서 거부자다(Non Jurors). 영국은 헨리8세의 종교개혁 이후 가톨릭과 신교의 싸움이 거셌다. 스튜어드 왕가의 제임스2세는 가톨릭을 옹호하고 왕권신수설을 주장했다. 이에 반대한 영국 국교 주교들이 감옥에 갇혔다 얼마 후 석방되는 일이 있었다. 그 뒤 메리와 그의 남편 윌리암은 개신교를 보호하기 위한 명목으로 혁명을 일으켰다. 소위 1688년 있었던 명예혁명이다. 제임스 2세는 프랑스로 망명을 떠났다. 이 때 제임스에 의해 감옥에 갇혔었던 주교들 중에서 메리와 윌리암의 명예혁명을 왕권 찬탈이라고 비난하면서 새로운 왕권에 충성 서약하기를 거부한 사람들이 있었다. 그들을 선서 거부자(Non Jurors)라고 부른다.

이상하지 않은가? 그들은 개신교도들이다. 가톨릭을 부활시키려는 제임스 왕에 반대하던 자들이다. 그런데 개신교 왕들 (메리와 윌리암은 공동 왕이 되었다) 이 세워졌는데도 그들을 거부한다. 신앙적 입장에서 좋아해야 할 일 아닌가? 그들의 생각은 달랐다. 아무리 종파가 다르더라도 살아 있는 왕을 무력으로 쫓아내는 일은 올바르지 않다는 것이다. 이렇게 생각하는 사람들이 영국에 400명 정도 있었다. 헨델의 시대에는 저들 때문에 생긴 긴장이 항상 영국에 있었던 시기다. 선서 거부자들은 1745년까지 기회 있을 때마다 반란을 일으켰다. 저들은 원칙주의자다. 자기들의 생각과 주장에 고집스럽게 철저하다. 시대의 흐름에 편승하지 않을 만큼 강하다. 그들은 새 왕에 충성 서약을 하지 않아서 감옥에 갇히지는 않았지만 사회에서 어떤 직책도, 관직도 가질 수 없었다. 일생 불이익을 당했다. 그래도 그들은 자기들 생각을 바꾸지 않았다. 그중 한 사람이 제넨스다.

제넨스는 부자였다. 그의 할아버지가 철강 산업을 통해 큰돈을 벌었기 때문이다. 부자인데 결혼도 안 했다. 특별히 할 일도 없었다. 시간이 많았다. 돈 많고 시간 많은 사람. 죄 짓기 딱 좋은 사람이다. 예수님도 부자가 천국 들어가기가 낙타가 바늘 구멍들어가는 것보다 어렵다고 말씀하셨다. 그런데 제넨스는 예술을 사랑하고, 신실하게 신앙생활을 했다.

그는 원칙주의자였다. 시대의 유행에 이리저리 끌려다니는 사람이 아니었다. 당장 불이익이 있을지라도 옳다고 생각하는 바를 굳게 지켰다. 이러한 태도는 성경에 대한 자세에서도 그대로 적용되었다.

그 당시 지식인들 사이에 유행하던 사상은 이신론(Deism)이었다. 천지를 창조한 하나님을 믿었다. 그러나 그 하나님은 창조한 세계와 관계가 없다. 이 세상은 인간의 이성으로 움직이도록 창조되었다고 믿었다. 이신론자들은 하나님의 계시와 기적을 믿지 않았다. 성경을 그렇게 믿는 신자들을 비웃었다. 하나님의 예언? 인간에게 어떤 영향을 미치는 말이 아니라 그저 문학적 표현일 뿐이다. 구원? 저들은 예수 그리스도의 구원을 믿지 않았다. 자기들은 시대에 앞선 선각자들이라고 생각했다. 이런 사상은 대학교에도 큰 영향을 미쳤다. 제넨스의 동생 로버트 제넨스는 옥스포드 트리니티 칼리지에서 법을 공부하는 전도유망한 학생이었다. 형과 함께 독실한 성공회 신자였다. 그때 같은 반에서 공부하는 니콜라스 스티븐슨이라는 친구를 만난다. 그 친구는 이신론 신봉자였다. 친구의 악한 영향이 로버트에게 미쳤다. 로버트는 우울증에 빠지게 되었고 급기야 자살하고 말았다. 1728년. 찰스 제넨스는 동생이 죽은 후 이신론에 대한 도전장을 냈는데 그것이 〈메시아〉 대본이다.

제넨스는 성경의 중심이 예수 그리스도라는 사실을 믿었다. 구속사적 관점에서 성경을 보았다. 제넨스는 셰익스피어 작품에도 많은 관심이 있었지만 성경을 세상의 여느 책 중 하나라고 생각하지 않았다. 성경이 하나님의 계시의 말씀이라는 사실, 그리고 그 계시는 메시아 예수 그리스도를 통하여 정확하게 성취되었다는 사실을 믿었다.

우리가 살고 있는 다원주의 세상에서 제넨스와 같은 믿음이 필요하다. 다른 것은 몰라도 하나님 말씀에는 타협하지 않는 원칙주의가 필요하다! 2000년 동안 성경은 똑똑한 사람들(?)에 의해 이리저리 난도질을 당했지만 시간이 지날수록 성경의 가치는 더욱 찬란하게 빛난다.

·· 부록 2 ··
헨델은 <메시아>를 작곡할 때 영적 체험을 했는가?

아놀드 쉐링(Arnold Schering)은 헨델의 가까운 친구들의 보고를 인용하면서 44번 합창곡 작곡을 막 끝냈을 때 헨델이 했다는 말을 전한다. "나는 내 앞에 모든 하늘과 위대하신 하나님을 보았다고 생각한다. I did think I did see all Heaven before me – and the great God Himself!" 그때 헨델은 하염없이 눈물을 흘리고 있었고 그의 상태는 이 세상의 한계를 초월한 것 같았다.[88] 락스트로(Rockstro)도 허킨스의 말을 인용하며 이 사실을 전했다.[89] 나중에 헨델이 이때를 더듬으면서 사도 바울의 말을 인용했다. "내가 그것을 작곡하고 있을 때 나는 내 몸 안에 있었는지 몸 밖에 있었는지 알지 못한다."[90]

헨델의 이런 체험에 대하여 현대의 학자들은 잘 말하지 않는다. 어떤 사람은 '경건한 소설pious fiction'일 것이라고 일축한다.[91] '할렐루야' 합창이 주는 강렬한 감동과 그 유명세 때문에 만들어진 후세의 이야기일 것이라는 말이다. 사실 이런 종류의 신비한 체험을 학문적으로 다루기는 쉽지 않다. 주관적 체험이기 때문이다. 그러나 사실이 아니라고 볼 근거도 딱히 없다. 나는 충분히 생각해 볼 가치가 있다고 생각한다.

성경에는 이런 종류의 영적 체험을 한 사람들의 이야기로 가득하다. 선지자 이사야는 보좌에 앉으신 하나님을 보았다. "웃시야 왕이 죽던 해에 내가 본즉 주께서 높이 들린 보좌에 앉으셨는데 그의 옷자락은 성전에 가득하였고". 에스겔 선지자도 보았다. "내가 그발 강가 사로잡힌 자 중에 있을 때에 하늘이 열리며 하나님의 모습이 내게 보이니." 사도 요한도 보았다. "이 일 후에 내가 보니 하늘에 열린 문이 있는데… 보라 하늘에 보좌를 베풀었고 그 보좌 위에 앉으신 이가 있는데". 헨델이 인용한 사도 바울의 구절은 바울이 셋째 하늘을 체험했을 때의 기록이다. "그가 몸 안에 있었는지 몸 밖에 있었는지 나는 모르거니와"(고후 12:2). 계몽주의 시대에는 이런 성경 구절을 문자 그대로 해석하는 데 인색했다. 그러나 성경 시대 이후에도 신비한 영적 체험을 한 크리스천들은 부지기수다. 수학자인 블레즈 파스칼도 체험했다. 잔 다르크도 체험했다. 조나단 에드워드도 체험했다. 신앙생활이 신비주의로 빠지면 안 된다. 그러나 신비한 체험이 없는 신앙생활은 건조하다.

　하나님을 체험한 사람들의 신앙은 그 뿌리가 견고하다. 그들은 시대 상황이나 유행사조에 쉽게 흔들리지 않고 자신의 신앙을 굳건하게 지킨다. 이사야는 앗수르의 침공으로 예루살렘의 귀족들이 이집트의 구원 요청에 열을 올릴 때에도 하나님만 믿으라는 메시지를 줄기차게 전한다. 비난과 모욕을 당하면서도 하나님에 대한 절대 믿음을 붙들었다. 사도 요한은 일생 예수 그리스도를 전하다 밧모섬에 귀양 갔다. 로마가 믿는 신들을 인정만 하면 이런 고생할 필요가 없다. 그러나 요한은 돌섬에 갇혀 고생을 할지언정 자신의 신앙을 버리지 않았다. 데카르트의 이성주의가 판을 치던 시대에 파스칼은 이렇게 썼다. '데카르트, 쓸모없고 불확실'.[92] 데카르트의 책을 '겉은 그럴듯해 보여도 내용은 허세로 가득' 하다고 비판했다.[93] 파스칼은 자신이 수학자이지만 그 당시의 이성주의에 물들지 않고 하나님에 대한 신앙을 굳건히 지켰다. 어떻게? 성경

을 체험하고, 하나님의 '불'을 체험했기 때문이다.[94]

헨델의 조부가 브레슬레우에서 할레로 이주해 온 이유는 이전에 살던 지역이 가톨릭 신앙의 중심지였기 때문에 그 지역을 떠나 루터의 개신교를 믿기 위해서였다. 즉 그들은 성경을 하나님의 말씀으로 믿는 신앙에 삶의 뿌리를 두었다. 헨델의 어머니 도로테아(Dorothea)는 루터교 목사 타우스트(Georg Taust)의 딸이다. 헨델의 몸에는 어려서부터 말씀 중심의 개신교 피가 흐르고 있었다. 음악을 공부했기 때문에 상황에 따라 가톨릭으로 오갈 수도 있을 것 같은데 그의 신앙은 전혀 환경에 흔들리지 않았다. 그가 이탈리아에서 공부할 때는 가톨릭으로 개종하라는 유혹도 있었다. 그러나 받아들이지 않았다. 이탈리아에서나 영국에서의 종교적 작품에서 한 번도 성인들이나, 교황들을 주제로 작곡해본 적이 없다. 이탈리아에서 런던으로 가지고 온 예술품 중에서도 마리아나 성인들에 관한 것은 한 점도 없었다.[95] 이는 헨델이 자신의 신앙에 얼마나 충실했는가를 보여준다. 런던에서 브룩 스트리트 25번지에 집을 택한 이유도 하노버 광장에 새로 설립된 조지 교회와 가까웠기 때문이다.[96] 헨델은 이 교회의 신실한 신자였다. 그 교회 웹사이트엔 헨델이 그 당시 자신의 지정 자리가 있을 정도로 신실한 예배자(regular worshipper)였었다고 기록되어 있다. 죽기 3-4년 전엔 눈이 안 보이고, 류머티즘으로 다리가 불편했는데 절뚝거리면서도 예배에 참석했다고 기록하고 있다. (www.stgeorgeshanoversquare.org) 어떤 상황에서든, 특히 고난의 상황에서 자신의 신앙을 굳게 지킨 신자에게 하나님이 자신을 나타내시고 체험하게 하는 현상은 전혀 이상한 일이 아니다.

헨델은 성경을 읽고 그 말씀을 이해했다. 헨델은 자신이 성경을 잘 읽고 있다는 고백을 한 적이 있다.[97] 제넨스가 성경 구절로만 되어 있는 〈메시아〉 대본을 헨델에게 넘긴 것도 헨델이 그 구절들을 충분히 이해할 수 있다고 인정했기 때문이다. 그 난해한 구절들에 작곡하기 위해서는 깊은 묵상, 반복적인 묵상이 필요했다. 성경 말씀은 하나님의 말씀으로 믿고 묵상하는 사람들에게 말씀을 체험하게 한다. 이 체험은 몇 가지 지식을 확장하는 체험이 아니라 이성을 초월한 신비한 영적체험이다. 가나안 땅의 원주민들과의 전쟁을 앞둔 여호수아에게 하나님은 다른 말씀하지 않으셨다. "이 율법책을 네 입에서 떠나지 말게 하며 주야로 그것을 묵상하여 그 안에 기록된 대로 다 지켜 행하라. 그리하면 네 길이 평탄하게 될 것이며 네가 형통하리라." 놀랍게도 여호수아는 변변한 무기, 군사도 없었는데 최신 무기를 가진 가나안 왕들과의 31번 싸움에서 전승을 거두었다. 기적이다. 지금도 말씀에 집중하는 사람들은 하나님을 체험한다. 도디 여사는 간암 말기였다. 의사는 몇 주 못 살 것이라 진단했다. 그러나 도디 여사는 받아들이지 않았다. 성경에서 치유의 말씀을 30-40개 찾아 종이에 적고 매일 읽고 큰 소리로 선포했다. 그리고 암에서 치유되어 수십 년간 하나님을 증거하며 살았다. 레이크우드 교회의 조엘 오스틴 목사 모친의 얘기다.[98] 성경 말씀을 작곡하려면 반복 묵상이 필수다. 그 말씀이 하나님의 말씀이라는 절대적인 신앙이 있을 때 신비한 체험을 한다는 것은 전혀 이상한 일이 아니다. 헨델이 〈메시아〉 작곡을 하며 하늘 문이 열리는 것을 볼 수도 있다!

헨델은 그 당시 초자연적인 힘에 이끌려 있었던 것이 확실하다. 헨델은 〈메시아〉 초고에 독일어와 영어로 작곡한 날짜를 기록해 놓았다. 'angefangen(begun) Saturday 22 August 1741' 〈메시아〉 작곡을 시작한 날이다. 8월 28일에 1부가 끝났다. 9월 6일에 2부가, 9월 12일에 3부가 끝났다. 총 22일 걸린 셈이다. (9월 14일까지 오케스트라 파트를 작업했다.) 9 3/4 X 12인치의 넓은 종이로 275페이지나 된다.[99] 하루에 12-13장씩 작곡한 셈이다. 헨델처럼 다작가에게 어렵지 않은 일이라고 말하는 사람들도 있다. 사실 헨델의 작업 속도는 놀라울 정도로 빠르다. 그러나 2시간 넘게 연주되는 오라토리오를 오케스트라 작업까지 24일 동안 작곡한다는 것은 쉬운 일이 아니다. 단순히 그 악보를 보고 사보하는 데도 그 정도 시간이 필요할 것이다. 헨델은 그동안 거의 침식을 잊고 작곡에 몰두했다는 사실을 그 당시 집에서 그를 돕고 있던 집사가 증언한다. 그의 증언이 아니어도 우리는 〈메시아〉가 22일 만에 작곡되었다는 사실을 보아 그가 그렇게 했을 것이라는 사실을 충분히 짐작할 수 있다. 그는 한 일에 몰입할 수 있는 집중력의 사람이다. 몰입할 때 자기 자신을 초월하는 힘이 나온다. 그 초월적 힘에 이끌린다. 그의 초고에는 그의 기록 속도보다 머릿속에서 나오는 음악의 속도가 더 빨랐다는 사실을 곳곳에서 보여준다. 마치 머리에서 쏟아져 나오는 음악을 손의 기록이 미처 따라가지 못하는 형국이다. 곳곳에 잉크 자국이 그대로 묻어있다. 처리할 시간이 없었다. 속기처럼 말로 써 내려간 부분도 있다. 음표 꼬리나 쉼표를 생략하며 급하게 작곡했다. 마치 번갯불에 콩 볶듯 써 내려갔다.[100] 이때 하나님 만나는 신비한 체험을 할 수 있다.

때때로 몰입은 우리를 초자연의 세계로 인도한다. 명상을 통해, 깊은 기도를 통해 초자연을 체험하는 사람들은 많다. 그러나 이 체험은 체험해 보지 않은 사람들에게는 이해할 수 없는 세계이다. 그들에게 쉽게 무시당한다. 하나님은 책 속에만 존재하는 소설 속 주인공이 아니다. 지금도 얼마든지 체험할 수 있는 살아계신 분이다!

　나는 부모님 그리고 그들의 조상 중 한 분도 예수를 믿지 않는 가정에서 태어났다. 니체의 글을 좋아했다. 버트란트 러셀을 읽으며 예수 믿는 친구들을 조롱했다. 그런 나에게 하나님은 신비하게 나타나셨다. 난 이 체험이 없었다면 예수를 믿지 못했을 것이다. 전적으로 하나님의 은혜다. 그 당시 이 체험을 친한 친구에게 말한 적이 있다. 그 친구가 한 말을 아직도 기억한다. "혁아, 넌 네 삶을 극적으로 꾸미고 있구나. 소설 쓰지 마." 소설이 아닌데…

·· 부록 3 ··
오라토리오 <메시아>는 어떻게 사용되었는가?

음악의 기원은 무엇일까? 성현은 '악학궤범'에서 '악(樂)이란 하늘에서 나와서 사람에게 붙인 것이요.' 라고 말한다.[101] 찰스 다윈은 동물들 짝짓기 때의 소리를 모방해서 나온 것이라고 생각한다. 그러나 음악의 기원을 밝히는 것은 매우 어려운 일이다. 꼭 한 가지가 기원이라고 고집할 필요도 없다. 분명한 사실은 반복적 리듬, 소리의 높고 낮음은 인간에게 놀라운 기쁨을 준다는 점이다. 아프리카의 링 샤우트(Ring Shout)는 리듬만으로도 사람들을 황홀경으로 인도한다. 한국의 무당들은 반복된 리듬으로 영이 고조되면 날카로운 작두 위에 올라 춤을 춘다. 현대의 뇌 연구는 음악이 인간의 뇌에 – 줄무늬체 부위에 변화를 준다는 사실을 발견했다. 이곳은 맛있는 음식을 먹거나, 마약을 하거나, 성적 자극을 받아서 쾌락을 느낄 때 활동하는 부위다. 음악에 감동을 받으면 이 부위에서 도파민이 분비된다. 음악은 그 자체로써 기쁨이다. 인간은 이 기쁨을 크게 두 방향으로 사용했다. 첫째는 인간의 기쁨을 위해서 사용했다. 둘째는 자기가 귀하게 여기는 대상-신, 조상 등-을 위해 사용했다. 여기서 종교음악과 세속음악이 나뉜다.

오라토리오는 종교음악인가 세속음악인가? 바로크 초기에 오페라와 오라토리오는 이탈리아에서 함께 등장했다.[102] 오페라가 세속적 음악인 데 비해 오라토리오는 종교적인 음악으로 분류하지만 많은 오라토리오의 주제는 성경적 주제가 아니다. 교회에서 연주되지도 않았다. 교회 예식과는 관계가 없다. 첫 번째 오라토리오로 불리는 카발리에리(Emilio de Cavalieri)의 '영혼과 육체의 묘사 Rappresentatione di Anima, et di Corpo'도 종교적 오라토리오로 분류되지만 교회 예식과 관계가 없다.[103] 1628년 발표된 몬테베르디(Monteverdi)의 'Il Combattimento di Tancredi e Colrinda'를 첫 세속 오라토리오로 분류하기도 한다. 오라토리오는 꼭 종교적이 아니다. 종교적 내용이어도 교회에서 연주되지 않고 극장에서 연주된 음악이다. 특히 사순절 기간에는 오페라와 같은 세속 공연이 기피되었으므로 이 기간에는 극장에서 오라토리오를 공연했다.[104] 헨델의 오라토리오는 주로 사순절 기간에 코벤트 가든에서 공연되었다. 〈메시아〉의 런던 첫 공연도 1743년 사순절 기간에 실시되었다. 많은 종교적 오라토리오의 주제가 주로 구약적인 데 비해 〈메시아〉는 직접적으로 예수 그리스도가 주제인 음악이다. 이런 음악을 극장에서 연주할 수 있느냐는 논의가 런던 〈메시아〉 초연 전부터 있었다. 그렇다고 비판하는 성직자들이 〈메시아〉 연주를 교회에서 하도록 허락할 수 있었는가? 그럴 준비도 되어 있지 않았다. 그렇다면 〈메시아〉는 어디서 연주되어야 하는가? 연주 장소가 없다. 〈메시아〉는 극장에서 연주되지 않기 때문에 세속음악인가? 극장에서는 이런 주제로 노래할 수 없는가? '나 같은 죄인 살리신 Amazing grace'으로 유명한 존 뉴턴(John Newton) 목사도 이런 주제의 극장 공연을 여러 번 비난했다.[105] 이런 논의를 피하기 위해서 헨델은 런던 초연에서 〈메시아〉로 소개하지 않고, 〈새 종교적 오라토리오 New Sacred Oratorio〉로 소개한 것 같다.

〈메시아〉는 분명 그 당시 교회 예식 음악으로 작곡되지 않았다. 그렇다면 〈메시아〉는 어떻게 사용되었는가? 어떤 공헌을 했는가? 음악적으로 새로운 공헌을 한 것은 없다. 헨델은 이전 작곡가들이 사용한 방법, 화성, 형식들을 활용했지만 새로운 방법이나 형식을 만들어내지는 않았다. 그러나 바로크의 엄격한 대위적 양식보다는 멜로디와 화성을 강조한 헨델의 방식은 그 시대에서는 진보된 방법이었다.[106] 이런 방식은 후세 작곡가들에게 큰 영감을 불러 넣었다. 1791년 하이든(Joseph Haydn)이 영국을 방문했을 때 웨스트민스터 교회에서 열린 헨델 추모 음악회에 참석했다. 거기서 〈메시아〉를 듣고 어린아이처럼 울었다고 한다.[107] 그 영향으로 하이든은 오라토리오 〈천지창조〉를 작곡했다. 모차르트도 1777년 만하임에서 〈메시아〉를 듣고 크게 감명을 받았다. 곧 〈메시아〉를 새롭게 편곡하여 연주했다. 특별히 많은 작곡가들에게 합창 음악에 대한 강한 영감을 불러 넣었다. 베토벤은 헨델을 '가장 위대한 음악가'로 평가했다.

〈메시아〉는 청중들에게 영적 영향력을 미쳤는가? 청중들은 〈메시아〉를 듣고 예수 그리스도를 더 깊이 알게 되었는가? 어떤 영적 체험을 했는가? 락스트로는 1743년 런던 초연 때 조지 2세를 포함한 모든 청중들이 44번 '할렐루야'를 들을 때 자리에서 일어났다고 기록한다. 그다음부터 이 전통이 영국에서 이어졌다.[108] 이 전통은 곧 전 세계로 퍼져서 '할렐루야'를 찬양할 때는 지금도 사람들이 일어선다. 이 기록은 '할렐루야' 유명세 때문에 후세에 만들어진 이야기라고 주장하는 사람들도 있다. 런던 초연 때 왕이 참석했었는지 여부도 분명하지 않다고 말한다. 그러나 런던 공연 때 조지2세의 기립을 만들어진 이야기라고 볼 수 있는 근거도 없다. 헨델은 자기보다 두 살 위인 조지2세를 독일 하노버 시절부터 알았을 것이다. 젊은 시절 헨델은 하노버 궁전의 전속 음악가였다. 1727년 조지2세의 영국 국왕 대관식 때 헨델은 송가(Anthems)를 작곡해 주었다. 그런 왕이 〈메시아〉 런던 초연 때 참석해서 일어섰을 가능성은 충분히 있다. 어쨌든 지금도 이 전통은 계속 이어져 오고 있다. 분명 어느 시점에서 이 전통이 시작했다는 사실을 말해준다. 왕이 먼저 기립을 했건, 청중 중 누군가가 먼저 기립을 했건 '할렐루야'의 합창에 기립을 했다는 사실은 분명 만왕의 왕이신 주님께 표하는 경의다. 음악에 표하는 경의라면 공연 끝에 경의를 표할 수 있을 것이다. 지금도 명연주 끝에는 청중들이 일어나 박수하며 경의를 표한다. 그러나 특별한 곡의 중간에 기립해서 경의를 표했다는 사실은 청중들이 그 곡과 가사에 깊은 감동을 받았다는 증거다. 1742년 더블린 초연 때도 흥분한 델라니(Delany)라는 사람이 일어서서 소리 쳤다는 기록이 전해진다. 23번곡 알토 아리아 'He was despised'가 연주될 때다. 일어나 소리치지는 않았어도 〈메시아〉를 들은 청중들 중에는 일어나 소리치고 싶을 정도로 큰 감동을 받은 사람들이 많았을 것이다. 마이어는 한 작가의 말을 전한다. "메시아의 음악과 메시지는 아마도 이제껏 저술된 수많은 신학 작품보다 하나님이 살아계신다는 사실을 인류에게 확신시켜준다".[109]

〈메시아〉가 사회적으로 약한 사람들을 섬기는 데 큰 공헌을 한 음악이라는 사실이 특이하다. 헨델이 처음부터 더블린에서 〈메시아〉초연을 생각하고 있었던 것 같지는 않다. 제넨스와는 상의한 적이 없고 더블린에서 계획한 여섯 번 연주회 (1741년 12월부터 1742년 2월까지)에도 〈메시아〉는 공연되지 않았다. 계획된 연주회가 끝난 3월 이후에 헨델은 더블린 교회 지도자들과 〈메시아〉 공연에 대하여 의논한다. 그리고 4월 13

일 그레이트 음악 홀(Great Music Hall)에서 역사적인 초연을 한다. 이 연주회는 더블린 시의 세 기관들을 위한 '자선 음악회'였다. 그 가운데 하나는 빚 때문에 감옥에 갇혀있는 사람들을 위한 것이었다. 공연은 대성공이었다. 공연 수입 400파운드는 각각 3 기관에 분배되었다. 그 돈으로 빚에 몰려 감옥에 갇혀 있던 142명의 죄수 아닌 죄수들을 석방시킬 수 있었다![110] 〈메시아〉는 태생적으로 이 땅에 종처럼 오셔서 이 세상을 섬기신 메시아 예수 그리스도의 행위를 다시 재현하는 데 있는 것 같다! 1743년 4월 런던 코벤트 가든의 초연은 감동이 있었음에도 더블린에서처럼 성공적이지는 못했다. 이런 거룩한 주제를 극장에서 연주한다는 사실을 비판하는 신문과 성직자들의 영향이 컸을 것이다. 1745년에도 공연되었다. 그다음 공연은 1749년에 있었다. 이때 처음으로 〈메시아〉라는 타이틀을 사용했다. 런던에서 네 번째 〈메시아〉 연주는 1750년 파운들링 병원(Foundling Hospital)에서 자선 연주회로 개최되었다. 파운들링 병원은 지금의 병원이 아니라 고아원이다. 18세기 유럽 곳곳에서는 유아를 길에 내다 버리는 유아 살해(Infaticide)가 급증했다. 산업화로 빈민으로 전락한 도시 주민들이 가족 수 줄이는 방법으로 택한 방법이다. 선장으로 큰돈을 벌고 런던에 돌아온 코람(Thomas Coram)은 런던 시내에 버려진 갓난아이들을 보고 아연실색했다. 죽어가는 유아들을 위해 파운들링 병원을 계획한다. 1741년부터 임시로 세운 병원에서 버려진 아이들을 돌보기 시작했지만 자금이 턱없이 부족했다. 헨델에게 이 병원의 채플에서 자선연주회를 해 달라는 문의가 들어왔다. 1750년 파운들링 병원의 〈메시아〉 연주가 시작되었다. 그해 1,000파운드 이상의 거금을 모금할 수 있었다.[111] 그 후 매년 이곳에서 자선음악회가 열렸다. 헨델은 수익금에 자신의 헌금까지 보태 파운들링 병원의 사역에 힘을 썼다. 1740년대 〈메시아〉 연주에 런던 시민들의 반응은 미온적이었다. 그러나 1750년 이후 〈메시아〉는 크게 환영을 받았다. 헨델이 세상을 떠나는 1759년 무렵에는 각종 행사, 각종 페스티벌에서 당연히 〈메시아〉가 연주되었다. 이후 〈메시아〉는 전 세계로 퍼져나가면서 많은 사람들의 사랑을 받는 명곡이 되었다. 헨델은 마지막으로 편집한 〈메시아〉의 악보를 이 병원에 보존하도록 유언을 남겼다. '파운들링 버전Foundling version' 이라고 한다. 버려진 아이들을 돌보는 파운들링 병원. 바로 그곳이 〈메시아〉의 자리였다!

〈메시아〉의 음악적 기능, 영적 기능, 사회적 기능을 잠시 살펴보았다. 나는 〈메시아〉의 복음적 기능이 필요하다고 생각한다. 〈메시아〉에는 복음을 전할 수 있는 중요한 성경 말씀들로 가득하다. 그런데 연주자들과 청중들은 그 말씀을 알지 못한다. 알아도 어렴풋이 알 뿐이다. 음악에 열광하는 만큼 그 내용에도 열광해야 한다고 생각한다. 음악은 아무리 아름다워도 비본질이요, 성경 말씀이 본질이기 때문이다. 물론 가사를 노래하는 동안 믿음이 생길 수 있다. 믿음은 들음에서 나오기 때문이다. 그러나 음악에 심취하는 동안 가사는 멀어진다. 적극적으로 가사를 내 것으로 만들 때 믿음은 더욱 굳어질 것이고, 음악은 더욱 빛날 것이다. 〈메시아〉 3부의 각 부에서 주요 말씀만이라도 꼭 암기하라. 1부, 12번째 합창 가사 – 사 9:6 / 2부, 24, 25, 26번 합창가사 – 사 53:5-6 / 3부, 45, 46번 소프라노 솔로 가사 – 고전 15:20-22. 이 세 부분은 따로 성경 공부하도록 문제지가 준비되어 있으니 함께 또는 개인적으로 공부하길 권한다. 〈메시아〉 공연 때는 설교자가 각 부 시작 전에 간단히 설교하며 성경 말씀에 주의를 집중하도록 하면 좋을 것이다. 이때 〈메시아〉는 연주하는 사람이나, 듣는 사람들에게 복음으로 다가갈 것이다. 믿음의 찬양에는 놀라운 힘이 있다. 다윗이 수금 타며 찬양할 때 사울에 들린 악신이 떠나간 것처럼 믿음의 〈메시아〉 연주는 단순한 음악이 아니라 이 세상 어둠의 영을 물리치는 능력이 될 것이다!

·· 부록 4 ··
1부 요절 성경 공부. 11, 12곡 / "한 아기가 우리에게 났고"

1. 이사야 9:6을 암기하세요. 함께 공부하는 사람이 있으면 서로 점검해 보세요.

    "이는 한 아기가 우리에게 났고 한 아들을 우리에게 주신 바 되었는데 그의 어깨에는 정사를 메었고 그의 이름은 기묘자라, 모사라, 전능하신 하나님이라, 영존하시는 아버지라, 평강의 왕이라 할 것임이라" (이사야 9:6)

2. '흑암에 행하던 백성'은 어디에 살던 사람들을 말합니까? (사 9:1-2) 지도를 통해 그 지역을 살펴보세요.

    - 그들이 왜 고통을 받고 흑암에 행하게 되었을까요?

    - 그들의 삶은 어떠했을까요? 그들 삶의 출구는 어디에 있습니까?

3. '이는 한 아기가 우리에게 났고'. 당신은 '아기'라는 표현에서 무엇을 생각합니까?

    - 왜 '한 아기'로부터 큰 빛 이야기를 시작합니까?

    - 사람들이 경배하기 좋아하는 것은 무엇입니까? (참고. 단3장)

4. '한 아기'는 누구입니까? (참고. 사 7:14, 마 1:23-25)

    이사야 9장이 예수님 탄생 700년 전에 예언되었다는 사실에서 당신은 무엇을 알 수 있습니까?

5. 어떻게 이 아기가 '큰 빛'이 됩니까? 어떻게 이 아기로 적과 싸워 이길 수 있습니까? 그 이름들을 묵상해 보세요.

(1) '기묘자 모사 Wonderful counselor'

놀라운 지략가, 지혜자라는 뜻입니다.

어떻게 예수님에게는 놀라운 지혜, 지략이 있습니까? (사 11:2)

(2) '전능하신 하나님 The mighty God'.

이 아기는 전능하신 하나님입니다.

당신은 이 말씀을 어떻게 받아들입니까? (참고. 요 20:28-29)

(3) '영존하시는 아버지 The Ever-lasting Father'

정상적인 가정에서 아버지는 어떤 역할을 합니까?

(4) '평강의 왕 The Prince of Peace'

– 예수님이 평강의 왕이라는 뜻은 무엇입니까?

세상의 왕들과 어떻게 다릅니까?

– 예수님이 주시는 평강은 어떤 평강입니까? (요 14:27).

6. 이사야 9:1은 어떻게 성취되었습니까? (마 4:12-14).

예수님은 자신에 대하여 무엇이라고 말씀하셨습니까? (요 8:12)

7. 우리의 일은 무엇입니까? (요 3:16)

당신은 지금 무엇을 믿으며 삽니까?

·· 부록 5 ··

2부 요절 성경 공부. 24, 25, 26곡 /
"그가 찔림은 우리의 허물 때문이요"

---

1. 이사야 53:5-6을 암기하세요. 함께 공부하는 사람이 있으면 서로 점검해 보세요.

   "그가 찔림은 우리의 허물 때문이요 그가 상함은 우리의 죄악 때문이라 그가 징계를 받으므로 우리는 평화를 누리고 그가 채찍에 맞으므로 우리는 나음을 받았도다 / 우리는 다 양 같아서 그릇 행하여 각기 제 길로 갔거늘 여호와께서는 우리 모두의 죄악을 그에게 담당시키셨도다" (53:5-6)

2. 이사야 53장은 참 신비한 장입니다. 예수님의 모습이 그려져 있기 때문입니다.

   – 예수님은 어떤 모습이셨습니까? (사 53:2)

   – 사람들이 보는 것은 주로 인간의 어떤 부분입니까?

   – 하나님이 보시는 것은 어떤 부분입니까? (참고. 삼상 16:7)

3. 사 53:3, 50:6의 고난은 어떻게 성취되었습니까? (참고. 마 27:25, 29-30).

4. 왜 메시아이신 주님은 이런 고난을 받아야 합니까? (사 53:5)

이 세상에서 누가 죄인입니까? (롬 3:10)

죄진 인간은 결국 어떻게 됩니까? (롬 3:10 / 롬 6:23a)

5. '그(메시아)가 징계를 받음으로 우리가 얻은 것이 무엇입니까? (사 53:4 / 참고. 엡 2:16-17)

'그(메시아)'가 채찍에 맞음으로 우리는 무엇을 얻었습니까?

(사 53:5 / 마 4:23-24 / 막 16:18)

6. 〈메시아〉에는 양에 대한 가사가 많이 나옵니다. 6절의 양은 누구입니까? 7절의 어린 양은 누구입니까?

- 구약에서 어린 양의 희생은 무슨 역할을 했습니까? (레 4:32-35)

- 구약의 어린 양과 어린 양 메시아는 어떻게 다릅니까?

(요 1:29 / 히 9:12)

7. 왜 하나님은 나의 죄악을 예수님에게 담당시키셨습니까? (롬 5:8 / 요 3:16)

- 주님이 용서 못 하실 죄는 하나도 없습니다. 주님은 우리가 죄를 고백하면 깨끗하게 용서해 주십니다. (요한일서 1:8-9)

- 지금 당신이 용서받아야 할 죄는 무엇입니까?

•• 부록 6 ••

3부 요절 성경 공부. 45, 46곡 /
"그리스도 안에서 모든 사람이 삶을 얻으리라"

---

1. 고린도전서 15:20-22를 암기하세요. 함께 공부하는 사람이 있으면 서로 점검해 보세요.

"그러나 이제 그리스도께서 죽은 자 가운데서 다시 살아나사 잠자는 자들의 첫 열매가 되셨도다 / 사망이 한 사람으로 말미암았으니 죽은 자의 부활도 한 사람으로 말미암는도다 / 아담 안에서 모든 사람이 죽은 것같이 그리스도 안에서 모든 사람이 삶을 얻으리라"

2. 고린도전서 15장을 부활장이라고 합니다. 바울 사도가 고린도 교회에 그리스도의 부활에 대하여 이야기하는 이유는 무엇입니까?

- 사도 바울이 약 5년 전에 고린도 교회에 전한 것은 무엇입니까?

  (고전 15:3-4)

- 그런데 고린도 교인들 중 어떤 사람들은 무슨 생각을 했습니까?

  (15:12, 35)

- 왜 그런 생각을 하게 되었을까요?

3. '첫 열매'는 무엇을 말합니까? (15:20)

– 구약의 초실절의 규례에 대하여 찾아보세요. (레 23:10-11).

– 초실절은 언제입니까? 초실절은 어떤 의미가 있습니까?

4. 인간은 누구나 죽습니다. '사망'은 어떻게 이 세상에 오게 되었습니까? (15:21)

어떻게 한 사람의 잘못으로 모든 사람이 죽게 됩니까? 죄는 어떤 속성이 있습니까?

5. 부활은 어떻게 이 세상에 왔습니까? (15:21) 인간은 어떻게 다시 살 수 있습니까? (15:22)

6. 많은 사람들이 부활을 신화라고 생각합니다. 그리스도의 부활이 신화가 될 수 없는 이유를 생각해 보세요.

(1) 시편 16:10. (32번 테너 아리아 가사)

(2) 마가복음 8:31 / 9:31 / 10:34

(3) 사도행전 2:32 / 3:15 / 4:10

(4) 고전 15:3-4는 예수님 부활하신 지 몇 년 후입니까?

7. 아담 안에 있다는 말은 무슨 말입니까? 그리스도 안에 있다는 말은 무슨 말입니까? (15:22)

당신은 어떻게 그리스도 안에 거할 수 있습니까? (요 15:7 / 요 14:16)

당신은 지금 어디에 있습니까?

Bibliography
참고 도서

성경에 관한 도서

- deClaisse-Wolford, Nancy. Jacobson Rolf. Laneel Tanner, Beth. The Book of Psalms, Eerdmans, 2014
- Gardner, Paul. Exegetical Commentary on the New Testament – 1 Corinthians, Zondervan, 2018
- Garland, David E. Exegetical Commentary of the New Testament – Luke, Zondervan, 2011
- Heschel, Abraham. The Prophets, Haperperennial, 1962
- Oswalt, John N. The NIV Application Commentary – Isiah, Zondervan, 2003
- Waltke, Bruce K. and Houston, James M. The Psalms as Christian Worship, William B. Eerdmans, 2010

성경 외 관련 도서

- Bullard Roger A. Messiah, The Gospel according to Handel's Oratorio, William B. Eerdmans Publishing Company, 1993
- Burrow, Donald. Handel Messiah, Cambridge University Press, 1991
- Randel, Don M. The New Harvard Dictionary of Music, The Belknap Press of Harvard University, 1986
- Gant, Andrew. The making of Handel's Messiah, Bodleian Library University of Oxford, 2020
- Glover, Jane. Handel in London, Picador, 2018
- Grout, Donald J. A History of western music, Norton & Company, 1980

- Harris, Ellen T. George Frideric Handel, A Life with Friends, Norton & Company, 2014
- Kavanaugh, Patrick. Spiritual lives of the Great Composers, Zondervan, 1996
- Keates, Jonathan. Messiah, The Composition and afterlife of Handel's Masterpiece, Basic Books, 2017
- Mann, Alfred. George Frideric Handel, Messiah in Full Score, Dover, 1989
- Rockstro, William S. The life of George Frederick Handel, Elibron Classics, 2007 (London Macmillan and Co. 1883)
- Sadie, Stanley. Handel, John Calder Ltd, 1962

Footnotes

미주

---

1. Grout, 298-299.
2. Grout, 445.
3. Gant, 97.
4. Keates, 64.
5. Keates, 그러므로 키이츠는 '<메시아>는 이탈리아가 아니라 프랑스에서 시작한다'고 말한다. 81.
6. Editions Peters Nr.4501 에서는 <메시아>의 곡들을 Accompagnato. Aria. Recitativo로 구분한다.
7. 18세기 비평학자들에 의해 제기된 이사야 2부의 다른 저자설은 최근에는 한 저자설로 다시 돌아가는 경향이다. 왜냐하면 이사야 1부와 2부에는 무시할 수 없는 통일성이 존재하고 있기 때문이다. 이사야 선지자가 애용하는 말 중 하나가 '이스라엘의 거룩하신 자라는 말이다. 다른 구약 성경에서는 7회밖에 사용되지 않았다. 이사야는 이 말을 31회나 사용했는데 1부에서 14번, 2부에서 17번 사용했다. 어떤 학자는 2부에 이사야라는 이름이 나오지 아니하므로 무명의 다른 저작이라고 주장한다. 2부에 이사야 이름이 나오지 않는 것은 오히려 2부가 이사야 저작이라는 증거가 된다. 1부에 이미 그의 이름을 밝혔기 때문에 2부에 또 밝힐 필요가 없기 때문이다. 성경의 예언서는 무명으로 기록하지 않는다. 대예언서 5책, 소예언서 12책은 모두 저자의 이름이 밝혀져 있다.
8. 짧은 기간 동안 중동 지방을 제국으로 만든 강력한 왕이다. 이탈리아어로는 나부코다. '히브리 포로들의 합창'으로 유명한 베르디 오페라 <나부코>가 그 시대를 배경으로 창작되었다.
9. Edwin Thiele. The Mysterious numbers of the Hebrew Kings, New Revised Edition, Kregel, 1983, 217.
10. '알마'와 비교되는 단어로 '버툴라_betula_'가 있다. 주로 처녀로 번역되는데 14절이 '처녀'라는 뜻이라면 이 단어를 사용해야 한다는 주장이다. 버툴라가 '처녀'로 사용되기도 하지만(신 22:19) 결혼한 여인으로 사용되기도 한다(요엘 1:8).
11. 영어 성경은 대부분 'virgin'으로 번역했지만 TANAKH는 'young woman'으로 번역했다. 예수를 메시아로 믿지 않는 유대인들에게 당연한 번역일 것이다.
12. 본문의 '시온' '예루살렘'은 모두 같은 말의 반복이다. 이 부분을 주어로 해석할 수도 있고 목적으로 해석할 수도 있다. 주격으로 해석하면 아름다운 소식을 전하는 자는 시온, 예루살렘이 된다.

13 산헤립의 유명한 육각 기둥 'The Sennacherib Prism'에도 기록되어 있다. 예루살렘을 포위는 했으나 점령하지는 못했다.

14 이사야서에는 아기 탄생에 대한 이야기가 3번 나온다. 7:14, 8:3, 9:6. 이 아기는 모두 임마누엘의 표현이다. 이 아기가 메시아임을 거부하는 학자들은 이 아기를 이사야의 아들 또는 히스기야로 보기도 한다. 그런데 어떻게 인간을 '전능하신 하나님'이라고 말할 수 있는가. 오스왈트는 이 아기는 분명히 약속된 메시아라고 말한다. Oswalt, 160-161.

15 Rockstro, 237.

16 Gant, 52.

17 Heschel, 619.

18 구레뇨가 수리아에 총독으로 부임한 것은 AD6-7년이다. 그럼 예수님은 AD6-7년에 태어나셨나? 마태복음에서 헤롯 왕은 동방 박사를 만나 메시아가 탄생했다는 소식을 듣는다. 헤롯이 죽은 해는 BC 4년이다. 그러므로 예수님 탄생은 BC 4년 이후일 수는 없다. 그렇다면 '구레뇨가 수리아 총독'이 된 AD 6-7년은 무슨 말인가? 오랫동안 논란이 되어온 구절이다. 어떤 학자는 누가가 연대를 잘못 기록했다고 말했다. 역사가가 그런 실수를? '그 모든 일을 근원부터 자세히 미루어 살핀' 누가가? 최근 연구는 'proto첫 번째'라는 단어가 잘못 번역된 것을 지적한다. '첫 번째'라고 번역할 수도 있지만 '전에'로 번역할 수도 있다. 요한복음 1:15, 20에서는 'proto'가 '전에'로 사용되었다. "내가 '전에proto' 말하기를...". 호적 조사를 구레뇨가 "처음 한 것"으로 번역하면 그다음에 행한 두 번째 호적 조사도 있어야 하는데 역사적으로 그런 일은 없었다. 그러므로 'proto'는 '처음'이 아니라 '전에'로 번역하는 것이 맞다. 그러므로 최근 주석에서 갤런드는 눅 2:2를 "이 호적은 구레뇨가 수리아 총독이 되기 전에 한 것이라. This registration was before Quirinius governed Syria"라고 번역했다. Hoehner. Chronological aspects of the life of Christ. 20-21.

19 김형석. 백년을 살아보니. 148-149. 박 교수의 제자 교수인 김태길 교수도 불신자였다가 나중에 예수님을 믿고 죽었다. 김형석 교수와 김태길 교수는 친구였다.

20 마태복음에서 '짐phostion'이라는 단어는 이 두 곳에만 나온다. '무거운'이라는 형용사는 바리새인들의 전통적 요구를 나타낸다(도날드 해그너.마태복음).

21 '가볍다xrestos'는 성경에서 이곳에만 쓰였다. 이 단어가 사람에게 쓰이면 '친절한'의 의미가 있지만 여기서는 '훌륭한, 즐거운, 입기 쉬운'의 뜻이다(Osborne, 444). T. R. France는 '멍에'를 의인화한 용법으로 보고 'kind'로 해석했다. 'For my yoke is kind'(T. R. France, 440, 450).

22 Bernhardt Duhm이 42:1-4, 49:1-6, 50:4-9, 52:13-53:12를 '여호와의 종 본문'이라고 명명한 이래 이에 대한 연구가 계속되고 있다. 어떤 학자들은 이런 차이는 1부와 2부의 저자가 다르기 때문이라고 주장한다. 그러나 최근 이사야 연구는 1부와 2부의 다름보다는 전체를 하나의 책으로 보며 연구하는 방향으로 가고 있다. 이 종이 누구인가는 많은 논란이 있다. 몇몇 학자들은 이 종을 이스라엘로 본다. '단체 해석법collective theory'이다. 그러나 이 종이 메시아인 것은 분명하다. 적어도 오라토리오 <메시아>에서 사용한 50:6과 53:3-6은 분명히 메시아 고난에 대한 예언이다. 예수

님 자신도 이 구절이 자기에 대한 예언임을 분명히 밝히셨다 (마 12:17-21).

23 34, 35번 곡은 히브리서의 인용으로 되어 있고, 39번 곡은 로마서 인용으로 되어 있으나 모두 시편을 인용한 구절들이다.

24 시편 2편에는 표제가 없지만 Lxx에는 다윗의 시로 기록되어 있다.

25 ESV. NIV는 'Yet'으로 시작한다.

26 개역개정엔 이 접속사가 번역 안 됐다.

27 <메시아>의 초기 버전에는 다이내믹 기호가 많이 기록되어 있지 않다. 바로크 음악에서 다이내믹은 제한되어 있다. 콘티누오에 쓰이던 하프시코드는 다이내믹을 연주할 수조차 없다. 바로크 음악에서 fff는 찾아보기 힘들다. 그러나 <메시아>의 악보가 고전, 낭만의 시대를 거치면서 다이내믹 기호가 많이 붙게 되었다. 악기 편성이나 성가대의 수도 점점 확대되었다. 다이내믹 기호가 새롭게 연구되어 붙는 것도 당연하다. 그 기호들은 <메시아>를 해석하고 연주하는 데 큰 도움을 준다. <메시아>의 fff 표기는 분명 후세에 기록된 다이내믹이다. 그러나 틀리지 않은 해석이다.

28 첫 단어 'Thy'는 작가의 삽입이다. 본문은 이인칭 없이 '비방rebuke'이라는 단어가 나와서 앞의 조롱자들의 비방을 말하고 있지만 작자는 이인칭을 사용해서 모든 청중들을 개인적으로 십자가 아래로 끌어온다.

29 24개의 불규칙한 코드 진행으로 이루어졌다. A♭-Gdim-Fm-F7-D-Gm-A#dim7-Em-B-E-A-F-E♭-G#dim7-Dm-A-A#dim7-Bm-C-E#dim7-D-F#-B.

30 Heschel, 2-4.

31 'makob'를 NIV는 'suffering'으로, ESV와 KJV는 'sorrow'로 번역했다.

32 '스올'은 죽은 자가 묻히는 '무덤grave'을 말한다. 의로운 자도, 죄인도 똑같이 스올에 묻힌다. KJV에서는 '스올'을 두 종류의 단어로 번역했다. 31회는 '무덤'으로 또 31회는 '지옥hell'으로 번역해서 혼란을 주고 있다. 시 16:10도 '지옥hell'으로 잘못 번역했기 때문에 <메시아>에서도 이 단어가 그대로 사용되었다. 다른 성경에서는 '스올'을 지옥으로 번역하지 않는다. '지옥'은 신약에 등장하며 헬라어 gehenna의 번역이다. 이곳은 믿는 자들과는 상관이 없는 곳이다.

33 6절의 '아름다운' '아름답도다'는 즐거움이란 뜻이다. NIV는 'pleasant' 'delightful'로 번역했다.

34 shahat는 '웅덩이pit'로도 번역할 수 있고(시 7:15), '부패decay'로도 번역할 수 있다. 시 16:10의 shahat를 구약 시대 사람들은 무슨 뜻으로 사용했을까? LXX에 그 단서가 있다. BC 2세기 구약을 헬라어로 번역할 때 'diaphthora'라는 단어를 사용했다. '부패. 썩음'의 뜻이다. 구약시대 사람들에게 시 16:10의 '샤하트'는 '웅덩이'가 아니라 '썩음'을 의미했다. 이 뜻을 신약의 사도들도 그대로 사용했다.

35 월키는 시편 16편의 해석의 역사를 면밀하게 검토했다. 초대교회 교부들에 의해서 해석된 전통적 해석 방법이 어떻게 이성주의에 의해 무너지게 되었는가를 자세하게 밝힌다. Waltke, 307-339.

36 Waltke, 3.

[37] Waltke, 208.

[38] 에릭 프롬, 소유냐 존재냐. 4장.

[39] 히브리 찬양방법은 교창Responsorial singing과 대창Antiphonal singing이 있다. 삼상에서 이스라엘 여인들은 '사울은 천천이요 다윗은 만만'이라고 노래했다. 여기서 '노래하다ana' 의 원뜻은 '대답하다'이다. 아마 대창으로 노래했을 것이다. 신명기의 모세 노래도 모세, 여호수아 그리고 백성이 번갈아가며 하는 노래여서 교창 또는 대창으로 노래했을 것이다. 한국 민요에서는 독창자의 노래를 '매기는 노래', 무리들의 합창을 '받는 노래'라고 한다. 독창자는 무리들과 다른 노래를 할 수도 있고, 같은 노래를 부를 수도 있다. 초대교회에서도 이런 방식으로 찬양했다. "시와 찬송과 신령한 노래들로 서로 화답하며"(엡 5:19a). 가톨릭에서는 지금도 교창이 사용되지만 개신교에서는 교독문의 형태로 남아있다. 서양음악에서 교창, 대창이 사라진 이유는 화성적 양식의 음악이 발달되었기 때문일 것이다.

[40] Rolf는 특별히 7-10절이 교창으로 단단하게 짜인 연이라고 말한다. 그러면서도 누가 어떤 구절을 노래했는지를 밝히는 것은 불가능하다고 말한다. 251. 그러나 송재근은 본 구절들을 세 찬양자들의 교창으로 구분해 본다. 7절과 9절은 레위 찬송인들, 8상절과 10상절의 수사적 질문은 백성들의 노래 그리고 8하절, 10하절을 제사장들의 수사적 답변 노래로 분석한다. 두란노아카데미 How 주석 17. 124.

[41] Spurgeon, Psalms, 377.

[42] Delitzsch, Psalms, 334.

[43] Gardner, 285 / Schreiner, 129.

[44] '본체'의 그릭어인 *hupostasis* 는 '아래 서 있는 것' 또는 '침전물'이라는 뜻이었으나 점차 '근본적 존재'를 나타내는 '우시아ousia'와 같은 뜻으로 사용되었다. 아타나시우스는 'hupostasis'는 ousia다'라고 말했다. 그러나 362년 알렉산드리아 회의에서 삼위일체론을 설명하면서 두 단어는 분리되어 사용되기 시작했는데 이때부터 hupostasis는 세 위격을 설명하는 단어로 고착되었다. '하나의 본체 세 위격mia ousia treis hupostaseis' – Adeney, W, F., The Greek and Eastern Churches, 1908, 74

[45] 그들은 "이 말씀은 곧 하나님이시니라The word was God"(요 1:1)을 'The word was a god'로 번역한다. 그리스도의 신성을 주장하지 않는다. *theos*에 정관사 *to*가 붙어있지 않기 때문이다. 이것은 소위 'Colwell's rule'이라는 헬라 문법에 무지하기 때문이다. 그러면서 그리스도와 관련 없는 구절에서는 정관사 없는 *theos*를 God으로 번역한다. Grudem, Systematic Theology. 276-277.

[46] 이종성, 삼위일체론, 1991. 340-360.

[47] 이종성, 삼위일체론. 345.

[48] 신 32:43의 Lxx과 문자적으로 더 흡사하다. "and let all the angels worship him"

[49] Handbook to the History of Christianity, Eerdmans Publishing,1977, 438.

50 어떤 버전은 전주가 끝나기 직전에 노래가 들어가기도 한다. 버전마다 멜로디 라인과 마디 수가 다르다.

51 테이트는 15단어나 구절이 이 시편에만 쓰였고, 35단어들이 흔치 않은 단어라고 주장한다. Tate. Psalms 51-100, 172.

52 Beth는 문제점이 있을지라도 하나님 승리의 축하와 선물이라는 이 시편의 주제에 초점을 맞출 수 있다고 말한다. 545.

53 2종류의 방언이 있다. 행2의 방언은 외국어 방언이다. 내가 공부하지 않았는데도 저절로 그 외국어가 입에서 나온다. 선물이다. 고넬료 집에 성령이 임했을 때 나온 방언도 똑같은 방언일 것이다. 베드로는 '이 사람들이 우리와 같이 성령을 받았으니'라고 말한다. 그러나 고전12, 14장에 나오는 방언은 알아들을 수 있는 방언이 아니다. 방언 통역이 없으면 그 내용을 알 수 없다. 이 방언은 방언을 말하는 자신에게 유익하다. '방언을 말하는 자는 자기의 덕을 세우고'(고전 14:4). 제넨스가 붙인 5장의 제목에는 '오순절, 방언의 은사Whitsun, the gift of tongues'라는 말이 들어가 있다. 어떤 종류의 방언을 말하는 것인지는 알 수 없다. 현대 방언운동은 1906년 LA 아주사 부흥으로부터 시작되었다. 그런데 제넨스가 이런 제목을 붙였다는 사실이 놀랍다. 독실한 영국 국교 신자이기 때문에 오히려 성령 은사를 배척하는 칼뱅주의의 영향에서 자유로웠던 것일까? 제넨스는 자신이 방언을 체험했거나 아니면 성경의 말씀을 문자 그대로 믿는 사람일 것이다.

54 Grout, 521.

55 ESV. "The Lord gives the word; the women who announce the news are a great host."

56 NIV. "The Lord announced the word, and great was the company of those who proclaimed it."

57 E는 전도를 뜻하는 Evangelism의 약자다.

58 <부록 3> 참조.

59 김세윤, 요한복음강해, 두란노, 2001, 185.

60 파스칼의 쪽지. 블레즈 파스칼은 1654년 11월 23일 밤 10시 30분부터 12시 30분까지 놀라운 성령의 불을 체험했다. 그때의 감격을 급하게 기록해서 일생 자신의 옷 안주머니에 넣고 다녔다. 죽은 후에 그 양피지가 발견되어 지금은 파리 국립 박물관에 보관되어 있다. 600여 자의 짧은 신앙고백에는 성령 체험 당시의 흥분, 감격, 환희가 그대로 담겨 있다.

61 창 24:27을 ESV는 "Blessed be the Lord, the God of my master Abraham"으로 번역했다.

62 The Strongest NIV Exhaustive Concordance, 1999.

63 Terry Law, The Power of Praise and Worship. Chap.8.

64 창세기에서는 바로의 신하들이 아브라함의 처 사래의 아름다움을 '칭찬hallal'할 때 처음 이 단어가 사용되었다.

65 할렐루야의 'ㅎ' 발음이 라틴어로는 표현되지 않는다. 그래서 할렐루야의 라틴어 화된 말이 '알렐루

야alleluia'다. 뜻은 같다. 로마 가톨릭에서는 알렐루야를 사용하고, 개신교에서는 할렐루야를 주로 사용한다.

66 계시록에서 몸에 새겨진 글씨는 그 사람이 속한 공동체를 의미한다. 거짓 선지자가 나와서 666표를 사람들 오른손이나 이마에 새긴다(13:16). 14만 4천인의 이마에 '어린 양의 이름과 그 아버지의 이름'이 쓰여 있다(14:1). 666표가 새겨진 사람들과 어린 양의 이름이 새겨진 사람들의 공동체가 다르다. 17장 큰음녀의 이마에는 '비밀이라, 큰 바벨론이라, 땅의 음녀들과 가증한 것들의 어미'라고 적혀있다. 재림 예수의 몸에는 '만왕의 왕이요 만주의 주'라는 이름이 적혀 있다.

67 Craig Blomberg와 Lee Strobel의 대화를 참고. Lee, Strobel. The Case for Christ, Zondervan, 1998, Chap1.

68 Terrien, Samuel. Job : Poet of Existence, Wipf and stock publishers, 2004, 142.

69 14:7-12를 개역개정은 독백처럼 번역했지만 영어성경을 비롯해서 공동번역, 새번역, 쉬운번역은 모두 욥의 기도로 번역했다.

70 개역개정 번역은 확신의 모습보다는 우물쭈물하는 모습으로 오해할 수 있게 번역되었다. 원문은 일인칭 ani로 시작하여 '나는 안다'를 강조하고 있다. 표준새번역의 번역이 좋다. "그러나 나는 확신한다. 내 구원자가 살아 계신다."

71 대부분의 학자들은 바울이 받은 내용은 기독교 최초의 신앙 고백문일 것이라고 생각한다. 초대교회 교인들은 모두 이 신앙을 고백했을 것이다.

72 Gardner, 674.

73 '마지막 나팔에 순식간에 홀연히'는 52절의 시작이지만 개역개정은 51절에 포함시켰다.

74 이 노래는 1722년 헨델 자신이 작곡한 *Se tu non lasci amore* 이탈리안 듀엣을 차용한 곡이다.

75 14절 첫 구절을 긍정적 서술문이 아니라 부정적 의문문으로 해석하려는 사람들이 있다. '속량하랴?'. 그렇다면 '사망아 네 재앙이 어디 있느냐는 하나님이 사망을 부추겨 심판을 재촉하는 모습이 될 수 있다. 즉 14절을 하나님 심판의 계속으로 보는 것이다. 문맥으로 보면 그렇게 해석할 수도 있다. 그러나 호세아는 심판 중에도 구속하시는 하나님에 대한 책이다 (1:10, 2:15, 3:5). 고린도전서 15:55은 이 구절을 하나님의 심판으로 해석하지 않는다.

76 시 52:9, 54:6의 '감사'는 yada의 번역이다. 이 단어는 감사하다로 번역할 수도 있고 찬양하다로 번역할 수도 있다. 히브리 사람들에게 감사와 찬양은 같은 개념이다.

77 넓게 1:18-8:30의 결론으로 볼 수도 있다. Thielman, 416.

78 랄프는 계시록을 포함한 신약성경에 나오는 찬송가들이 유대교 성전, 회당의 전통에서 나왔으며 초대교회에서 불리어진 찬송들이었을 것이라고 주장한다. Martin, Rarph. Worship in the early church. 45, 138.

79 나의 책 '오직 하나님께 경배하라'를 많이 인용했다. 이 책은 요한계시록을 찬양과 경배의 관점에서 공부하는 책이다.

80 개역개정에 '송아지'라고 번역된 '모스코스*moskos*'는 '소'라고 번역할 수도 있고 '송아지'라고 번역할 수 있는 단어다. 소라고 번역하는 것이 더 정확하다. 에스겔 선지자도 네 생물의 모습을 본 적이 있는데 그 모습은 사람, 사자, 소, 독수리의 얼굴이었다(겔 1:10). NIV나 ESV는 송아지로 번역하지 않고 '소Ox'로 번역했다.

81 Josephus, Jewish War, 7.71.

82 <메시아> 53번 합창에서는 통일성을 기하기 위해서 모두 3인칭으로 표현했다.

83 Mel Tari, Like a Mighty Wind, New Leaf Press, 1978, 78.

84 하형록, 성경대로 비즈니스하기 P31, 두란노, 2015, 44.

85 이집트의 신 '아문'이 기원이라고 말하는 학자들도 있지만 '아만'의 '아'는 히브리 알파벳 첫 자인 알레프로 시작하고 '아문'은 요드로 시작하기 때문에 아멘과 아문은 상관관계가 없다.

86 1741.7.10. 홀즈워드에 보낸 편지.

87 Harris, 272-276.

88 Rockstro, 239. / Edition Peters, Haendel Messias, Introduction.

89 Rockstro, 239.

90 Pauli, Hertha. Handel and the Messiah Story, New York: Meredith, 1968, 51.

91 Keats, 76.

92 팡세 887 / 78 (앞 번호는 첫 사본 번호, 두 번째 번호는 Sellier 번호)

93 팡세 199 / 72 (앞 번호는 첫 사본 번호, 두 번째 번호는 Sellier 번호)

94 팡세 913. 파스칼은 이날 밤의 체험을 기록하여 늘 몸에 지니고 다녔다. 그 내용이 첫 사본에는 들어있지 않지만 새로 편집된 책에는 913의 번호로 소개되어 있다. Pensees, Penguin Books Ltd, London. Krailsheimer, 1995.

95 Harris, 265.

96 이 집은 1724년에 이사해서 1759년 죽을 때까지 살았다. 지금은 헨델 박물관이다. Keats, 4.

97 Keats, 63. / Charles Burney, An Account of the Musical Performances, 34.

98 Joel Osteen, Your Best Life Now, Chap.15.

99 Rockstro, 228.

100 Gant, 51.

101 이혜구, 신역 악학궤범, 국립국악원, 2000, 31.

102 Jakopo Peri의 첫 오페라 Dafne가 1597년에, 카발리에리의 첫 오라토리오가 1600년에 공연되었다.

103 Underwood, Dorothy. History of Oratorio, Ewha Womans University Press, 1995, 20.

[104] Grout, 361.
[105] Kavanaugh, 33.
[106] Grout, 446.
[107] Gant, 108/ Kavanaugh, 30.
[108] Rockstro, 239.
[109] Meyers, Robert Manson. Handel's Messiah, a touchstone of Taste, Octagon Books, 1971, 238
[110] Kavanaugh, 30.
[111] Gant, 87.

오라토리오
〈메시아〉의 메시지

1판 1쇄 발행 | 2023년 5월 2일

지은이 최혁
펴낸이 김재선
발행처 예솔
주소 서울시 마포구 양화로 6길 9-24 동우빌딩 4층
전화 02-3142-1663(영업), 335-1662(편집)   **팩스** 02-335-1643
출판등록 제2002-000080호(2002.3.21)
홈페이지 www.yesolpress.com   **E-mail** yesolpress@empas.com

ISBN 978-89-5916-005-1   03230

* 책값은 뒤표지에 표시되어 있습니다.
  본 책의 일부 또는 전체를 예솔의 허락 없이 복사하거나 전재할 수 없습니다.